高职高专"十二五"规划教材
21世纪高职高专能力本位型系列规划教材·财务会计系列

审计实务

主　编　涂申清

内 容 简 介

本书依据《中华人民共和国注册会计师法》《中国注册会计师执业准则》《中国注册会计师职业道德守则》及相关法律、法规，运用风险基础审计的理论和方法，结合审计业务的工作流程编写而成，介绍了财务报表审计业务和验资业务两部分内容。其中，财务报表审计业务分为承接审计业务、计划审计工作、审计抽样技术、了解内部控制、主要业务循环审计、特殊项目审计、审计复核与沟通、出具审计报告8个项目。验资业务设计为承接验资业务1个项目。每个项目均按照"相关知识—操作指南—操作任务"的逻辑顺序展开，内容环节设计充分考虑实际教学安排的需要，知识与技能并重，融"教、学、做"于一体。

本书可用作高职高专财务会计和审计专业的教材，也可用作中小型会计师事务所、在职会计人员、审计人员进行业务培训的学习参考书。

图书在版编目(CIP)数据

审计实务/涂申清主编．—北京：北京大学出版社，2015.6
（21世纪高职高专能力本位型系列规划教材·财务会计系列）
ISBN 978-7-301-25971-9

Ⅰ.①审… Ⅱ.①涂… Ⅲ.①审计学—高等职业教育—教材 Ⅳ.①F239.0

中国版本图书馆 CIP 数据核字（2015）第 135963 号

书　　名	审计实务
著作责任者	涂申清　主编
策划编辑	蔡华兵
责任编辑	陈颖颖
标准书号	ISBN 978-7-301-25971-9
出版发行	北京大学出版社
地　　址	北京市海淀区成府路 205 号　100871
网　　址	http://www.pup.cn　新浪微博：@北京大学出版社
电子信箱	pup_6@163.com
电　　话	邮购部 62752015　发行部 62750672　编辑部 62750667
印 刷 者	北京鑫海金澳胶印有限公司
经 销 者	新华书店
	787 毫米×1092 毫米　16 开本　18.25 印张　426 千字
	2015 年 6 月第 1 版　2018 年 1 月第 2 次印刷
定　　价	37.00 元

未经许可，不得以任何方式复制或抄袭本书之部分或全部内容。
版权所有，侵权必究
举报电话：010-62752024　电子信箱：fd@pup.pku.edu.cn
图书如有印装质量问题，请与出版部联系，电话：010-62756370

前　言

审计是由独立的专职机构或人员，依据法律、法规赋予的权责，为实现特定目标，按照一定标准实施的经济监督活动。我国审计体系分为政府审计、社会审计和内部审计。政府审计是由政府审计机关依据《中华人民共和国审计法》及相关法律、法规对行政事业单位和国有企业经济活动的合法性、效益性和效率性开展的审计。社会审计是由会计师事务所按照《中华人民共和国注册会计师法》及独立审计准则，接受客户委托或授权开展的审计。内部审计是企业内部职能机构依据《中华人民共和国公司法》及其他法律、法规，按照企业内部管理赋予的权限，对企业经济活动实施监督的一种管理活动。尽管3种审计体系依据不同、目标有别、权威性差别大，但3种审计体系在审计理论、审计程序、审计技术和审计方法等方面具有相通之处。

随着我国市场经济的发展和政府职能的转型，作为经济管理和企业管理重要组成部分的审计工作越来越重要。一些单位将熟悉审计业务作为聘任高级财务管理人才的必备条件。对于高职高专会计或审计专业学生来说，在学校掌握必要的审计理论和实务操作技能，对毕业后继续深造或是从事助理审计工作，都能奠定良好的发展基础。

关于本课程

"审计实务"课程是高职高专会计和审计专业学生必修的一门专业核心课程，是学习会计、财务、企业管理、税法、经济法等专业课程后，以培养审计基本理论与操作技能，完善知识结构，增强后续发展能力为目标的一门课程。

本课程以社会审计的法定业务——财务报表审计和验资业务为教学内容，主要基于以下3个方面的考虑：

一是基于学生就业和后续发展需要的调查。政府审计人员属于公务员系统，需要通过考试才能就业，内部审计也需要具有一定的工作经验，不是学生毕业后马上就能胜任的。社会审计岗位尽管存在较高的门槛，但因其就业前景好而广受高职院校学生的追捧。社会审计业务中非法定业务的增长，如会计咨询、税务代理及相关服务的增长，使一批学生能在毕业后通过一定的资格考试便可以马上进入注册会计师行业就业，并借此平台，继续其注册会计师的梦想。

二是基于行业专家的建议。在3种审计体系中，审计基础理论、审计程序、审计技术和方法基本上是相通的，学好社会审计，能够对学生从事政府审计和内部审计工作打好基础。

三是基于教学改革和研讨。高职院校不断进行教学改革，其中基于工作过程设计的项目化教学模式对于"审计实务"课程比较实用，按工作过程设计教学项目，在学习必要基础理论的同时，强化各阶段的操作技能，能够取得更好的教学效果。

关于本书

本书以社会审计的法定业务——财务报表审计和验资业务为内容，主要按照工作过程设计教学项目，全书分为两个部分、九个教学项目。其中，财务报表审计以财务报表审计的工作过程为明线，结合审计必备的基础知识与技术，将财务报表审计实务分为八个教学项目，作为第一部分；将验资业务设计为一个教学项目，作为第二部分。每一教学项目又以熟悉基本审计理论为起点，对阶段性审计操作要点进行指导，辅导学生完成相应的操作任务，这样能够在教学中取得基础理论和操作技能并重的效果。

本书项目一至项目八的操作任务是一个完整的社会审计业务，通过对真实审计业务进行分步分项完成阶段性操作任务，最后得出审计结论，出具审计报告，具有实训功能。项目九则设计了多种验资业务，强化学生的验资操作能力。

如何使用本书

本书内容可按照 78 学时安排，推荐学时分配为：项目一 12 学时，项目二 10 学时，项目三 8 学时，项目四 8 学时，项目五 16 学时，项目六、项目七、项目八、项目九各 6 学时。教师可根据教学对象灵活安排学时，课堂重点讲解各项目的相关知识，操作指南部分进行适当点拨，操作任务需要组织学生按时完成。相关操作任务的完成可以根据教学进程灵活处理，课内课外均可。

本书配套资源

本书配套资源包括电子教案、电子课件、操作任务参考答案、审计案例精选、注册会计师专业专升本复习资料等，可在北京大学出版社第六事业部网站（http://www.pup6.cn）下载。

本书编写队伍

本书由黄冈职业技术学院涂申清主编。本书在编写过程中，得到了黄冈职业技术学院领导和同事、湖北齐兴会计师事务有限公司董事长漆兰英、黄冈信源资产评估有限公司董事长毕根源等有关专家的大力支持和帮助，在此对他们表示感谢！本书还参考了大量文献资料，在此也对相关文献资料的作者表示感谢！

由于编者水平有限，编写时间仓促，书中难免存在不妥之处，敬请广大读者批评指正。您的宝贵意见请反馈到信箱 sywat716@126.com。

编　者
2015 年 2 月

目 录

第一部分 财务报表审计

项目一 承接审计业务 ……………… 3

- 1.1 承接审计业务·相关知识 ………… 4
  - 1.1.1 我国审计监督体系 ………… 4
  - 1.1.2 注册会计师审计的产生与发展 ………… 6
  - 1.1.3 注册会计师审计的性质、业务范围 ………… 8
  - 1.1.4 注册会计师财务报表审计目标 ………… 9
  - 1.1.5 中国注册会计师执业规范体系 ………… 12
  - 1.1.6 中国注册会计师职业道德守则 ………… 16
  - 1.1.7 会计师事务所质量控制准则 ………… 19
  - 1.1.8 注册会计师的法律责任 ……… 22
- 1.2 承接审计业务·操作指南 ………… 26
  - 1.2.1 开展承接业务初步活动 ……… 26
  - 1.2.2 签订审计业务约定书 ………… 28
- 1.3 承接审计业务·操作任务 ………… 32

项目二 计划审计工作 ……………… 34

- 2.1 计划审计工作·相关知识 ………… 35
  - 2.1.1 审计工作计划 ………… 35
  - 2.1.2 计划和执行审计工作时的重要性 ………… 37
  - 2.1.3 审计风险及初步评估 ………… 42
  - 2.1.4 财务报表审计中对舞弊的考虑 ………… 43
  - 2.1.5 审计证据 ………… 50
  - 2.1.6 审计工作底稿 ………… 52
- 2.2 计划审计工作·操作指南 ………… 55
  - 2.2.1 了解被审计单位及其环境 …… 55
  - 2.2.2 对报表实施分析性程序 ……… 57
  - 2.2.3 计划和执行审计工作时重要性水平的确定 ………… 59
  - 2.2.4 制定初步审计策略 ………… 60
  - 2.2.5 时间预算和人员安排 ………… 61
- 2.3 计划审计工作·操作任务 ………… 62

项目三 审计抽样技术 ……………… 65

- 3.1 审计抽样技术·相关知识 ………… 66
  - 3.1.1 选取测试项目的方法 ………… 66
  - 3.1.2 审计抽样技术及应用 ………… 67
- 3.2 审计抽样技术·操作指南 ………… 75
  - 3.2.1 审计抽样在控制测试中的应用 ………… 75
  - 3.2.2 审计抽样在细节测试中的应用 ………… 83
- 3.3 审计抽样技术·操作任务 ………… 88

项目四 了解内部控制 ……………… 91

- 4.1 了解内部控制·相关知识 ………… 92
  - 4.1.1 内部控制的内容与目标 …… 92
  - 4.1.2 内部控制与审计程序的关系 ………… 93
  - 4.1.3 内部控制的了解程序 ………… 94
  - 4.1.4 内部控制的测试与评价程序 ………… 98
- 4.2 了解内部控制·操作指南 ………… 101
  - 4.2.1 内部控制制度设计的健全性 ………… 101
  - 4.2.2 主要业务控制流程和关键控制点 ………… 102
  - 4.2.3 内部控制的常用控制措施 … 105
- 4.3 了解内部控制·操作任务 ………… 108

项目五 主要业务循环审计 ………… 110

- 5.1 主要业务循环审计·相关知识 …… 111
  - 5.1.1 业务循环的划分 ………… 111

5.1.2　销售与收款业务循环审计 … 111
　　　5.1.3　采购与付款业务循环审计 … 133
　　　5.1.4　生产与仓储业务循环审计 … 144
　　　5.1.5　投资与筹资业务循环审计 … 170
　　　5.1.6　货币资金审计 ……………… 180
　5.2　主要业务循环审计·操作指南 …… 189
　　　5.2.1　测试类和业务类工作底稿的
　　　　　　构成及使用说明 …………… 189
　　　5.2.2　审计调整分录与会计调整
　　　　　　分录的辨析 ………………… 190
　5.3　主要业务循环审计·操作任务 …… 192

项目六　特殊项目审计 …………………… 194

　6.1　特殊项目审计·相关知识 ………… 195
　　　6.1.1　关联方及关联方交易审计 … 195
　　　6.1.2　期初余额审计 ……………… 197
　　　6.1.3　期后事项审计 ……………… 198
　　　6.1.4　或有事项审计 ……………… 200
　　　6.1.5　持续经营能力审计 ………… 202
　　　6.1.6　现金流量表审计 …………… 207
　　　6.1.7　获取管理层声明书 ………… 207
　6.2　特殊项目审计·操作指南 ………… 209
　　　6.2.1　管理当局声明书示例 ……… 209
　　　6.2.2　会计报表附注示例 ………… 210
　　　6.2.3　分析性程序在现金流量表
　　　　　　审计中的应用 ……………… 212
　6.3　特殊项目审计·操作任务 ………… 216

项目七　审计复核与沟通 ………………… 217

　7.1　审计复核与沟通·相关知识 ……… 218
　　　7.1.1　编制审计差异调整表和
　　　　　　试算平衡表 ………………… 218
　　　7.1.2　执行分析程序和形成审计
　　　　　　意见 ………………………… 222
　　　7.1.3　质量控制复核 ……………… 224
　　　7.1.4　与委托单位沟通 …………… 227
　7.2　审计复核与沟通·操作指南 ……… 228
　　　7.2.1　案例资料 …………………… 228
　　　7.2.2　审计调整 …………………… 230
　　　7.2.3　会计调整 …………………… 233
　7.3　审计复核与沟通·操作任务 ……… 236

项目八　出具审计报告 …………………… 237

　8.1　出具审计报告·相关知识 ………… 238
　　　8.1.1　出具无保留意见的审计
　　　　　　报告 ………………………… 238
　　　8.1.2　出具保留意见的审计报告 … 239
　　　8.1.3　出具否定意见的审计报告 … 240
　　　8.1.4　出具无法表示意见的
　　　　　　审计报告 …………………… 240
　　　8.1.5　审计报告的强调事项段和其他
　　　　　　事项段 ……………………… 240
　8.2　出具审计报告·操作指南 ………… 242
　　　8.2.1　无保留意见审计报告示例 … 242
　　　8.2.2　带强调事项无保留意见审计
　　　　　　报告示例 …………………… 245
　　　8.2.3　保留意见审计报告示例 …… 246
　　　8.2.4　否定意见审计报告示例 …… 247
　　　8.2.5　无法表示意见的审计
　　　　　　报告示例 …………………… 248
　8.3　出具审计报告·操作任务 ………… 249

第二部分　验资业务

项目九　承接验资业务 …………………… 253

　9.1　承接验资业务·相关知识 ………… 254
　　　9.1.1　验资及其风险 ……………… 254
　　　9.1.2　验资业务承接与验资
　　　　　　计划 ………………………… 255
　　　9.1.3　验资业务的审验事项 ……… 256
　　　9.1.4　验资报告的出具 …………… 258
　9.2　承接验资业务·操作指南 ………… 258
　　　9.2.1　验资报告示例一 …………… 258
　　　9.2.2　验资报告示例二 …………… 266
　　　9.2.3　验资报告示例三 …………… 268
　　　9.2.4　验资报告示例四 …………… 271
　　　9.2.5　验资报告示例五 …………… 274
　　　9.2.6　验资报告示例六 …………… 276
　　　9.2.7　验资报告示例七 …………… 279
　9.3　承接验资业务·操作任务 ………… 281

参考文献 ……………………………………… 283

第一部分 财务报表审计

项目一

承接审计业务

CHENGJIE SHENJI YEWU

内容环节	学 习 目 标
相关知识	1. 了解审计监督体系 2. 了解注册会计师审计的产生与发展 3. 了解注册会计师审计的业务范围和性质 4. 掌握注册会计师审计的总目标与具体目标 5. 掌握注册会计师执业准则体系 6. 掌握注册会计师职业道德守则 7. 掌握会计师事务所的质量控制准则 8. 理解注册会计师的法律责任
操作指南	1. 能够识别影响企业承接业务的环境因素 2. 能够评价事务所的独立性和胜任能力 3. 能够判断是否承接业务 4. 能够沟通并签订审计业务约定书
操作任务	1. 能(模拟)开展承接业务的初步活动 2. 能(模拟)与委托方沟通业务约定书的条款 3. 能(模拟)签订审计业务约定书

1.1 承接审计业务·相关知识

1.1.1 我国审计监督体系

1. 我国审计监督体系的构成

审计按不同主体划分为政府审计、内部审计和注册会计师审计,并相应地形成了三类审计组织机构,共同构成审计监督体系。

(1) 政府审计。政府审计是由政府审计机关代表政府依法进行的审计,主要监督检查各级政府及其部门的财政收支及公共资金的收支、运用情况。我国目前的审计机关由政府领导,分中央与地方两个层次。《中华人民共和国宪法》规定,审计机关独立行使审计监督权,不受其他行政机关、社会团体和个人的干涉。

(2) 内部审计。内部审计是由各部门、各单位内部设置的专门机构或人员实施的审计,主要监督检查本部门、本单位的财务收支和经营管理活动。我国目前的内部审计部门一般由本部门、本单位的主要负责人领导,业务上接受当地政府审计机构或上一级主管部门审计机构的指导。相对于外部审计而言,内部审计的独立性较弱。

(3) 注册会计师审计。注册会计师审计是由经政府有关部门审核批准的注册会计师组成的会计师事务所进行的审计。在我国,会计师事务所是注册会计师的工作机构,注册会计师必须加入会计师事务所才能接受委托,办理业务。会计师事务所不附属于任何机构,自收自支、独立核算、自负盈亏、依法纳税,因此,在业务上具有较强的独立性、客观性和公正性,并且为社会所认可。

2. 注册会计师审计与政府审计和内部审计的关系

(1) 注册会计师审计与政府审计的关系。政府审计和注册会计师审计都是外部审计,都具有较强的独立性;同时,注册会计师审计可以接受政府的委托,代行政府委托的审计事项。它们的区别表现在以下几个方面:

① 审计目标不同。政府审计是针对被审计单位的财政收支或者财务收支的真实、合法和效益依法进行的审计;注册会计师审计是针对被审计单位财务报表是否按照适用的会计准则和相关会计制度的规定编制进行的审计。

② 审计标准不同。政府审计是审计机关依据《中华人民共和国审计法》(后文简称《审计法》)和《中华人民共和国国家审计准则》等进行的审计;注册会计师审计是注册会计师依据《中华人民共和国注册会计师法》(后文简称《注册会计师法》)和《中国注册会计师审计准则》进行的审计。

③ 经费或收入来源不同。政府审计履行职责所必需的经费,应当列入财政预算,由本级人民政府予以保证;注册会计师的审计收入来源于审计客户,由注册会计师和审计客户协商确定。

④ 取证权限不同。审计机关有权就审计事项的有关问题向有关单位和个人进行调查,并

取得有关证明材料，有关单位和个人应当支持、协助审计机关工作，如实向审计机关反映情况，提供相关证明材料；注册会计师在获取证据时很大程度上依赖于被审计单位及相关单位的配合和协助，对被审计单位及相关单位没有行政强制力。

⑤ 对发现问题的处理方式不同。审计机关审定审计报告，对审计事项做出评价，出具审计意见书；对违反国家的财政收支、财务收支行为，需要依法给予处理、处罚的，在法定职权范围内做出审计决定或者向有关主管机关提出处理、处罚意见。注册会计师对审计过程中发现需要调整和披露的事项只能提请被审计单位调整和披露，没有行政强制力；如果被审计单位拒绝调整和披露或审计范围受到被审计单位或客观环境的限制，注册会计师视情况出具保留意见、否定意见或无法表示意见的审计报告。

(2) 注册会计师审计与内部审计的关系。注册会计师审计与内部审计在许多方面存在很大区别，表现在以下几个方面：

① 审计目标不同。内部审计主要是对内部控制的有效性、财务信息的真实性和完整性以及经营活动的效率和效果所开展的一种评价活动；注册会计师审计主要对被审计单位编制财务报表的真实性(或合法性)和公允性进行审计。

② 独立性不同。内部审计为组织内部服务，接受总经理或董事会的领导，独立性较弱；注册会计师审计为需要可靠信息的第三方提供服务，不受被审计单位管理层的领导和制约，独立性较强。

③ 接受审计的自愿程度不同。内部审计是代表总经理或董事会实施的组织内部监督，是内部控制制度的重要组成部分，单位内部的组织必须接受内部审计人员的监督；注册会计师审计是以独立的第三方对被审计单位进行的审计，委托人可自由选择会计师事务所。

④ 遵循的审计标准不同。内部审计人员遵循的是内部审计准则；而注册会计师遵循的是注册会计师审计准则。

⑤ 审计的时间不同。内部审计通常对单位内部组织采用定期或不定期审计，时间安排比较灵活；而注册会计师审计通常是定期审计，每年对被审计单位的财务报表审计一次。

注册会计师审计与内部审计尽管存在很大的差别，但是，注册会计师审计作为一种外部审计，在工作中要利用内部审计的工作成果。任何一种外部审计在对一个单位进行审计时，都要对其内部审计的情况进行了解并考虑是否利用其工作成果。这是出于以下几个原因：

第一，内部审计是单位内部控制的一部分。内部审计作为单位内部的经济监督机构，对各项经营管理活动是否达到预定目标，是否遵循了单位的规章制度等进行监督，属于单位内部控制体系的一个组成部分。外部审计人员在对被审计单位进行审计时，要对内部控制制度进行测评，就要了解内部审计的设置和工作情况。

第二，内部审计和外部审计在工作上具有一致性。内部审计在审计内容、审计方法等方面都和外部审计有许多一致之处。

第三，利用内部审计工作成果可以提高审计效率，节约审计费用。外部审计人员在对内部审计工作进行评价以后，利用其全部或部分工作成果，可以减少现场测试的工作量，提高工作效率。

1.1.2 注册会计师审计的产生与发展

1. 外国注册会计师审计的产生与发展

注册会计师审计起源于意大利合伙企业制度。在合伙企业制度下,投资人与经营人员出现了分离现象,没有直接参与企业经营活动的投资人与参与经营活动的投资人在信息上不对称,不能充分信任代表他们利益的经理人员,为了确保自己的利益不受损害,他们愿意拿出本应是合伙人共同利益的一部分收入,聘请熟悉簿记理论的审计人员对公司财务进行审计。对于参与经营的投资人来说,他们也愿意聘请独立于投资人的第三方对其财务进行审计,以证明其是否诚实经营,以及是否侵占其他投资人的利益。这就开始出现了民间审计,因为审计人员是独立于合伙人的第三方,所以又称其为独立审计。

英国是最早明确注册会计师法律地位的国家。著名的英国南海公司舞弊案例是注册会计师审计发展历史上具有标志性意义的事件。尽管在 1720 年之前,就有人认为已有了民间审计这一行业,但世界上绝大多数的审计理论工作者都认为,查尔斯·斯内尔是世界上第一位民间审计人员,他所撰写的查账报告,是世界上第一份民间审计报告。而南海公司的舞弊案例,也被列为世界上第一起比较正式的民间审计案例。由此可见,该案例对注册会计师行业具有举足轻重的影响。此后,英国于 1844 年颁布了《公司法》,并于 1845 年进行了修订,该法明确:董事有登记账簿的义务,而且该账簿必须经董事外的第三者审查,设立承担审计业务的监事,公司的资产负债表应经监事审查。此时,监事一般具有股东身份。但在 1853 年,苏格兰的几个会计师组建了爱丁堡会计师公会,并于 1954 年获得皇家特许注册登记,成为世界上第一个会计师职业团体。1855—1856 年,英国《公司法》中进一步规定了资产负债表及公司章程的格式和监事不一定必须是公司的股东等内容;1962 年,英国的《公司法》进一步明确注册会计师为法定的破产清算人,这些法律条款奠定了注册会计师审计的法律地位。这一阶段注册会计师审计的目的是查错防弊,保护企业资产的安全完整,审计的方法是对会计账目进行详细审计,审计报告的使用人主要是股东。

 知识链接

英国南海股份公司舞弊案

1710 年,英国成立了南海股份有限公司。该公司以发展大西洋贸易为目的,获得专卖黑奴给西班牙在南美洲的殖民地 30 年的专卖权。由于经营无方,公司效益一直不理想。1719 年,英国政府允许中奖债券总额的 70%,即约 1 000 万英镑,可与南海公司股票进行转换。该年底,公司的董事们开始对外散布各种所谓的好消息,即南海公司在年底将有大量利润可实现,并煞有其事地预计,在 1720 年的圣诞节,公司可能要按面值的 60%支付股利。这一消息的宣布,加上公众对股价上扬的预期,促进了债券转换,进而带动了股价上升。1719 年年中,南海公司股价为 114 英镑,1720 年 3 月,股价劲升至 300 英镑以上,到了 1720 年 7 月,股票价格已高达 1 050 英镑。此时,南海公司老板布伦特又想出了新主意:以数倍于面额的价格,发行可分期付款的新股。同时,南海公司将获取的现金,转贷给购买股票的公众。这样,随着南海股价的扶摇直上,一场投机浪潮席卷全国。由此,170 多家新成立的股份公司股票以及原有的公司股票,都成了投机对象。1720 年 6 月,为了制止各类"泡沫公司"的膨胀,英国国会通过了《泡沫公司取缔法》,该法对股份公司的成立进行了严格的限制,只有取得国王的御批,才能得到公司的经营执照。事实上,股份公司的形式基本上名存实亡。自此,许多公司被解散,公众开始清醒过来,对一些公司的怀疑逐渐扩展到南海公司身上。从 7 月份开始,外国投资者首先抛出南海公司股票,撤回资金。随着投机热潮的冷却,南海公司股价一落千丈,到 1720 年 12 月份最终仅为 124 英镑。当年底,政府对南海公司资产进行清理,发现其实际资本已所剩无几。迫于舆论的压力,1720 年 9 月,英国议会组织了一个由 13 人参加的特别委员会,对"南海泡沫"事件进行秘密查证。在调查过程中,特别委员会发现该公司的会计记录严重失实,明显存在蓄意篡改数据的舞弊行为,于是特邀了一名叫查尔斯·斯内尔的资深会计师,对南海公司的分公司"索布里奇商社"的会计账目进行检查。查尔斯·斯内尔商业审计实践经验丰富,理论基础扎实,在伦敦地区享有盛誉。查尔斯·斯内尔通过对南海公司账目的查询、审核,于 1721 年提交了一份对索布里奇商社的会计账簿进行检查的《查账报告书》。在该报告中,查尔斯指出了公司存在舞弊行为、会计记录严重不实等问题,但没有对公司为何编制这种虚假的会计记录表明自己的看法。议会根据这份查账报告,将南海公司董事之一的雅各希·布伦特以及他的合伙人的不动产全部予以没收。其中一位叫乔治·卡斯韦尔的爵士,被关进了著名的伦敦塔监狱。直到 1828 年,英国政府在充分认识到股份有限公司利弊的基础上,通过设立民间审计的方式,将股份公司中因所有权与经营权分离所产生的不足予以制约,才完善了这一现代化的企业制度。据此,英国政府撤销了《泡沫公司取缔法》,重新恢复了股份公司这一现代企业制度的形式。

(资料来源:节选自《国外审计案例精选与评析》,http://www.360doc.com/content/13/0621/00/202378_294410568.shtml)

20 世纪初,全球经济重心由欧洲转向了美国,注册会计师审计也得到了发展和完善,其发展历程也可以划分为 3 个阶段(见表 1-1):资产负债表审计(20 世纪初至 30 年代);财务报表审计(20 世纪 30—40 年代);现代审计(第二次世界大战后至今),其理论与方法出现了巨大的变化。

表 1-1 美国注册会计师审计的发展历程

发展阶段	资产负债表审计 (20 世纪初至 30 年代)	财务报表审计 (20 世纪 30—40 年代)	现代审计 (第二次世界大战后至今)
审计对象	会计账目扩大到资产负债表	所有财务报表和相关财务资料	所有财务报表和相关财务资料
审计目的	检查企业信用状况	对财务报表发表审计意见	对财务报表发表审计意见
审计方法	详细审计逐步转向抽样审计	广泛应用抽样审计	普遍运用抽样审计、推广制度基础审计和风险基础审计,应用计算机审计技术
服务对象	除股东外,突出了债权人	社会公众	社会公众
审计范围		扩大到测试相关内部控制	扩大到测试相关内部控制
其他		拟定审计准则,推行注册会计师考试制度	合并成立大所,业务范围扩大,如代理、咨询等

2. 我国注册会计师审计的发展历程

中国注册会计师产生于辛亥革命后,谢霖先生在 1918 年成立了中国第一家会计师事务所,他本人成为中国第一位注册会计师。

新中国成立后,实行计划经济,没有发展注册会计师审计。改革开放后的 1980 年开始恢复,1988 年成立中国注册会计师协会,1993 年 10 月 31 日通过了《注册会计师法》,1994 年 1

月 1 日正式实施。1997 年加入国际会计师联合会（International Federation of Accountants, IFAC）。1999 年 2 月发布了第三批独立审计准则，于 1999 年 7 月 1 日开始施行。2006 年发布与国际审计准则趋同的审计准则体系并于 2007 年 1 月执行。2011 年，中国注册会计师协会再一次对审计准则体系进行了修订完善。

1.1.3 注册会计师审计的性质、业务范围

1. 注册会计师审计的性质

（1）含义。《中国注册会计师审计准则第 1101 号——财务报表审计的目标和一般原则》对审计概念描述为："财务报表审计的目标是注册会计师通过执行审计工作，对财务报表的下列方面发表审计意见：①财务报表是否按照适用的会计准则和相关会计制度的规定编制；②财务报表是否在所有重大方面公允反映被审计单位的财务状况、经营成果和现金流量。"

（2）方法。注册会计师审计方法的变化主要经历了以下 3 个阶段：

① 账项基础审计。又称详细审计，在这种方法下，注册会计师将大部分精力投向会计凭证和账簿的详细检查，以获取审计证据，发表审计意见。这种方法在从事中小企业年报审计中仍然使用，也可在其他审计方法下配合运用。

② 制度基础审计。设计合理并且执行有效的内部控制可以保证财务报表的可靠性，防止重大错误和舞弊的发生。以控制测试为基础的抽样审计在西方国家得到广泛应用，从方法论的角度上讲，该种方法称作制度基础审计方法。

③ 风险导向审计。以审计风险模型为基础，确定审计重点，将审计资源分配到最容易导致财务报表出现重大错报的领域，以提高审计效率的方法。从方法论的角度，注册会计师以审计风险模型为基础进行的审计，称为风险导向审计方法。"审计风险＝重大错报风险×检查风险"就是审计风险模型。通过对被审计单位固有风险、控制风险等重大错报风险和注册会计师的检查风险进行分析评估，再决定采取的审计策略、实施的审计方法，分配审计资源，能够提高审计的针对性，发现被审计单位重大错报问题，进而提高审计效率。

2. 注册会计师的业务范围

根据《注册会计师法》的规定，注册会计师依法承办审计业务和会计咨询服务业务。

（1）审计业务。包括：①审查企业会计报表，出具审计报告。注册会计师的职能之一就是通过对财务报表进行审计，为社会提供鉴证服务。②验证企业资本，出具验资报告。公司及其他企业在设立审批时及申请变更注册资本时可以提交注册会计师出具的验资报告，具有法定证明力。③办理企业合并、分立、清算事宜中的审计业务，出具有关的报告。④法律、行政法规规定的其他审计业务，包括按照企业会计准则和相关会计制度以外的其他基础（简称特殊基础）编制的财务报表；财务报表的组成部分；合同的遵守情况；简要财务报表。这些业务的办理需要注册会计师具备和运用相关的专门知识，注意处理问题的特殊性。

（2）审阅业务。主要包括财务报表审阅业务。

（3）其他鉴证业务。除了审计和审阅业务外，注册会计师还承办其他鉴证业务，如财务

信息审核业务、内部控制审核、预测性财务信息的审核、网域认证和系统鉴证等,这些鉴证业务可以增强使用者的信赖程度。

(4) 相关服务。相关服务包括对财务信息执行商定程序、代编财务信息、税务服务、管理咨询以及会计服务等。注册会计师执行的会计咨询和会计服务业务属于服务性质,是所有具备条件的中介机构甚至个人都能够从事的非法定业务。

1.1.4 注册会计师财务报表审计目标

1. 注册会计师财务报表审计的总体目标

在执行财务报表审计工作时,注册会计师的总体目标是:对财务报表整体是否不存在由于舞弊或错误导致的重大错报获取合理保证,使得注册会计师能够对财务报表是否在所有重大方面按照适用的财务报告编制基础编制发表审计意见;按照审计准则的规定,根据审计结果对财务报表出具审计报告,并与管理层和治理层沟通。

总体目标要从如下几个方面理解:

(1) 必须获取合理保证。这就要求注册会计师计划和实施审计工作,并取得相应的审计证据。在任何情况下,如果不能获取合理保证,注册会计师应当按照审计准则的规定出具保留意见、无法表示意见的审计报告,或者在法律、法规允许的情况下终止审计业务或解除业务约定。

(2) 对财务报表整体的合法性、公允性发表意见。这界定了注册会计师的责任范围,影响着注册会计师计划和实施审计程序的性质、时间和范围,决定了注册会计师如何发表审计意见。例如,既然财务报表的审计目标是对财务报表整体发表意见,注册会计师就可以只关注与财务报表编制和审计有关的内部控制,而不对内部控制本身发表鉴证意见。同样,注册会计师关注被审计单位的违反法规行为,是因为这些行为影响到财务报表,而不是对被审计单位是否存在违反法规行为提供鉴证。

(3) 合理保证不是绝对保证。由于审计存在固有限制,审计工作不能对财务报表整体不存在重大错报提供绝对保证。注册会计师作为独立的第三方,运用专业知识技能和经验对财务报表进行审计并发表意见,旨在提高财务报表的可信赖程度。虽然财务报表的使用者可以根据财务报表的审计意见对被审计单位未来生存能力或管理层的经营效率、经营效果做出某种判断,但审计意见本身并不是对被审计单位未来生存能力或管理层经营效率、经营效果提供的保证。

2. 注册会计师财务报表审计的具体目标

注册会计师的基本职责就是确定被审计单位管理层对其财务报表的认定是否恰当。认定是指管理层对财务报表组成要素的确认、计量、列报做出的明确或隐含的表达。认定与审计目标密切相关。

管理层对财务报表各组成要素均做出了认定,注册会计师的审计工作就是要确定管理层的认定是否恰当。

(1) 与各类交易和事项相关的认定及审计目标,见表1-2。

表 1-2　与各类交易和事项相关的认定及审计目标

认定的环节	认定的含义	认定的审计目标
发生	记录的交易和事项已发生且与被审计单位有关	审核并确认已记录的交易是真实的。例如，如果将没有发生的销售交易记录到销售日记账中，则违反了该目标。它主要与财务报表组成要素的高估有关
完整性	所有应当记录的交易和事项均已记录	检查并确认已发生的全部交易确实已经记录。例如，如果发生了销售交易，但没有登记入账，则违反了该目标。完整性目标主要针对漏记交易(低估)
准确性	与交易和事项有关的金额及其他数据已恰当记录	检查并确认记录的交易是按正确金额反映的。例如，如果在销售交易中，数量、价格的乘积或加总有误，账簿中记录了错误的金额，则违反了该目标
截止	交易和事项已记录于正确的会计期间	检查并确认各项交易已记录于恰当的期间。例如，如果本期交易推到下期，或下期交易提到本期，均违反了该目标
分类	交易和事项已记录于恰当的账户	检查并确认被审计单位记录的交易分类的适当性。例如，将管理费用记作销售费用，则违反了该目标

(2) 与期末账户余额相关的认定及审计目标，见表 1-3。

表 1-3　与期末账户余额相关的认定及审计目标

认定的环节	认定的含义	认定的审计目标
存在	记录的资产、负债和所有者权益是存在的	检查并确认记录的金额确实存在。例如，如果不存在某顾客的应收账款，在应收账款试算平衡表中却列入了对该顾客的应收账款，则违反了该目标
权利和义务	记录的资产、负债符合其确认条件	检查并确认资产归属于被审计单位，负债属于被审计单位的义务。例如，将经营租入的办公场所记入固定资产、虚列债务，即违反了该目标
完整性	所有应当记录的资产、负债和所有者权益均已记录	检查并确认已存在的金额均已记录。例如，如果存在某顾客的应收账款，在应收账款试算平衡表中却没有列入对该顾客的应收账款，则违反了该目标
计价和分摊	资产、负债和所有者权益已恰当记录并反映在财务报表中	资产、负债和所有者权益以恰当的金额包括在财务报表中，与之相关的计价或分摊调整已恰当记录

(3) 与列报相关的认定及审计目标，见表 1-4。

表 1-4　与列报相关的认定及审计目标

认定的环节	认定的含义	认定的审计目标
发生及权利和义务	披露的交易、事项和其他情况已发生，且与被审计单位有关	如果将没有发生的交易、事项，或与被审计单位无关的交易和事项包括在财务报表中，则违反该目标。例如，抵押固定资产需要在财务报表中列报，同时要在附注中披露，以表明其权利受到限制

续表

认定的环节	认定的含义	认定的审计目标
完整性	所有应当包括在财务报表中的披露均已包括	如果应当披露的事项没有包括在财务报表中,则违反该目标。例如,检查关联方和关联交易,以验证其在财务报表中是否得到充分披露
分类和可理解性	财务信息已被恰当地列报和描述,且披露内容表述清楚	财务信息是否恰当地列报和描述,且披露内容表述清楚。例如,检查存货的主要类别是否已披露,是否将一年内到期的长期负债列为流动负债,即是对列报的分类和可理解性认定的运用
准确性和计价	财务信息和其他信息已公允披露,且金额恰当	财务信息和其他信息是否公允披露,且金额恰当。例如,检查财务报表附注是否分别对原材料、在产品和产成品等存货成本核算方法做了恰当说明

审计人员为了完成审计目标,必须针对管理层的各项认定,采取一定的审计程序,运用适当的审计方法进行审计。管理层认定、审计目标和审计程序之间具有一定的联系,下面举例说明,见表1-5。

表1-5 管理层认定、审计目标和审计程序之间的关系举例

管理层认定	审计目标	审计程序
存在性	资产负债表列示的存货存在	实施存货监盘程序
完整性	销售收入包括了所有已发货的交易	检查发货单和销售发票的编号及销售明细账
准确性	应收账款反映的销售业务基于正确的价格和数量,计算准确	比较价格清单及发票上的价格,发货单与发票上的价格、发货单与销售订购单上的数量是否一致,重新计算发票上的金额
截止	销售业务记录在恰当的期间	比较上一年度最后几天和下一年度最初几天的发货单日期与记账日期
权利和义务	资产负债表中的固定资产确实为公司所有	查阅所有权证书、购货合同、结算单和保险单
计价和分摊	以净值记录应收账款	检查应收账款账龄分析表,评估计提的坏账准备是否充足

3. 审计过程与审计目标的实现

风险导向审计模式要求注册会计师在审计过程中,以重大错报风险的识别、评估和应对作为工作主线。相应地,审计过程大致可分为以下几个阶段:

(1)接受业务委托。会计师事务所应当按照执业准则的规定,谨慎决策是否接受或保持某客户关系和具体审计业务。在接受委托前,注册会计师应当初步了解审计业务环境,包括业务约定事项、审计对象特征、使用的标准、预期使用者的需求、责任方及其环境的相关特征,以及可能对审计业务产生重大影响的事项、交易、条件和惯例等其他事项。

接受业务委托阶段的主要工作包括:了解和评价审计对象的可审性;决策是否考虑接受委托;商定业务约定条款;签订审计业务约定书等。

(2)计划审计工作。对于任何一项审计业务,注册会计师在执行具体审计程序之前,都

必须根据具体情况制订科学、合理的计划，使审计业务以有效的方式得到执行。

计划审计工作主要包括：在本期审计业务开始时制订总体审计策略和具体审计计划等。计划审计工作不是审计业务的一个孤立阶段，而是一个持续的、不断修正的过程，贯穿于整个审计业务的始终。

（3）实施风险评估程序。审计准则规定，注册会计师必须实施风险评估程序，以此作为评估财务报表层次和认定层次重大错报风险的基础。所谓风险评估程序，是指注册会计师通过了解被审计单位所处行业环境、企业内控制度存在与执行的有效性等，识别和判断被审计单位是否存在重大错报风险以及该风险大小的程序。

实施风险评估程序的主要工作包括：了解被审计单位及其环境；识别和评估财务报表层次以及各类交易、账户余额，列报认定层次的重大错报风险，包括确定需要特别考虑的重大错报风险（即特别风险）以及仅通过实质性程序无法应对的重大错报风险等。风险评估程序贯穿于整个审计过程。

（4）实施控制测试和实质性程序。注册会计师实施风险评估程序本身并不足以为发表审计意见提供充分、适当的审计证据，注册会计师还应当实施进一步审计程序，包括实施控制测试（必要时或决定测试时）和实质性程序。

（5）完成审计工作和编制审计报告。注册会计师在完成财务报表所有循环的进一步审计程序后，还应当按照有关审计准则的规定做好审计完成阶段的工作，并根据所获取的各种证据，合理运用专业判断，形成适当的审计意见并出具审计报告等。

1.1.5 中国注册会计师执业规范体系

中国注册会计师职业规范体系包括五大部分，如图 1.1 所示。职业技术规范由一个中国注册会计师鉴证业务基本准则和若干个具体准则组成，具体准则又叫执业准则，通常划分为审计准则、审阅业务准则、其他鉴证业务准则、相关服务准则四个基本类别。

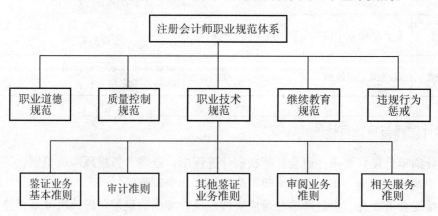

图 1.1　注册会计师职业规范体系框架

1. 鉴证业务基本准则

（1）鉴证业务的定义、要素。鉴证业务是指注册会计师对鉴证对象信息提出结论，以增强除责任方之外的预期使用者对鉴证对象信息信任程度的业务。鉴证业务包括历史财务信息审计业务、历史财务信息审阅业务和其他鉴证业务。

鉴证业务要素是指鉴证业务的三方关系、鉴证对象、标准、证据和鉴证报告，见表1-6。

表1-6 鉴证业务要素及其理解

鉴证业务要素	鉴证业务要素理解
三方关系	注册会计师、责任方和预期使用者
鉴证对象	有多种不同的表现形式，如财务或非财务的业绩或状况、财务报表等
标准	用来对鉴证对象进行评价或计量的基准，当涉及列报时，还包括列报的基准
证据	充分、适当的证据是注册会计师提出鉴证结论的基础
鉴证报告	注册会计师应当针对鉴证对象信息（或鉴证对象）在所有重大方面是否符合适当的标准，以书面报告的形式发表能够提供一定保证程度的结论

（2）鉴证业务的分类。鉴证业务分为基于责任方认定的业务和直接报告业务。

在基于责任方认定的业务中，责任方对鉴证对象进行评价或计量，鉴证对象信息以责任方认定的形式为预期使用者获取。如在财务报表审计中，被审计单位管理层（责任方）对财务状况、经营成果和现金流量（鉴证对象）进行确认、计量和列报（评价或计量）而形成的财务报表（鉴证对象信息）即为责任方的认定，该财务报表可为预期使用者获取，注册会计师针对财务报表出具审计报告。这种业务属于基于责任方认定的业务。

在直接报告业务中，注册会计师直接对鉴证对象进行评价或计量，或者从责任方获取对鉴证对象评价或计量的认定，而该认定无法为预期使用者获取，预期使用者只能通过阅读鉴证报告获取鉴证对象信息。如在内部控制鉴证业务中，注册会计师可能无法从管理层（责任方）获取其对内部控制有效性的评价报告（责任方认定），或虽然注册会计师能够获取该报告，但预期使用者无法获取该报告，注册会计师直接对内部控制的有效性（鉴证对象）进行评价并出具鉴证报告，预期使用者只能通过阅读该鉴证报告获得内部控制有效性的信息（鉴证对象信息）。这种业务属于直接报告业务。

基于责任方认定的业务和直接报告业务的区别主要表现在4个方面，见表1-7。

表1-7 责任方认定的业务和直接报告业务的区别

区别栏目	基于责任方认定的业务	直接报告业务
预期使用者获取鉴证对象信息的方式不同	预期使用者可以直接获取鉴证对象信息（责任方认定），而不一定要通过阅读鉴证报告	预期使用者只能通过阅读鉴证报告获取有关的鉴证对象信息
注册会计师提出结论的对象不同	注册会计师针对责任方认定提出鉴证结论，或直接针对鉴证对象提出结论	无论责任方认定是否存在、注册会计师能否获取该认定，注册会计师在鉴证报告中都将直接对鉴证对象提出结论
责任方的责任不同	责任方已经将既定标准应用于鉴证对象，形成了鉴证对象信息（即责任方认定）。因此，责任方应当对鉴证对象信息负责	无论注册会计师是否获取了责任方认定，鉴证报告中都不体现责任方的认定，责任方仅需要对鉴证对象负责
鉴证报告的内容和格式不同	鉴证报告的引言段通常会提供责任方认定的相关信息，进而说明其所执行的鉴证程序并提出鉴证结论	注册会计师直接说明鉴证对象、执行的鉴证程序并提出鉴证结论

(3) 鉴证业务的保证程度。鉴证业务的保证程度分为合理保证和有限保证。合理保证的保证水平要高于有限保证的保证水平。

合理保证的鉴证业务的目标是注册会计师将鉴证业务风险降至该业务环境下可接受的低水平,以此作为以积极方式提出结论的基础。如在历史财务信息审计中,要求注册会计师将审计风险降至该业务环境下可接受的低水平,对审计后的历史财务信息提供高水平保证(合理保证),在审计报告中对历史财务信息采用积极方式提出结论。这种业务属于合理保证的鉴证业务。

有限保证的鉴证业务的目标是注册会计师将鉴证业务风险降至该业务环境下可接受的水平,以此作为以消极方式提出结论的基础。如在历史财务信息审阅中,要求注册会计师将审阅风险降至该业务环境下可接受的水平(高于历史财务信息审计中可接受的低水平),对审阅后的历史财务信息提供低于高水平的保证(有限保证),在审阅报告中对历史财务信息采用消极方式提出结论。这种业务属于有限保证的鉴证业务。

合理保证和有限保证的比较见表1-8。

表1-8 合理保证和有限保证的比较

保证程度的区别	保证水平	结论方式	适用业务类型
合理保证	高	积极方式	一般适用于审计报告、验资报告等基于责任方认定的业务
有限保证	低	消极方式	一般适用于审阅报告等直接报告业务

2. 中国注册会计师执业准则

中国注册会计师执业准则由审计准则、审阅业务准则、其他鉴证业务准则及相关服务准则四大部分组成,每一部分又分为多个具体业务准则,详见表1-9。

表1-9 中国注册会计师执业准则

基本大类	具体类别	准则编号	准则名称
审计准则	一般原则与责任方面的准则	第1101号	注册会计师的总体目标和审计工作的基本要求
		第1111号	就审计业务约定条款达成一致意见
		第1121号	对财务报表审计实施的质量控制
		第1131号	审计工作底稿
		第1141号	财务报表审计中与舞弊相关的责任
		第1142号	财务报表审计中对法律法规的考虑
		第1151号	与治理层的沟通
		第1152号	向治理层和管理层通报内部控制缺陷
		第1153号	前任注册会计师和后任注册会计师的沟通

续表

基本大类	具体类别	准则编号	准则名称
审计准则	风险评估以及风险的应对准则	第1201号	计划审计工作
		第1211号	通过了解被审计单位及其环境，识别和评估重大错报风险
		第1221号	计划和执行审计工作时的重要性
		第1231号	针对评估的重大错报风险采取的应对措施
		第1241号	对被审计单位使用服务机构的考虑
		第1251号	评价审计过程中识别出的错报
	审计证据方面的准则	第1301号	审计证据
		第1311号	对存货、诉讼和索赔、分部信息等特定项目获取审计证据的具体考虑
		第1312号	函证
		第1313号	分析程序
		第1314号	审计抽样
		第1321号	审计会计估计（包括公允价值会计估计）和相关披露
		第1323号	关联方
		第1324号	持续经营
		第1331号	首次审计业务涉及的期初余额
		第1332号	期后事项
		第1341号	书面声明
	利用其他主体工作的准则	第1401号	对集团财务报表审计的特殊考虑
		第1411号	利用内部审计人员的工作
		第1421号	利用专家的工作
	关于审计结论与报告的准则	第1501号	对财务报表形成审计意见和出具审计报告
		第1502号	在审计报告中发表非无保留意见
		第1503号	在审计报告中增加强调事项段和其他事项段
		第1511号	比较信息：对应数据和比较财务报表
		第1521号	对含有已审计财务报表的文件中的其他信息的责任
	特殊领域的准则	第1601号	对按照特殊目的编制基础编制的财务报表审计的特殊考虑
		第1602号	验资
		第1603号	对单一财务报表和财务报表特定要素审计的特殊考虑
		第1604号	对简要财务报表出具报告的业务
		第1611号	商业银行财务报表审计
		第1612号	银行间函证程序
		第1613号	与银行监管机构的关系
		第1631号	财务报表审计中对环境事项的考虑
		第1632号	衍生金融工具的审计
		第1633号	电子商务对财务报表审计的影响

续表

基本大类	具体类别	准则编号	准 则 名 称
审阅业务准则	审阅业务准则	第2101号	财务报表审阅
其他鉴证业务准则	其他鉴证业务准则	第3101号	历史财务信息审计或审阅以外的鉴证业务
		第3111号	预测性财务信息的审核
相关服务准则	相关服务准则	第4101号	中国注册会计师相关服务准则
		第4111号	代编财务信息

审计、审阅、其他鉴证业务准则及相关服务准则与具体业务紧密联系，在从事该类审计业务之前，应有针对性地学习和研究，以增强审计意识，提高审计效率。

1.1.6 中国注册会计师职业道德守则

1. 中国注册会计师协会会员职业道德守则的含义

中国注册会计师协会会员职业道德守则是用来规范中国注册会计师协会会员职业道德行为，提高职业道德水准，维护职业形象。该守则规定了职业道德基本原则和职业道德概念框架，会员应当遵守职业道德基本原则，并能够运用职业道德概念框架解决职业道德问题。

2. 注册会计师职业道德基本原则

注册会计师为实现执业目标，必须遵守一系列前提或基本原则。这些基本原则包括诚信、独立、客观和公正、专业胜任能力和应有的关注、保密、良好的职业行为。

（1）诚信。诚信是诚实、守信。也就是说，一个人言行与内心思想一致，不虚假；能够履行与别人的约定而取得别人的信任。诚信原则要求会员应当在所有的职业关系和商业关系中保持正直和诚实，秉公处事、实事求是。

（2）独立。独立是指不受外来力量控制、支配，按照一定之规行事。注册会计师的独立性包括两个方面：实质上的独立和形式上的独立。实质上的独立是指注册会计师在发表意见时其专业判断不受影响，公正执业，保持客观和专业怀疑；形式上的独立是指会计师事务所或鉴证小组避免出现这样重大的情形，使得拥有充分相关信息的理性第三方推断其公正性、客观性或专业怀疑受到损害。注册会计师执行审计和审阅业务以及其他鉴证业务时，应当从实质上和形式上保持独立性，不得因任何利害关系影响其客观性。

（3）客观和公正。客观是指按照事物的本来面目去考察，不添加个人偏见。公正是指公平、正直，不偏袒。客观和公正原则要求会员应当公正处事、实事求是，不得由于偏听偏信、利益冲突或他人的不当影响而损害自己的职业判断。如果存在导致职业判断出现偏差，或对职业判断产生不当影响的情形，会员不得提供相关服务。

（4）专业胜任能力和应有的关注。专业胜任能力是指会员具有专业知识、技能或经验，能够经济、有效地完成客户委托的业务。事实上，如果缺乏足够的知识、技能和经验提供专业服务，就构成了一种欺诈。一位合格的注册会计师不仅要充分认识自己的能力，对自己充满信心，更重要的是，必须清醒认识到自己在专业胜任能力方面的不足，不承接自己不能胜任的业务。如果注册会计师不能认识到这一点，承接了难以胜任的业务，就可能给客户乃至社会公众带来危害。

专业服务要求注册会计师在应用专业知识和技能时，应当合理运用职业判断。专业胜任能力可分为两个独立阶段，获取阶段和保持阶段。会员应当持续了解和掌握相关的专业技术和业务的发展，以保持专业胜任能力。

应有的关注是指专业人士对其所提供服务承担的勤勉尽责的义务。具体到审计服务而言，注册会计师应当以勤勉尽责的态度执行审计业务。在审计过程中，注册会计师应当保持职业怀疑态度，运用其专业知识、技能和经验，获取和客观评价审计证据。同时，会员应当采取措施以确保在其授权下工作人员得到适当的培训和督导。

（5）保密。注册会计师与客户的沟通，必须建立在为客户保密的基础上。因此，注册会计师在签订业务约定书时，应当书面承诺对在执行业务过程中获知的客户信息保密。这里所说的客户信息，通常是指商业秘密。一旦商业秘密被泄露或被利用，往往给客户造成损失。保密原则要求会员应当对因职业关系和商业关系而获知的信息予以保密，不得有下列行为：

① 未经客户授权或法律法规允许，向会计师事务所以外的第三方披露其所获知的涉密信息。

② 利用所获知的涉密信息为自己或第三方谋取利益。

会员在下列情况下，可以披露客户的涉密信息：

① 法律、法规允许披露，并且取得客户或工作单位的授权。

② 根据法律、法规的要求，为法律诉讼、仲裁准备文件或提供证据以及向有关监管机构报告发现的违法行为。

③ 法律、法规允许的情况下，在法律诉讼、仲裁中维护自己的合法权益。

④ 法律、法规、执业准则和职业道德规范规定的其他情形。

（6）良好的职业行为。职业行为原则要求会员应当遵守相关法律、法规，避免发生任何损害职业声誉的行为。在推介自身和工作时，会员应当客观、真实、得体，不得损害职业形象。会员不得有下列行为：

① 夸大宣传提供的服务、拥有的资质或获得的经验。

② 贬低或无根据地比较其他注册会计师的工作。

3. 职业道德概念框架

（1）职业道德概念框架的内涵。职业道德概念框架是指解决职业道德问题的方法和思路，用以指导注册会计师。

① 识别对职业道德基本原则的不利影响。

② 评价不利影响的严重程度。

③ 必要时采取防范措施消除不利影响或将其降至可接受的水平。

职业道德概念框架适用于会员处理对职业道德基本原则产生不利影响的各种情形，其目的在于防止会员认为只要守则未明确禁止的情形就是允许的。

在运用职业道德概念框架时，如果某些不利影响是重大的，或者合理的防范措施不可或无法实施，会员可能面临不能消除不利影响或将其降低至可接受水平的情形。如果无法采取适当的防范措施，注册会计师应当拒绝或终止所从事的特定专业服务，必要时解除与客户的合约关系,或向其工作单位辞职。

(2) 不利影响因素及其防范措施。注册会计师对职业道德基本原则的遵循可能受到多种因素的不利影响。不利影响的性质和严重程度因注册会计师提供服务类型的不同而不同。可能对职业道德基本原则产生不利影响的因素包括以下几种:

① 自身利益。如果经济利益或其他利益对会员的职业判断或行为产生不利影响,将产生自身利益导致的不利影响。

② 自我评价。如果会员对其以前的判断或服务结果做出不恰当的评价,并且将据以形成的判断作为当前服务的组成部分,将产生自我评价导致的不利影响。

③ 过度推介。如果会员过度推介客户或工作单位的某种立场或意见,使其客观性受到损害,将产生过度推介导致的不利影响。

④ 密切关系。如果会员与客户或工作单位存在长期或亲密的关系,而过于倾向他们的利益,或认可他们的工作,将产生密切关系导致的不利影响。

⑤ 外在压力。如果会员受到实际的压力或感受到压力而无法客观行事,将产生外在压力导致的不利影响。

防范措施是指可以消除不利影响或将其降低至可接受水平的行动或其他措施。应付不利影响的防范措施包括法规和职业道德规范规定的防范措施和在具体工作中采取的防范措施。法律法规和职业规范规定的防范措施主要包括下列几点:

① 取得会员资格必需的教育、培训和经验要求。
② 持续的职业发展要求。
③ 公司治理方面的规定。
④ 执业准则和职业道德规范的要求。
⑤ 监管机构或行业的监控和惩戒程序。
⑥ 由依法授权的第三方对会员编制的业务报告、申报资料或其他信息进行外部复核。

(3) 道德冲突的解决。在遵守职业道德基本原则时,会员应当解决遇到的道德冲突问题。在解决道德冲突问题时,会员应当考虑下列因素:

① 与道德冲突有关的事实。
② 涉及的道德问题。
③ 道德冲突问题涉及的职业道德基本原则。
④ 会计师事务所或工作单位制定的解决道德冲突问题的程序。
⑤ 可供选择的措施。

在考虑上述因素并权衡可供选择措施的后果后,会员应当确定适当的措施。如果道德冲突问题仍无法解决,会员应当考虑向会计师事务所或工作单位内部的适当人员咨询,寻求帮助解决问题;如果道德问题涉及会员与某一组织的冲突或是组织内部的冲突,会员还应当确定是否向该组织的治理层咨询。

如果某项重大冲突未能解决,会员可以考虑向相关职业团体或法律顾问获取专业意见;如果以不提及相关方的方式与相关职业团体讨论所涉及事项,或在法律特权保护下与法律顾问讨论所涉及事项,会员通常能够在不违反保密原则的条件下获得解决问题的指导;在考虑所有相关可能措施后,如果道德冲突仍未解决,会员应当在可能的情形下拒绝继续与产生冲突的事项发生关联。会员可视情况确定是否解除业务约定或退出某项特定业务,或完全退出该项业务，或向所在会计师事务所或工作单位辞职。

1.1.7 会计师事务所质量控制准则

会计师事务所质量控制准则用以规范会计师事务所在执行各类业务时应当遵守的质量控制政策和程序，是对会计师事务所质量控制提出的制度要求，包括会计师事务所质量控制准则第5101号——会计师事务所对执行财务报表审计和审阅、其他鉴证和相关服务业务实施的质量控制。下面对会计师事务所质量控制准则的几个重要概念进行说明。

1. 质量控制制度的目的和要素

会计师事务所质量控制准则旨在规范会计师事务所的业务质量控制，明确会计师事务所及其人员的质量控制责任，适用于会计师事务所执行历史财务信息审计和审阅业务、其他鉴证业务及相关服务业务。会计师事务所应当根据会计师事务所质量控制准则，制定质量控制制度，以合理保证：会计师事务所及其人员遵守法律、法规，职业道德规范以及审计准则、审阅准则、其他鉴证业务准则和相关服务准则的规定；会计师事务所和项目负责人根据具体情况出具恰当的报告。

会计师事务所的质量控制制度应当针对下列要素制定政策和程序：对业务质量承担的领导责任；职业道德规范；客户关系和具体业务的接受与保持；人力资源；业务执行；监控。

2. 对业务质量承担的领导责任

（1）对主任会计师的总体要求。会计师事务所应当制定政策和程序，培育以质量为导向的内部文化。这些政策和程序应当要求会计师事务所主任会计师对质量控制制度承担最终责任。

（2）委派质量控制制度运作人员。会计师事务所主任会计师对质量控制制度承担最终责任，为保证质量控制制度的具体运作效果，主任会计师必须委派适当的人员并授予其必要的权限，以帮助主任会计师正确履行其职责。受会计师事务所主任会计师委派承担质量控制制度运作责任的人员，应当具有足够、适当的经验和能力以及必要的权限以履行其责任。

3. 职业道德规范

会计师事务所应当制定政策和程序，以合理保证会计师事务所及其人员遵守相关职业道德规范。

4. 客户关系和具体业务的接受与保持

会计师事务所应当制定有关客户关系和具体业务接受与保持的政策和程序，以合理保证只有在下列情况下，才能接受或保持客户关系和具体业务：已考虑客户的诚信，没有信息表明客户缺乏诚信；具有执行业务必要的素质、专业胜任能力、时间和资源；能够遵守相关职业道德规范。

5. 人力资源

会计师事务所应当制定政策和程序，合理保证拥有足够的具有必要素质和专业胜任能力并遵守职业道德规范的人员，以使会计师事务所和项目负责人能够按照法律、法规，职业道德规范和业务准则的规定执行业务，并根据具体情况出具恰当的报告。

6. 业务执行

业务执行是指会计师事务所委派项目组按照法律、法规，职业道德规范和业务准则的规定具体执行所承接的某项业务，使会计师事务所和项目负责人能够根据具体情况出具恰当的报告。业务执行是编制和实施业务计划，形成和报告业务结果的总称。

（1）指导、监督与复核。由于业务执行对业务质量有直接的重大影响，是业务质量控制的关键环节，所以会计师事务所应当按照本准则的规定，要求项目负责人负责组织对业务执行实施指导、监督与复核。会计师事务所在制定指导、监督与复核政策的程序时，应当考虑下列事项：如何将业务情况简要告知项目组，使项目组了解工作目标；保证适用的业务准则得以遵守的程序；业务监督、员工培训和辅导的程序；对已实施的工作、做出的重大判断以及拟出具的报告进行复核的方法；对已实施的工作及其复核的时间和范围做出适当记录；保证所有的政策和程序是合时宜的。

会计师事务所通常使用书面或电子手册、软件工具、标准化底稿以及行业和特定业务对象的指南性材料等文件，记录和传达其制定的政策和程序，以使全体人员了解、掌握和贯彻执行这些政策和程序。

（2）咨询。项目组在业务执行中，时常会遇到各种各样的疑难问题或者争议事项，当这些问题和事项在项目组内不能得到解决时，有必要向项目组之外的适当人员咨询。咨询包括与会计师事务所内部或外部具有专门知识的人员，在适当专业层次上进行的讨论，以解决疑难问题或争议事项。

（3）处理意见分歧。项目组在业务执行中，时常可能会出现项目组内部、项目组与被咨询者之间以及项目负责人与项目质量控制复核人员之间的意见分歧。会计师事务所应当制定政策和程序，以处理和解决意见分歧。只有意见分歧问题得到解决，项目负责人才能出具报告。如果在意见分歧问题没有得到解决前，项目负责人就出具报告，不仅有失应有的谨慎，而且容易导致出具不恰当的报告，难以合理保证实现质量控制的目标。

（4）项目质量控制复核。项目质量控制复核是指会计师事务所挑选不参与该业务的人员，在出具报告前，对项目组做出的重大判断和在准备报告时形成的结论做出客观评价的过程。如没有完成项目质量控制复核，就不得出具报告。只有这样，才能合理保证会计师事务所和项目负责人根据具体情况出具恰当的报告。

对特定业务实施项目质量控制复核，充分体现了分类控制、突出重点的质量控制理念。值得注意的是，项目质量控制复核并不减轻项目负责人的责任，更不能替代项目负责人的责任。

（5）归整业务工作底稿。会计师事务所在出具业务报告后，及时将工作底稿归整为最终业务档案，不仅有利于保证业务工作底稿的安全完整性，还便于使用和检索业务工作底稿。为此，会计师事务所应当制定政策和程序，以使项目组在出具业务报告后及时将工作底稿归整为最终业务档案。

在遵循及时性原则的前提下，会计师事务所应当根据业务的具体情况，确定适当的业务工作底稿归档期限。由于鉴证业务的职业责任较大，而其工作底稿又对证明会计师事务所是否履行了规定责任起着关键性作用，所以鉴证业务的工作底稿，包括历史财务信息审计和审阅业务、其他鉴证业务的工作底稿的归档期限为业务报告日后60天内。

对鉴证业务包括历史财务信息审计和审阅业务、其他鉴证业务，会计师事务所应当自业务报告日起，对业务工作底稿至少保存10年。如果法律、法规有更高的要求，业务工作底稿还应保存更长的时间。

业务工作底稿的所有权属于会计师事务所。会计师事务所可自主决定允许客户获取业务工作底稿部分内容，或摘录部分工作底稿，但披露这些信息不得损害会计师事务所执行业务的有效性。对鉴证业务，披露这些信息不得损害会计师事务所及其人员的独立性。

在实务中，客户基于某种考虑和需要可能向会计师事务所提出获取业务工作底稿部分内容，或摘录部分工作底稿。会计师事务所应当在确保遵守职业道德规范、业务准则和质量控制制度规定的前提下，考虑具体业务的特点和分析客户要求的合理性，谨慎决定是否满足客户的要求。如果披露这些信息损害会计师事务所执行业务的有效性，就不应当满足客户的要求。尤其要注意的是，对鉴证业务，如果披露这些信息损害会计师事务所及其人员的独立性，就不得向客户提供相关工作底稿信息。

7. 监控

监控质量控制制度的有效性，不断修订和完善质量控制制度，对于实现质量控制的两大目标也起着不可替代的作用。为此，会计师事务所应当制定监控政策和程序，以合理保证质量控制制度中的政策和程序是相关、适当的，并正在有效运行。

8. 记录

记录质量控制情况，使执行监控程序的人员能够评价质量控制制度的遵守情况，对会计师事务所有着特殊的作用。为此，会计师事务所应当制定政策和程序，对质量控制制度各项要素的运行情况形成适当记录。

会计师事务所可以根据自身情况合理确定记录的方式。例如，大型会计师事务所可能会利用电子数据库记录独立性确认函、业绩评价及监控检查的结果等事项。规模较小的会计师事务所可能会使用更多相对简单的方法，如人工记录、核对清单及表格等。

根据质量控制记录的特点和效用，会计师事务所对质量控制记录的保存期限，应当足以使执行监控程序的人员能够评价质量控制制度的遵守情况。

需要说明的是，对质量控制制度遵守情况的记录与鉴证业务工作底稿在性质上有明显的区别。鉴证业务工作底稿是对项目组遵守法律、法规，职业道德规范以及相关业务准则的规定执行鉴证业务情况的记录，同时也为项目负责人根据具体情况出具恰当的鉴证报告提供证据基础。这类底稿在判断注册会计师是否按照有关规定履行职责时具有法定效力。因此，准则明确规定了鉴证业务工作底稿的保存期限。

对质量控制制度遵守情况的记录通常属于会计师事务所管理档案性质，主要供本所日后评价质量控制制度遵守情况，修订和完善质量控制制度使用。因此，准则规定由会计师事务所根据需要自行确定这些记录的保存期限。当然，如果法律、法规有更高的要求，会计师事务所应将这些记录保存更长的时间。

1.1.8 注册会计师的法律责任

近年来我国颁布的不少重要的法律、法规中，都有专门规定会计师事务所、注册会计师法律责任的条款，其中比较重要的有《注册会计师法》《中华人民共和国公司法》（后文简称《公司法》）《中华人民共和国证券法》（后文简称《证券法》）及《中华人民共和国刑法》（后文简称《刑法》）等。此外，为了正确审理涉及会计师事务所在审计业务活动中的民事侵权赔偿责任，维护社会公共利益和相关当事人的合法权益，最高人民法院相继出台了一系列相关司法解释。

1. 注册会计师过错认定及法律责任

注册会计师在审计过程中可能存在违约、过失、欺诈等过错，并承担相应的法律责任，见表1-10。

表1-10 注册会计师过错认定及法律责任

过错认定及判断标准		责任类型	责任处罚	举例
过错类型	认定标准			
没有过失	遵循了执业准则、职业道德守则和事务所质量控制准则	无	无	实施了审计，取得了相关证据，报告意见恰当等
违约	合同的一方或几方未能达到合同条款的要求	民事责任	赔偿受害人损失	会计师事务所在商定的时期内，违反了保密协议等
过失（普通）	没有保持职业上应有的合理的谨慎	行政责任和民事责任	警告、罚款、暂停执业及取消执业资格等行政处罚；赔偿受害人损失	未按特定审计项目取得必要和充分的审计证据就出具审计报告的情况
过失（重大）	根本没有遵循专业准则或没有按专业准则的基本要求执行审计	行政责任、民事责任和刑事责任	警告、罚款、暂停执业及取消执业资格等行政处罚；赔偿受害人损失；依刑法判处徒刑	不计划和实施审计，直接按委托单位递交报表出具无保留意见审计报告。出具虚假验资报告
过失（共同）	对他人过失，受害方自己未能保持合理的谨慎，因而蒙受损失	共同承担行政责任、民事责任和刑事责任	警告、罚款、暂停执业及取消执业资格等行政处罚；共同赔偿受害人损失；依刑法判处徒刑	现金等资产短少时未查出，被审计单位和注册会计师均可能追究各自的责任
欺诈（含推定欺诈）	以欺骗或坑害他人为目的的一种故意的错误行为	行政责任、民事责任和刑事责任	警告、罚款、暂停执业及取消执业资格等行政处罚；赔偿受害人损失；依刑法判处徒刑	明知存在重大错误而出具无保留意见审计报告可推定欺诈

2. 财务报表审计过程中的责任划分

在财务报表审计中，被审计单位管理层和治理层与注册会计师承担着不同的责任，不能相互混淆和替代。

（1）被审计单位管理层和治理层的责任。财务报表是由被审计单位管理层在治理层的监督下编制的。管理层和治理层（如适用）认可与财务报表相关的责任，是注册会计师执行审计工作的前提，构成注册会计师按照审计准则的规定执行审计工作的基础。财务报表审计并不减轻管理层或治理层的责任。具体包括以下几个方面：

① 选择适用的会计准则和相关会计制度。会计主体的性质不同，适用的会计准则和会计制度就可能不同。现阶段，企业根据规模或行业性质可分别采用《企业会计准则》《小企业会计准则》《金融企业会计制度》等。

② 选择和运用恰当的会计政策。会计政策是指企业在会计确认、计量和报告中所采用的原则、基础和会计处理方法。管理层应当根据企业的具体情况，选择和运用恰当的会计政策。

③ 根据企业的具体情况，进行合理的会计估计。会计估计是指企业对其结果不确定的交易或事项以最近可利用的信息为基础所做的判断。财务报表中涉及大量的会计估计，如固定资产的预计使用年限和净残值、应收账款的可收回金额、存货的可变现净值以及预计负债的金额等。管理层有责任根据企业的实际情况进行合理的会计估计。

④ 设计、实施和维护与财务报表编制相关的内部控制，以保证财务报表不存在由于舞弊或错误而导致的重大错报。

（2）注册会计师的责任。对财务报表发表审计意见是注册会计师的责任。注册会计师作为独立的第三方，对财务报表发表审计意见，有利于提高财务报表的可信赖程度。为履行这一职责，注册会计师应当遵守职业道德规范，按照注册会计师执业准则的规定计划和实施审计工作，获取充分、适当的审计证据，并根据获取的审计证据得出合理的审计结论、发表恰当的审计意见。注册会计师通过签署审计报告确认其责任。需要强调的是，注册会计师的审计只能合理保证财务报表不存在重大错报。

（3）两种责任不能相互取代。财务报表审计不能减轻被审计单位管理层和治理层的责任。财务报表编制和财务报表审计是财务信息生成链条上的不同环节，两者各司其职。法律、法规要求管理层和治理层对编制财务报表承担责任，有利于从源头上保证财务信息质量。同时，在某些方面，注册会计师与管理层和治理层之间可能存在信息不对称。管理层和治理层作为内部人员，对企业的情况更为了解，更能做出适合企业特点的会计处理决策和判断，因此，管理层和治理层理应对编制财务报表承担完全责任。尽管在审计过程中，注册会计师可能向管理层和治理层提出调整建议，甚至在不违反独立性的前提下为管理层编制财务报表提供协助，但管理层仍然对编制财务报表承担责任，并通过签署财务报表确认这一责任。

3. 注册会计师承担法律责任的归责原则

1）过错责任原则

注册会计师的过错责任是注册会计师在自身有过错的情况下出具了不恰当意见的审计报告，并给委托人或相关利害关系人造成损害，而应由其所在事务所承担的民事赔偿责任。其过错责任由违法行为、损害结果、因果关系和主观过错4个要件构成。是否有主观过错，是适用过错原则的关键。注册会计师只有能够证明自己恪守职责和合理调查才能免除承担责任，受害人不需要承担证明注册会计师具有过错的举证责任。

2) 公平责任原则

注册会计师的公平责任是指注册会计师虽然严格遵守了执业规则，但由于审计存在固有限制，导致出具了不恰当意见的审计报告，并给委托人或相关利害关系人造成损害，而应由其所在事务所承担的民事赔偿责任。其公平责任由加害行为、加害结果、因果关系、双方均无过错、对无过错出具了不恰当意见的审计报告、道义救济等要件构成。被审计单位作弊手段的高明以及注册会计师严格履行了执业准则，不能免除注册会计师的公平责任。

相关案例

4 名注册会计师以提供虚假证明文件罪获刑

现年 48 岁的陈某曾是潜山县赫赫有名的企业家，担任过潜山县××融资担保有限公司总经理，也是潜山县××粮油食品有限公司实际控制人。2012 年 9 月 3 日，陈某突然携妻神秘"蒸发"，在当地引起轩然大波，之后警方调查发现陈某涉嫌金融违法犯罪，对其立案侦查。2013 年 9 月起，安庆市审计局对潜山县××融资担保公司资产负债进行专项审计时发现，安徽××会计师事务所涉嫌出具虚假审计报告，遂将该线索移送安庆市公安局侦查。经查明，2010—2013 年，安徽××会计师事务所共为潜山××粮油食品有限公司和潜山一家电气设备有限公司出具了 4 份虚假载有巨额主营业务收入和净利润的审计报告，并收取了审计费用，在审计报告上签字盖章的分别为该所注册会计师鲍某、朱某、王某、程某。据犯罪嫌疑人鲍某供述，上述两家公司将虚假审计报告作为申请贷款的基础资料，共向安庆市、潜山县多家银行成功获取贷款近亿元。因××粮油食品公司大量银行贷款到期无法归还，由多家担保公司予以代偿。

2013 年 11 月，鲍某等 4 名注册会计师因涉嫌提供虚假证明文件罪，被检察机关批准逮捕。2014 年 2 月，该案由安庆市人民检察院指定潜山县人民检察院审查起诉。潜山县人民检察院受理此案后，经审查，鲍某等人为上述两家公司出具的 4 份审计报告中，虚构虚增的主营业务收入、净利润分别达到 26 655 万元、1 673 万元，远远超过实际数额。

据了解，上述 4 份虚假证明系以安徽××会计师事务所名义出具，且审计收入 1.5 万元为单位所有。潜山县检察院认为，该会计师事务所涉嫌单位犯提供虚假证明文件罪，遂追加其为被告单位。

2014 年 7 月 16 日，潜山县法院开庭审理此案，由于案情复杂，当日庭审持续 8 个小时。8 月 11 日，法院审理认为，被告单位某会计师事务所及被告人鲍某、朱某、王某、程某 4 人均构成提供虚假证明文件罪，公诉机关指控的罪名成立，遂做出上述判决。

（资料来源：节选自《安庆潜山 4 名注会提供虚假证明文件被判刑》，http://www.hbicpa.org/hydt/xgxw/4615.htm）

4. 注册会计师如何避免法律诉讼

1) 注册会计师法律诉讼的原因（图 1.2）

近年来，我国注册会计师行业发生了一系列震惊整个行业乃至全社会的案件。有关会计师事务所均因出具虚假报告造成严重后果而被撤销、没收财产或取消特许业务资格，有关注册会计师也被吊销资格，有的被追究刑事责任。除一些大案件外，涉及注册会计师的中小型诉讼案件更有日益上升的趋势。如何避免法律诉讼，已成为我国注册会计师行业非常关注的问题。导致注册会计师法律诉讼的起因主要有3个方面：企业经营失败、审计失败和审计风险。一般是企业经营失败，导致相关利益关系人受到伤害，他们开始追究责任，如果会计报表不存在错报，即使注册会计师发表了不恰当意见的审计报告，也不构成审计风险，不能追究注册会计师的责任。在会计报表存在重大错报而审计报告已适当披露时，注册会计师无责任；只有会计报表存在重大错报而审计报告未做适当披露，可以追究审计人员责任。审计人员的行为有过错，则承担审计失败的责任；审计人员的行为无过错，根据公平归责原则，也可能被追究责任。

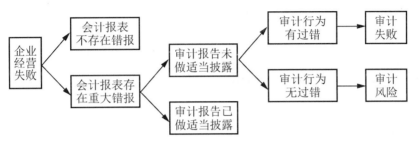

图1.2　审计诉讼原因分析图

2）注册会计师避免法律诉讼的对策

注册会计师要避免法律诉讼，必须在执行审计业务时尽量减少过失行为，防止欺诈行为，可采取下列几点措施：

（1）增强执业独立性。独立性是注册会计师审计的生命。在实际工作中，绝大多数注册会计师能够始终如一地遵循独立原则；但也有少数注册会计师忽视独立性，甚至接受可能是错误的陈述，并帮助被审计单位掩饰舞弊。

（2）保持执业谨慎。在执行审计业务过程中，未严格遵守审计准则，不执行适当的审计程序，对有关被审计单位的问题未保持应有的职业谨慎，或为节省时间而缩小审计范围和简化审计程序，都会导致财务报表中的重大错报不被发现。

（3）强化执业监督。许多审计中的差错是由于注册会计师失察或未能对助理人员或其他人员进行切实的监督而发生的。对于业务复杂且重大的委托单位来说，其审计是由多个注册会计师及许多助理人员共同配合来完成的。缺乏严密的执业监督，发生过失是不可避免的。

3）注册会计师避免法律诉讼的具体措施

（1）严格遵循职业道德和专业标准的要求。保持良好的职业道德，严格遵循专业标准的要求执业、出具报告，对于避免法律诉讼或在提起的诉讼中保护注册会计师非常重要。

（2）建立、健全会计师事务所质量控制制度。质量管理是会计师事务所各项管理工作的核心。会计师事务所必须建立、健全一套严密、科学的内部质量控制制度，并把这套制度推行到每一个人、每一个部门和每一项业务，迫使注册会计师按照专业标准的要求执业，保证整个会计师事务所的质量。

（3）与委托人签订业务约定书。业务约定书有法律效力，它是确定注册会计师和委托人的责任的一个重要文件。会计师事务所无论承办何种业务，都要按照业务约定书准则的要求与委托人签订约定书，为导致的诉讼提供充分的法律依据。

（4）审慎选择被审计单位。注册会计师如欲避免法律诉讼，必须审慎选择被审计单位：一是要选择正直的被审计单位；二是对陷入财务和法律困境的被审计单位要尤为注意。

（5）深入了解被审计单位的业务。会计是经济活动的综合反映，不熟悉被审计单位的经济业务和生产经营实务，仅局限于有关的会计资料，就可能发现不了某些错误。

（6）提取风险基金或购买责任保险。我国《注册会计师法》规定了会计师事务所应当建立职业风险基金，办理职业保险。

（7）聘请熟悉注册会计师法律责任的律师。会计师事务所有条件的话，尽可能聘请熟悉相关法规及注册会计师法律责任的律师。在执业过程中，如遇到重大法律问题，注册会计师应与本所的律师或外聘律师详细讨论所有潜在的危险情况并仔细考虑律师的建议。一旦发生法律诉讼，也应请有经验的律师参加诉讼。

1.2 承接审计业务·操作指南

1.2.1 开展承接业务初步活动

1. 承接业务初步活动的目标

（1）确定是否接受业务委托。
（2）如果接受委托，确保在计划审计工作时达到以下要求：
① 本所注册会计师已具备执行业务所需要的独立性和专业胜任能力。
② 不存在因管理层诚信问题而影响注册会计师承接或保持该项业务意愿的情况。
③ 与被审计单位已就审计业务约定条款达成一致意见，不存在误解。

2. 承接业务初步活动程序的实施

（1）如果是首次执行被审计单位的审计业务，则可以按照表1-11的导引，开展相应的活动。这一部分活动是风险评估活动的重要组成部分。

表1-11 初步业务活动程序表(首次审计)

初步业务活动程序	索引号	执行人
1. 首次执行业务，实施下列程序 （1）与委托人面谈，讨论下列事项 ① 审计的目标 ② 审计报告的用途 ③ 管理层对报表的责任 ④ 审计范围 ⑤ 时间安排，包括出具审计报告的时间要求 ⑥ 审计报告格式和对审计结果的其他沟通形式 ⑦ 管理层提供必要的工作条件和协助 ⑧ 注册会计师不受限制地接触任何与审计有关的记录、文件和所需的其他信息 ⑨ 与审计涉及的客户内部审计人员和其他员工工作的协调		

续表

初步业务活动程序	索引号	执行人
⑩ 审计收费，包括收费的计算基础和收费安排 (2) 初步了解客户及其环境，进行初步风险评估并加以记录 (3) 征得客户同意后，与前任注册会计师沟通		
2. 评价是否具备执行该项审计业务所需要的独立性和专业胜任能力		
3. 完成业务承接/保持评价表		
4. 签订审计业务约定书		

(2) 如果是连续审计，则可以按照表1-12的导引，开展相应的活动。

表1-12 初步业务活动程序表(连续审计)

初步业务活动程序	索引号	执行人
1. 如果是连续审计，实施下列程序 (1) 了解审计的目标、审计报告的用途、审计范围和时间安排是否发生变化 (2) 查阅以前年度审计工作底稿，重点关注非标准审计报告、管理建议书和重大事项概要等 (3) 初步了解客户及其环境发生的重大变化，进行初步业务风险评价并予以记录 (4) 考虑是否需要修改业务约定书条款，是否需要提醒客户注意现有的业务约定条款		
2. 评价是否具备执行该项审计业务所需要的独立性和专业胜任能力		
3. 完成业务承接/保持评价表		
4. 签订审计业务约定书		

上述两表中与委托人沟通的主要事项均是审计业务约定书中必须明确的事项，经过沟通后，可以在索引号中列示审计业务约定书的索引号。了解客户及其环境、进行初步风险评估、评价独立性与胜任能力可以单独根据掌握的情况加以记载，对于中小企业及非上市公司，可以简化一些，用审计风险初步评价表(表1-13)取代，本书用审计风险初步评价表取代。与前任注册会计师沟通的情况可以另行设计业务底稿，其形式也可以多样。

表1-13 审计风险初步评价表

项 目		说 明	风险评价
委托人	委托原因		
	审计内容		
	委托人动机		
被审计单位	行业环境		
	产品销售情况		
	会计政策		
	上期是否经过审计		

续表

项　　目		说　　明	风险评价
被审计单位	是否连续亏损		
	资产负债率		
	内部管理制度		
	管理层对审计的认识		
	是否存在范围的限制		
变更事务所	变更原因		
	是否与前任沟通		
	是否得到并评价回复		
会计事务所	独立性		
	胜任能力		
	是否向客户提供其他专业服务		
	是否有充足的人力和时间执行审计		
审计结论：			

3. 实施业务承接与保持的评价

注册会计师只有通过实施下列工作就执行审计工作的基础达成一致意见，才承接或保持审计业务：

(1) 确定审计的前提条件存在。

(2) 确认注册会计师和管理层已就审计业务约定条款达成一致意见。

1.2.2　签订审计业务约定书

1. 审计业务约定书及变更

1) 审计业务约定书

会计师事务所就上述事项与被审计单位协商一致后，即可指派人员起草审计业务约定书。起草完毕的审计业务约定书一式两份，应由双方法人代表或授权代表签署，并加盖双方单位印章。任何一方如需修改、补充约定书，均应以适当方式获得对方的确认。

审计业务约定书的具体内容可能因被审计单位不同而不同，但应当包括以下主要内容：

(1) 财务报表审计的目标与范围。

(2) 注册会计师的责任。

(3) 管理层的责任。

(4) 管理层编制财务报表所适用的财务报告编制基础。

(5) 提及注册会计师拟出具的审计报告的预期形式和内容，以及对在特定情况下对出具的审计报告可能不同于预期形式和内容的说明。

除这些主要内容外，审计业务约定书还应包括执行审计工作的安排，包括出具审计报告的时间要求，管理层为注册会计师提供必要的工作条件和协助，注册会计师不受限制地接触任何与审计有关的记录、文件和所需要的其他信息，注册会计师对执业过程中获知的信息保密，审计收费（包括收费的计算基础和收费安排），违约责任，解决争议的方法，签约双方法定代表人或其授权代表的签字盖章以及签约双方加盖的公章等事项。

2) 审计业务变更

在完成审计业务前，如果被审计单位要求注册会计师将审计业务变更为保证程度较低的鉴证业务或相关服务，注册会计师应当考虑变更业务的适当性。下列原因可能导致被审计单位要求变更业务：

(1) 情况变化对审计服务的需求产生影响。

(2) 对原来要求的审计业务的性质存在误解。

(3) 审计范围存在限制或发生了变化。

上述第(1)项和第(2)项通常被认为是变更业务的合理理由，但如果有迹象表明该变更要求与错误的、不完整的或者不能令人满意的信息有关，该变更是不合理的。

如果没有合理的理由，注册会计师不应当同意变更业务。如果不同意变更业务，被审计单位又不允许继续执行原审计业务，注册会计师应当解除业务约定，并考虑是否有义务向被审计单位治理层、所有者或监督机构等报告该事项。

在同意将审计业务变更为其他服务前，注册会计师还应当考虑变更业务对法律责任或业务约定条款的影响。如果变更业务引起业务约定条款的变更，注册会计师应当与被审计单位就新条款达成一致意见。如果认为变更业务具有合理的理由，并且按照审计准则的规定，已实施的审计工作也适用于变更后的业务，注册会计师可以根据修改后的业务约定条款出具报告。为避免引起报告使用者的误解，报告不应提及内容包括：①原审计业务；②在原审计业务中已执行的程序。只有将审计业务变更为执行商定程序业务，注册会计师才可在报告中提及已执行的程序。

2. 审计业务约定书示例

事务所对一般审计业务，如财务报表审计和验资业务约定书均制定统一的格式，下面提供一个财务报表审计业务约定书的示例。

审计业务约定书

甲方：

乙方：

兹由甲方委托乙方对＿＿＿年度财务报表进行审计，经双方协商，达成以下约定：

一、审计的目标和范围

1. 乙方接受甲方委托，对甲方按照企业会计准则编制的＿＿＿年＿＿＿月＿＿＿日的资产负债表，＿＿＿年度的利润表、股东权益变动表和现金流量表以及财务报表附注（以下统称财务报表）进行审计。

2. 乙方通过执行审计工作，对财务报表的下列方面发表审计意见：①财务报表是否在所有重大方面按照企业会计准则的规定编制；②财务报表是否在所有重大方面公允反映甲方20××年12月31日的财务状况以及20××年度的经营成果和现金流量。

二、甲方的责任

1. 根据《会计法》及《企业财务会计报表条例》，甲方及甲方负责人有责任保证会计资料的真实性和完整性。因此，甲方管理层有责任妥善保存和提供会计记录（包括但不限于会计凭证、会计账簿及其他会计资料），这些记录必须真实、完整地反映甲方的财务状况、经营成果和现金流量。

2. 按照企业会计准则的规定编制和公允列报财务报表是甲方管理层的责任，这种责任包括：①按照企业会计准则的规定编制财务报表，并使其实现公允反映；②设计、实施和维护与财务报表编制相关的内部控制，以使财务报表不存在由于舞弊或错误而导致的重大错报。

3. 及时为乙方的审计工作提供与审计有关的所有记录、文件和所需的其他信息资料（在____年____月____日之前提供审计所需的全部资料），并保证所提供资料的真实性和完整性。

4. 确保乙方不受限制地接触其认为必要的甲方内部人员和其他相关人员。

（下段适用于集团财务报表审计业务，使用时需按每位客户/约定项目的特定情况而修改，如果加入此段，应相应修改下面其他条款编号。）

[5. 为满足乙方对甲方合并财务报表发表审计意见的需要，甲方须确保：

乙方和对组成部分执行审计的组成部分的注册会计师之间的沟通不受任何限制。

乙方及时获悉组成部分注册会计师与组成部分治理层和管理层之间的重要沟通（包括就值得关注的内部控制缺陷进行的沟通）。

乙方及时获悉组成部分治理层和管理层与监管机构就财务信息有关的事项进行的重要沟通。

在乙方认为必要时，允许乙方接触组成部分的信息、组成部分管理层或组成部分注册会计师（包括组成部分注册会计师的工作底稿），并允许乙方对组成部分的财务信息执行相关工作。]

5. 甲方管理层对其做出的与审计有关的声明予以书面确认。

6. 为乙方派出的有关工作人员提供必要的工作条件和协助，主要事项将由乙方于外勤工作开始前提供主要事项清单。

7. 按本约定书的约定及时足额支付审计费用以及乙方人员在审计期间的交通、食宿和其他相关费用。

8. 乙方的审计不能减轻甲方及甲方管理层的责任。

三、乙方的责任

1. 乙方的责任是在执行审计工作的基础上对甲方财务报表发表审计意见。乙方按照中国注册会计师审计准则（以下简称审计准则）的规定执行审计工作。审计准则要求注册会计师遵守中国注册会计师职业道德守则，计划和执行审计工作，以对财务报表是否不存在重大错报获取合理保证。

（下段适用于集团财务报表审计业务，使用时需按每位客户/约定项目的特定情况而修改，如果加入此段，应相应修改下面其他条款编号。）

[2. 对不由乙方执行相关工作的组成部分财务信息，乙方不单独出具审计报告；有关的责任由对该组成部分执行相关工作的组成部分注册会计师及其所在的会计师事务所承担。]

2. 审计工作涉及实施审计程序，以获取有关财务报表金额和披露的审计证据。选择的审计程序取决于乙方的判断，包括对由于舞弊或错误导致的财务报表重大错报风险的评估。在进行风险评估时，乙方考虑与财务报表编制相关的内部控制，以设计恰当的审计程序，但目的并非对内部控制的有效性发表意见。审计工作还包括评价管理层选用会计政策的恰当性和做出会计估计的合理性，以及评价财务报表的总体列报。

3. 由于审计和内部控制的固有限制，即使按照审计准则的规定适当地计划和执行审计工作，仍不可避免地存在财务报表的某些重大错报可能未被乙方发现的风险。

4. 在审计过程中，乙方若发现甲方存在乙方认为值得关注的内部控制缺陷，应以书面形式向甲方治理层或管理层通报。但乙方通报的各种事项，并不代表已全面说明所有可能存在的缺陷或已提出所有可行的改善建议。甲方在实施乙方提出的改进建议前应全面评估其影响。未经乙方书面许可，甲方不得向任何第三方提供乙方出具的沟通文件。

5. 按照约定时间完成审计工作，出具审计报告。乙方应于____年____月____日前出具审计报告。

6. 除下列情况外，乙方应当对执行业务过程中知悉的甲方信息予以保密：①法律、法规允许披露，并取得甲方的授权；②根据法律、法规的要求，为法律诉讼、仲裁准备文件或提供证据，以及向监管机构报告发现的违法行为；③在法律、法规允许的情况下，在法律诉讼、仲裁中维护自己的合法权益；④接受注册会计师协会和监管机构的执业质量检查，答复其询问和调查；⑤法律、法规，执业准则和职业道德规范规定的其他情形。

四、审计收费

1. 本次审计服务的收费是以乙方各级别工作人员在本次工作中所耗费的时间为基础计算的。乙方预计本次审计服务的费用总额为人民币____万元。

2. 甲方应于本约定书签署之日起____日内支付____％的审计费用，其余款项于审计报告草稿完成日结清。

3. 如果由于无法预见的原因，致使乙方从事本约定书所涉及的审计服务的实际时间较本约定书签订时预计的时间有明显的增加或减少时，甲乙双方应通过协商，相应调整本约定书第四项第1段所述的审计费用。

4. 如果由于无法预见的原因，致使乙方人员抵达甲方的工作现场后，本约定书所涉及的审计服务终止，甲方不得要求退还预付的审计费用；如上述情况发生于乙方人员完成现场审计工作，并离开甲方的工作现场之后，甲方应另行向乙方支付人民币____元的补偿费，该补偿费应于甲方收到乙方的收款通知之日起____日内支付。

5. 与本次审计有关的其他费用(包括交通费、食宿费等)由甲方承担。

五、审计报告和审计报告的使用

1. 乙方按照中国注册会计师审计准则规定的格式和类型出具审计报告。

2. 乙方向甲方致送审计报告一式____份。

3. 甲方在提交或对外公布乙方出具的审计报告及其后附的已审计财务报表时，不得对其进行修改。当甲方认为有必要修改会计数据、报表附注和所做的说明时，应当事先通知乙方，乙方将考虑有关的修改对审计报告的影响，必要时，将重新出具审计报告。

六、本约定书的有效期间

本约定书自签署之日起生效，并在双方履行完毕本约定书约定的所有义务后终止。但其中第三项第6段、第四、五、七、八、九、十项并不因本约定书终止而失效。

七、约定事项的变更

如果出现不可预见的情况，影响审计工作如期完成，或需要提前出具审计报告，甲、乙双方均可要求变更约定事项，但应及时通知对方，并由双方协商解决。

八、终止条款

1. 如果根据乙方的职业道德及其他有关专业职责、适用的法律法规或其他任何法定的要求，乙方认为已不适宜继续为甲方提供本约定书约定的审计服务时，乙方可以采取向甲方提出合理通知的方式终止履行本约定书。

2. 在本约定书终止的情况下，乙方有权就其于终止之日前对约定的审计服务项目所做的工作收取合理的审计费用。

九、违约责任

甲、乙双方按照《合同法》的规定承担违约责任。

十、适用法律和争议解决

本约定书的所有方面均应适用中华人民共和国法律进行解释并受其约束。本约定书履行地为乙方出具审计报告所在地，因本约定书所引起的或与本约定书有关的任何纠纷或争议（包括关于本约定书条款的存在、效力或终止，或无效之后果），双方协商确定采取以下第____种解决方式。

（1）向有管辖权的人民法院提起诉讼。

（2）提交____仲裁委员会仲裁。

十一、双方对其他有关事项的约定

本约定书一式两份，甲、乙方各执一份，具有同等法律效力。

甲方（盖章）：   乙方（盖章）：

授权代表（签名并盖章）：   授权代表（签名并盖章）：

   年   月   日   年   月   日

 1.3 承接审计业务·操作任务

××会计师事务所的老客户——四季情床单有限责任公司要进行××年年度财务报表审计，主任会计师委派注册会计师吴立至为项目经理，与该公司财务经理沟通，决定是否承接该业务。吴立至按照初步业务活动的要求，了解了该公司及其经营环境，认为本公司不存在独立性及专业胜任等方面的问题，具有专业胜任能力，能完成该公司的年报审计业务，与该公司签订了审计业务约定书。

四季情床单有限责任公司成立多年，是由自然人李源等5人出资，注册资本（人民币）2 000万元，李源出资比例为60%，其余各股东的出资比例均为10%。该公司的主要业务是生产和销售床单。该公司拥有一个床单生产厂，厂内生产车间5个，大型印染设备5台。厂部办公楼一栋，厂部临街商铺10间，主要批发和零售本公司各式床单及其他日用百货。另在商业步行街拥有两间商铺，出租给其他商户用于经营服装。在北京、上海、武汉、广州等地各租有商场，用于销售本单位床单。查阅其营业执照，其经营范围包括床上用品、家用装饰用品、纺织复制品、服装、鞋帽、织造、漂染、饮食供应、文化娱乐服务、建筑材料、装饰材料、副食品、其他食品（食盐、卷烟只限零售）、电子产品、文化用品、日用百货、五金、交电、化工、家具、金属材料、纺织原辅材料、染化料、纺织器材、纺织机械配件。

该公司生产的床上用品为中高端产品，主要销售对象为大中城市的消费者，很少用于出口，故本例假设没有外币业务，金融危机对其影响有限。

该公司财务经理涂英东为公开招聘人员，男，39岁，某名牌大学财会专业本科毕业，后进修取得硕士学位，拥有18年企业财务会计经验，具有高级会计师职称，年薪10万元。

财务管理上为集中核算制。财务上，李源控制较严。业务分部实行定额备用金管理，定期报账核补，本部设有原材料会计、成本会计、销售会计、固定资产会计、往来会计、费用会计、税务会计、出纳等。原材料和库存商品均采用加权平均法计算发出存货成本，半成品采用约当产量法计算分摊成本。机器设备及房屋按平均年限法计提折旧。土地使用价值按70年平均分摊。该公司执行企业会计准则。以前年度会计报表均经过本所其他注册会计师审计，均出具标准无保留意见的审计报告。

公司董事长兼总经理李源为一成功商人，湖南人，44岁，高中毕业，在海南从事房地产赚得第一桶金后，转型从事床单贸易，经营也很成功。该公司属于本市招商引资单位，李源在原国营床单厂改制过程中，联合其他四位自然人，通过购买的方式，将该厂买下，成立既生产又销售床单的有限公司。其中一位经理具有从事床单销售的经验，建立了一些固定的销售渠道，担任销售经理。原材料采购和产品生产等事宜分别交由另外两股东负责，一位股东只投资入股，未参与企业的经营。

该公司的生产工人大部分为原国营床单厂工人，留用人员约80人。前3年享受地方政府的税收优惠政策，其后不再享有优惠，该优惠期已过。

近几年该公司年销售额均在1 000万元以上，并逐年有所增加，年纳税50万元左右。集生产、批发、零售业务于一身。

与委托方沟通，以所审计资产总额为计费基础，按审计收费标准及其审计业务的复杂程度，双方协商审计服务费为8 000元，签约后即预付审计费4 000元，其余部分在交付正式审计报告、委托方签收时付清。审计期间对方要为本所审计人员食宿提供方便。同时按对方要求，本所5天内完成审计工作，出具审计报告。自签订审计业务约定书的第二天开始算起。未提及的其他业务按协议条款执行。

要求：

（1）模拟检查承接业务初步活动程序表中所列程序是否开展。

（2）模拟填制承接业务风险初步评价表，注册会计师独立性和专业胜任能力评价表，并决定是否承接该业务。

（3）模拟与客户就业务约定条款进行沟通并签订审计业务约定书。

项目二

计划审计工作

JIHUA SHENJI GONGZUO

内容环节	学 习 目 标
相关知识	1. 理解和掌握审计工作计划的组成及编制要求 2. 理解和掌握计划和执行审计工作时的重要性 3. 理解和掌握审计风险及初步评估的内涵 4. 理解和掌握财务报表中对舞弊的考虑 5. 理解和掌握审计证据的相关知识 6. 理解和掌握审计工作底稿的相关知识
操作指南	1. 能够进一步了解被审计单位的环境和评估审计风险 2. 能够根据客户财务报表开展分析活动 3. 能够运用计划和执行审计工作的重要性 4. 能够制定审计总体策略 5. 能够编制具体审计计划
操作任务	1. 能(模拟)分析财务报表 2. 能(模拟)计算审计重要性 3. 能(模拟)评估审计风险 4. 能(模拟)制订审计总体策略 5. 能(模拟)编制审计具体计划

2.1 计划审计工作·相关知识

2.1.1 审计工作计划

1. 总体审计策略

1) 总体审计策略的定义及内容

总体审计策略用以确定审计范围、时间和方向,并指导制订具体审计计划。总体审计策略应能恰当地反映注册会计师考虑审计范围、时间和方向的结果。注册会计师应当在总体审计策略中清楚地说明下列内容:

(1) 向具体审计领域调配的资源,包括向高风险领域分派有适当经验的项目组成员,就复杂的问题利用专家工作等。

(2) 向具体审计领域分配资源的数量,包括安排到重要存货存放地观察存货盘点的项目组成员的数量,对其他注册会计师工作的复核范围,对高风险领域安排的审计时间预算等。

(3) 何时调配这些资源,包括是在期中审计阶段还是在关键的截止日期调配资源等。

(4) 如何管理、指导、监督这些资源的利用,包括预期何时召开项目组预备会和总结会,预期项目负责人和经理如何进行复核,是否需要实施项目质量控制复核等。

2) 审计策略的类型

通常对审计策略进行归类,不同类型的策略代表对时间、人力资源的配置和审计方向的重视程度不同。审计策略的类型一般划分为两种:

(1) 主要证实法。在了解被审计单位的内部控制后认为内部控制不存在或无效时所采用的策略。这种策略将审计资源和时间主要安排在细节测试上,开展更多的详细审计。

(2) 较低控制风险估计水平法。在了解被审计单位的内部控制后认为内部控制存在且有效时所采用的策略。这种策略将审计资源和时间主要安排在内部控制有效性的测试上,如果测试显示内部控制风险处于较低水平,则对报表项目所涉及的交易事项和账户余额更多地采用抽样审计,以提高审计效率。

审计策略的对比见表2-1。

表2-1 审计策略的对比

项 目	主要证实法	较低控制风险估计水平法
控制风险计划估计水平	最高	低
了解内部控制的范围	较小	较大
符合性测试的范围	较小	较大
实质性测试的范围	较大	较小
整个程序的综合成本	较大	较小

续表

项 目	主要证实法	较低控制风险估计水平法
运用	主要运用的情形有：①注册会计师根据以往同客户交往的经验或较早的计划步骤，得知客户有关某认定的控制不存在或无效；②注册会计师认为执行额外程序了解内部控制和执行更大范围的实质性测试所需成本，将超过执行更大范围实质性测试所需成本；③初次审计。 主要运用的账户和事项有：①不常发生的交易账户，如固定资产、应付债券和股本等；②受调整分录影响的账户，如累计折旧、预提费用、待摊费用等	主要运用的情形有：①注册会计师根据以往同客户交往的经验或较早的计划步骤，得知客户有关某认定的控制设计和执行较好；②注册会计师认为执行额外程序了解内部控制和执行符合性测试所需成本，将大大小于执行更小范围的实质性测试而带来的成本节约；③非初次审计。 主要运用的账户和事项为受大量经常交易的影响的账户，如销售、应收账款、存货和工资费用等

这两种策略既可用于总体计划的编制，也可用于具体计划的编制。

2. 具体审计计划

获取充分、适当的审计证据，确定审计程序的性质、时间和范围的决策是具体审计计划的核心。具体审计计划应当包括风险评估程序、计划实施的进一步审计程序和其他审计程序。

（1）风险评估程序。具体审计计划应当包括注册会计师计划实施的风险评估程序的性质、时间和范围。

（2）计划实施的进一步审计程序。具体审计计划应当包括针对评估的认定层次的重大错报风险，注册会计师计划实施的进一步审计程序的性质、时间和范围。

在实务中，注册会计师通常单独编制一套包括这些具体程序的《进一步审计程序表》，待具体实施审计程序时，注册会计师将基于所计划的具体审计程序，进一步记录所实施的审计程序及结果，并最终形成有关进一步审计程序的审计工作底稿。

另外，完整、详细的进一步审计程序的计划包括对各类交易、账户余额和列报实施的具体审计程序的性质、时间和范围、抽取的样本量等。在实务中，注册会计师可以统筹安排进一步审计程序的先后顺序，如果对某类交易、账户余额或列报已经做出计划，则可以安排先行开展工作，与此同时再制定其他交易、账户余额和列报的进一步审计程序。

（3）计划实施的其他审计程序。计划实施的其他审计程序可以包括上述进一步程序的计划中没有涵盖的、根据其他审计准则的要求注册会计师应当执行的既定程序。如针对特定项目在审计计划阶段应执行的程序及记录要求等。

在实务中，注册会计师将制定总体审计策略和具体审计计划相结合进行，可能会使计划审计工作更有效率及效果，并且注册会计师也可以采用将总体审计策略和具体审计计划合并为一份审计计划文件的方式，提高编制及复核工作的效率，增强其效果。

3. 指导、监督与复核

注册会计师应当对项目组成员工作的指导、监督与复核的性质、时间和范围制订计划。

对项目组成员工作的指导、监督与复核的性质、时间和范围主要取决于下列因素：
（1）被审计单位的规模和复杂程度。
（2）审计领域。
（3）重大错报风险。
（4）执行审计工作的项目组成员的素质和专业胜任能力。

4. 对计划审计工作的记录

注册会计师应当记录总体审计策略和具体审计计划，包括在审计工作过程中做出的任何重大更改。

1）记录的内容

（1）对总体审计策略的记录。注册会计师对总体审计策略的记录，应当包括为恰当计划审计工作和向项目组传达重大事项而做出的关键决策。例如，注册会计师可以以备忘录的形式记录总体审计策略，包括对审计的范围、时间及执行所作出的关键决策。

（2）对具体审计计划的记录。注册会计师对具体审计计划的记录，应当能够反映下列内容：

① 计划实施的风险评估程序的性质、时间和范围。

② 针对评估的重大错报风险计划实施的进一步审计程序的性质、时间和范围。

注册会计师对具体审计计划的记录可以使用标准的审计程序表或审计工作完成核对表，但应当根据具体审计业务的情况做出适当修改。

（3）对计划的重大修改的记录。注册会计师应当记录对总体审计策略和具体审计计划做出的重大更改及其理由，以及对导致此类更改的事项、条件或审计程序结果采取的应对措施。

2）记录的形式和范围

注册会计师对计划审计工作记录的形式和范围，取决于被审计单位的规模和复杂程度、重要性、具体审计业务的情况以及对其他审计工作记录的范围等事项。在小型被审计单位审计中，全部审计工作可能由一个很小的审计项目组执行，项目组成员间容易沟通和协调，总体审计策略可以相对简单。

5. 与治理层和管理层的沟通

注册会计师与治理层、管理层沟通的内容可以包括审计的时间安排和总体策略、审计工作中受到的限制及治理层和管理层对审计工作的额外要求等。沟通时，注册会计师应当保持职业谨慎，以防止由于具体审计程序易于被管理层或治理层所预见而损害审计工作的有效性。

2.1.2 计划和执行审计工作时的重要性

1. 审计重要性的含义

重要性取决于在具体环境下对错报金额和性质的判断。如果一项错报单独或连同其他错报可能影响财务报表使用者依据财务报表做出的经济决策，则该项错报是重大的。

为了理解重要性的含义，现作以下几点说明：

（1）重要性概念中的错报包含漏报。财务报表错报包括财务报表金额的错报和财务报表披露的错报。

（2）重要性包括对数量和性质两个方面的考虑。数量方面是指错报的金额大小，性质方面则是指错报的性质。

（3）重要性概念是针对财务报表使用者决策的信息需求而言的。判断一项错报重要与否，应视其对财务报表使用者依据财务报表做出经济决策的影响程度而定。如果财务报表中的某项错报足以改变或影响财务报表使用者的相关决策，则该项错报就是重要的，否则就不重要。

如果注册会计师对特殊目的审计业务出具审计报告，在确定重要性时需要考虑特定使用者的信息需求，以实现特殊审计目标。

（4）重要性的确定离不开具体环境。由于不同的被审计单位面临不同的环境，不同的报表使用者有着不同的信息需求，所以注册会计师确定的重要性也不相同。某一金额的错报对某被审计单位的财务报表来说是重要的，而对另一个被审计单位的财务报表来说可能不重要。例如，错报 10 万元对一个小公司来说可能是重要的，而对另一个大公司来说则可能不重要。

（5）对重要性的评估需要运用职业判断。影响重要性的因素很多，注册会计师应当根据被审计单位面临的环境，并综合考虑其他因素，合理确定重要性水平。

（6）审计重要性的概念涉及 3 个方面。在计划审计工作时涉及报表整体层次的重要性和特定类别的交易、账户余额或披露的一个或多个重要性水平，在执行审计工作中涉及实际执行的重要性水平。在实际工作中，实际执行的重要性水平是计划重要性水平的 50%～70%。例如，计划执行的重要性水平为 30 万元，则实际执行的重要性水平可控制在 15 万～21 万元。

报表整体层次计划重要性水平与实际执行的重要性水平如图 2.1 所示。

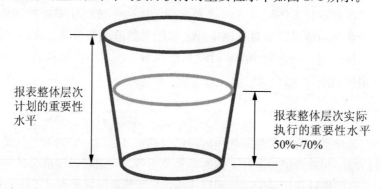

图 2.1　报表整体层次计划的重要性水平与实际执行的重要性水平

一般来说，单个类别的交易、账户余额或披露的重要性水平应该低于报表整体层次计划的重要性水平，但多个类别的交易、账户余额或披露的重要性水平可以高于报表整体层次的重要性水平，实际执行时的重要性水平应该低于计划审计工作时的重要性水平，控制审计风险。在计算重要性水平时，先确定报表整体层次的重要性水平，然后确定交易、账户余额或披露的重要性水平。一般情况下，交易、账户余额或披露的重要性水平按报表整体层次重要性水平的 30%～50% 确定。如报表整体层次计划的重要性水平为 30 万元，则交易、账户余额或披露的计划重要性水平可控制在 9 万～15 万元。

报表整体层次计划重要性水平与交易、账户余额重要性水平如图 2.2 所示。

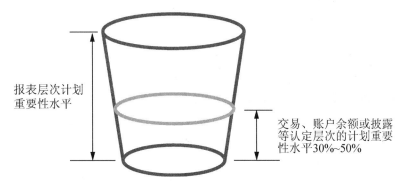

图 2.2 报表层次计划重要性水平与交易、账户余额或披露等认定层次的计划重要性水平

2. 计划审计工作时对重要性的评估

（1）确定计划的重要性水平时应考虑的因素。在计划审计工作时，注册会计师应当确定一个可接受的重要性水平，以发现在金额上重大的错报。注册会计师应当考虑较小金额错报的累计结果可能对财务报表产生的重大影响。

注册会计师在确定计划的重要性水平时，应当考虑以下主要因素：

① 被审计单位及其环境。被审计单位的行业状况、法律环境与监管环境等其他外部因素，以及被审计单位业务的性质，对会计政策的选择和应用，被审计单位的目标、战略及相关的经营风险，被审计单位的内部控制等因素，都将影响注册会计师对重要性水平的判断。

② 审计的目标。包括特定报告要求、信息使用者的要求等因素都将影响注册会计师对重要性水平的确定。

③ 财务报表各项目的性质及其相互关系。财务报表各项目之间是相互联系的，有些项目出现较小金额的错报就会影响报表使用者的决策，注册会计师在确定重要性水平时，需要考虑这种相互联系。

④ 财务报表项目的金额及其波动幅度。财务报表项目的金额及其波动幅度可能促使财务报表使用者做出不同的反应。

总之，只要影响预期财务报表使用者决策的因素，都可能对重要性水平产生影响。注册会计师应当在计划阶段充分考虑这些因素，并采用合理的方法，确定重要性水平。

（2）从数量方面考虑重要性。注册会计师应当考虑财务报表整体和特定类别交易、账户余额、列报认定层次的重要性。

① 报表整体重要性水平的确定。注册会计师通常先选择一个恰当的基准，再选用适当的百分比乘以该基准，从而得出财务报表整体重要性水平。实务上，一般以资产总额、净资产、营业收入、净利润、税前利润等为基础计算重要性水平，具体讲，对于以盈利为目的公司、企业，计算重要性水平的方法一般有几种：税前利润的 5%～10%；毛利的 1%～5%（尤其适用于税前利润亏损或税前利润较小而营业收入较大、毛利率过低的企业）；营业收入的 0.5%～1%；净资产的 1%～5%。对于非营利组织，一般资产规模较小，主要项目是费用支出，而投资者也关注费用开支总额的合理性，所以重要性水平一般根据总费用的 0.5%～1% 确定。

在采用变动幅度比率法时，对于规模较大的企业，允许错报的金额相对比例小；对于规模较小的企业,允许错报的金额相对比例大。

② 特定类别交易、账户余额或披露的重要性水平。站在注册会计师的角度看,各类交易、账户余额、列报认定层次的重要性水平称为可容忍错报。可容忍错报的确定以注册会计师对财务报表整体重要性水平的初步评估为基础。它是在不导致财务报表存在重大错报的情况下,注册会计师对各类交易、账户余额、列报确定的可接受最大错报。其确定可以采用分配的方法,即将报表整体重要性水平按一定标准分配给相应的特定交易、账户余额或披露事项。特定类别的交易、账户余额或披露的重要性水平合计数可以超过报表整体重要性水平。也可在报表整体重要性水平的基础上,每个特定交易、账户余额或披露的重要性水平直接按经验比例(30%~50%)确定。工作中一般采用经验比例法。计划重要性与实际执行重要性量化图如图2.3所示。

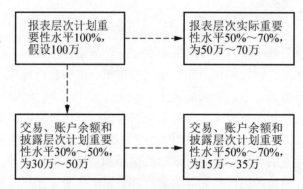

图2.3 计划重要性与实际执行重要性量化图

3. 重要性水平与审计风险的关系

重要性水平与审计风险之间存在反向关系。重要性水平越高,审计风险越低;重要性水平越低,审计风险越高。这里所说的重要性水平高低指的是金额的大小。通常,6 000元的重要性水平比3 000元的重要性水平高。

值得注意的是,注册会计师不能通过不合理地人为调高重要性水平,降低审计风险。因为重要性是依据重要性概念中所述的判断标准确定的,而不是由主观期望的审计风险水平决定的。

由于重要性和审计风险存在上述反向关系,而且这种关系对注册会计师将要执行的审计程序的性质、时间和范围有直接的影响,所以注册会计师应当综合考虑各种因素,合理确定重要性水平。

4. 对计划阶段确定的重要性水平的调整

在审计执行阶段,注册会计师应当确定实际执行的重要性,以评估重大错报风险并确定进一步审计程序的性质、时间安排和范围。实际执行的重要性,是指注册会计师确定的低于财务报表整体重要性的一个或多个金额,旨在将未更正和未发现错报的汇总数超过财务报表整体重要性的可能性降至适当的低水平。如果适用,实际执行的重要性还指注册会计师确定的低于特定类别的交易、账户余额或披露的重要性水平的一个或多个金额。

如果在审计过程中获知了某项信息,而该信息可能导致注册会计师确定与原来不同的财务报表整体重要性或者特定类别的交易、账户余额或披露的一个或多个重要性水平（如适用），注册会计师应当予以修改。

如果认为运用低于最初确定的财务报表整体重要性和特定类别的交易、账户余额或披露的一个或多个重要性水平（如适用）是适当的，注册会计师应当确定是否有必要修改实际执行的重要性，并确定进一步审计程序的性质、时间安排和范围是否仍然适当。

5. 评价错报的影响

1）错报的类型

错报包括已经识别的具体错报和推断误差，分别如下所述。

（1）已经识别的具体错报。已经识别的具体错报又包括下列两类：

① 对事实的错报。这类错报产生于被审计单位收集和处理数据的错误，对事实的忽略或误解，或故意舞弊行为。例如，注册会计师在实施细节测试时发现最近购入存货的实际价值为 15 000 元，但账面记录的金额却为 10 000 元。因此，存货和应付账款分别被低估了 5 000 元，这里被低估的 5 000 元就是已识别的对事实的具体错报。

② 涉及主观决策的错报。这类错报产生于两种情况：一是管理层和注册会计师对会计估计值的判断差异；二是管理层和注册会计师对选择和运用会计政策的判断差异。

（2）推断误差。也称可能误差，是注册会计师对不能明确、具体地识别的其他错报的最佳估计数。推断误差通常又包括下列两类：

① 通过测试样本估计出的总体的错报，减去在测试中发现的已经识别的具体错报。例如，应收账款年末余额为 2 000 万元，注册会计师抽查样本发现金额有 100 万元的高估，高估部分为账面金额的 20%，据此注册会计师推断总体的错报金额为 400 万元（即 2 000×20%），那么上述 100 万元就是已识别的具体错报，其余 300 万元即推断误差。

② 通过实质性分析程序推断出的估计错报。

2）评价错报的影响

评价尚未更正错报的汇总数的影响，可以从数量和性质两个方面进行。

（1）从数量方面进行评价，一般是用尚未更正错报与实际执行的重要性水平进行比较。

① 尚未更正错报的汇总数低于实际执行时的重要性水平，对财务报表的影响不重大，注册会计师可以发表无保留意见的审计报告。

② 尚未更正错报的汇总数超过或接近实际执行的重要性水平，注册会计师应当考虑通过扩大审计程序的范围或要求管理层调整财务报表降低审计风险。在任何情况下，注册会计师都应当要求管理层就已识别的错报调整财务报表。如果管理层拒绝调整财务报表，并且扩大审计程序范围的结果不能使注册会计师认为尚未更正错报的汇总数不重大，注册会计师应当考虑出具无保留意见审计报告的适当性。

（2）从性质方面考虑重要性，应该考虑的具体情况包括：对合法性的影响、对关键财务比率的影响、对管理层年薪的影响、对贷款资格的影响等。

需要指出的是，这些因素只是举例，不可能包括所有情况，仅供参考。

2.1.3 审计风险及初步评估

审计风险是指财务报表存在重大错报而注册会计师发表不恰当审计意见的可能性。审计风险并不包含这种情况,即财务报表不含有重大错报,而注册会计师错误地发表了财务报表含有重大错报的审计意见的风险。审计风险取决于重大错报风险和检查风险。

1. 重大错报风险

重大错报风险是指财务报表在审计前存在重大错报的可能性。在设计审计程序以确定财务报表整体是否存在重大错报时,注册会计师应当从财务报表层次和各类交易、账户余额、列报(包括披露,下同)认定层次等方面考虑重大错报风险。

财务报表层次重大错报风险与财务报表整体存在广泛联系,它可能影响多项认定。此类风险通常与控制环境有关,如管理层缺乏诚信、治理层形同虚设而不能对管理层进行有效监督等;但也可能与其他因素有关,如经济萧条、企业所处行业处于衰退期。此类风险难以被界定于某类交易、账户余额、列报的具体认定。

通常将重大错报风险分为两类,固有风险和控制风险。

(1) 固有风险。固有风险是指假设不存在相关的内部控制,某一认定发生重大错报风险的可能性,无论该错报是单独考虑,还是连同其他错报构成重大错报。这类风险一般属于人力不可预见和不可控制的风险。

(2) 控制风险。控制风险是指某项认定发生了重大错报,无论该错报是单独考虑,还是连同其他错报构成重大错报,而该错报没有被单位的内部控制及时防止、发现和纠正的可能性。控制风险取决于与财务报表编制有关的内部控制设计健全性和运行的有效性。由于控制的固有局限性,某种程序的控制风险始终存在。

由于固有风险和控制风险不可分割地交织在一起,有时无法单独进行评估,所以将两者合并称为重大错报风险。但这并不意味着,注册会计师不可以单独对固有风险和控制风险进行评估;相反,注册会计师既可以对两者单独进行评估,也可以对两者进行合并评估。具体采用的评估方法取决于会计师事务所偏好的审计技术、方法及实务上的考虑。

2. 检查风险

检查风险是指某一认定存在错报,该错报单独或连同其他错报是重大的,但注册会计师未能发现这种错报的可能性。检查风险取决于审计程序设计的合理性和执行的有效性。由于注册会计师通常并不对所有的交易、账户余额和列报进行检查,以及其他原因,检查风险不可能降低为零。

3. 审计风险模型

在既定的审计风险水平下,可接受的检查风险水平与认定层次重大错报风险的评估结果成反向关系。评估的重大错报风险越高,可接受的检查风险越低;评估的重大错报风险越低,可接受的检查风险越高。检查风险与重大错报风险的反向关系用数学模型表示如下:

$$审计风险 = 重大错报风险 \times 检查风险$$

这个模型也就是审计风险模型。假设针对某一认定,注册会计师将可接受的审计风险水平设定为 5%，注册会计师实施风险评估程序后将重大错报风险评估为 25%，则根据这一模型，可接受的检查风险为 20%。在实务中，注册会计师不用绝对数量表达这些风险水平，而选用"高""中""低"等文字描述。

注册会计师应当合理设计审计程序的性质、时间和范围，并有效执行审计程序，以控制检查风险。上例中，注册会计师根据确定的可接受的检查风险(20%)，设计审计程序的性质、时间和范围。审计计划在很大程度上围绕确定设计审计程序的性质、时间和范围而展开。

4. 风险初步评估

风险导向审计是当今主流的审计方法，它要求注册会计师以重大错报风险的识别、评估和应对为审计工作的主线，以提高审计效率和效果。

(1) 风险评估程序。注册会计师了解被审计单位及其环境，目的是为了识别和评估财务报表重大错报风险。为了解被审计单位及其环境而实施的程序称为风险评估程序。注册会计师应当实施下列风险评估程序，以了解被审计单位及其环境。

① 询问被审计单位管理层和内部其他相关人员。
② 分析程序。
③ 观察和检查。

(2) 注册会计师应当从下列方面了解被审计单位及其环境。

① 行业状况、法律环境与监管环境以及其他外部因素。
② 被审计单位的性质。
③ 被审计单位对会计政策的选择和运用。
④ 被审计单位的目标、战略以及相关经营风险。
⑤ 被审计单位财务业绩的衡量和评价。
⑥ 被审计单位的内部控制。

上述第①项是被审计单位的外部环境，第②③④⑥项是被审计单位的内部因素，第⑤项则既有外部因素也有内部因素。针对上述 6 个方面实施的风险评估程序的性质、时间和范围取决于审计业务的具体情况。

2.1.4 财务报表审计中对舞弊的考虑

1. 舞弊的含义和种类

1) 舞弊的含义

舞弊是指被审计单位的管理层、治理层、员工或第三方使用欺骗手段获取不当或非法利益的故意行为。

2) 舞弊的种类

(1) 侵占资产。侵占资产是指被审计单位的管理层或员工非法占用被审计单位的资产。侵占资产的手段很多，主要包括：管理层或员工在购货时收取回扣；将个人费用在单位列支；贪污收入款项；盗取或挪用货币资金、实物资产或无形资产等。

(2) 对财务信息做出虚假报告。对财务信息做出虚假报告通常表现为：对财务报表所依据的会计记录或相关文件记录的操纵、伪造或篡改；对交易、事项或其他重要信息在财务报表中的不真实表达或故意遗漏；对与确认、计量、分类或列报有关的会计政策和会计估计的故意误用等。

2. 舞弊风险评估程序

（1）询问。注册会计师通过询问管理层及委托单位内部的其他相关人员，从不同角度获取信息。

（2）考虑舞弊风险因素。舞弊的发生一般都同时具备3个风险因素。

① 动机或压力。舞弊者具有舞弊的动机是发生舞弊的首要条件。例如，高层管理人员的报酬与财务业绩或公司股票的市场表现挂钩、公司正在申请融资等情况都可能促使管理层产生舞弊的动机。

② 机会。舞弊者需要具有舞弊的机会，舞弊才可能成功。舞弊的机会一般源于内部控制在设计和运行上的缺陷，如公司对资产管理松懈，公司管理层能够凌驾于内部控制之上，可以随意操纵会计记录等。

③ 借口。只有舞弊者能够对舞弊行为予以合理化解释，舞弊者才能心安理得，而不会惴惴不安。舞弊者可能对自身的舞弊行为进行各种合理化解释。例如，侵占资产的员工可能认为单位对自身的待遇不公，编制虚假财务报告者可能认为造假不是出于个人私利，而是出于公司集体利益。

注册会计师应当运用职业判断，考虑被审计单位的规模、复杂程度、所有权结构及所处行业等，以确定舞弊风险因素的相关性和重要程度及其对重大错报风险评估可能产生的影响。

（3）实施分析程序。实施分析程序有助于识别异常的交易或事项，以及对财务报表和审计产生影响的金额、比率和趋势。在实施分析程序时，应当预期可能存在的合理关系，并与被审计单位记录的金额、依据记录金额计算的比率或趋势相比较。如果发现异常关系或偏离预期的关系，应当在识别舞弊导致的重大错报风险时考虑这些比较结果。

（4）考虑其他信息。考虑在了解被审计单位及其环境时所获取的其他信息，是否表明被审计单位存在舞弊导致的重大错报风险。其他信息可能来源于项目组内部的讨论、客户承接或续约过程以及向被审计单位提供其他服务所获得的经验。

（5）组织项目组讨论。在整个审计过程中，项目组成员应当持续交换可能影响舞弊导致的重大错报的风险评估及其应对程序的信息，包括下列几个方面：

① 由于舞弊导致财务报表重大错报的可能性，重大错报可能发生的领域及方式。

② 在遇到哪些情形时需要考虑存在舞弊的可能性。

③ 已了解的可能产生舞弊动机或压力、提供舞弊机会、营造舞弊行为合理化环境的外部和内部因素。

④ 已注意到的对被审计单位舞弊的指控。

⑤ 已注意到的管理层或员工在行为或生活方式上出现的异常或无法解释的变化。

⑥ 管理层凌驾于控制之上的可能性。

⑦ 是否有迹象表明管理层操纵利润，以及采取的可能导致舞弊的操纵利润手段。

⑧ 管理层对接触现金或其他易被侵占资产的员工实施监督的情况。

⑨ 为应对舞弊导致财务报表重大错报可能性而选择的审计程序，以及各种审计程序的有效性。

⑩ 如何使拟实施审计程序的性质、时间和范围不易为被审计单位预见。

3. 识别和评估舞弊导致的重大错报风险

舞弊导致的重大错报风险属于需要特别考虑的重大错报风险，即特别风险。因此，在识别和评估财务报表层次以及各类交易、账户余额、列报认定层次的重大错报风险时，应当识别和评估舞弊导致的重大错报风险。

在运用职业判断评估舞弊导致的重大错报风险时，应当考虑下列几点：

（1）实施风险评估程序获取的信息，并考虑各类交易、账户余额、列报，以识别舞弊风险。

（2）将识别的风险与认定层次可能发生错报的领域相联系。评估舞弊导致的重大错报风险不仅要着眼于财务报表层次，而且要与认定层次相联系，以设计和实施进一步审计程序。

（3）识别的风险是否重大。识别的舞弊风险的重大程度，直接关系到注册会计师对舞弊导致的重大错报风险的评估。

（4）识别的风险导致财务报表发生重大错报的可能性。

在评估舞弊导致的重大错报风险时，应当特别关注被审计单位收入确认方面的舞弊风险。例如，在1987—1997年提供虚假财务报告的美国公司中，有一半采用的手法是提前确认收入或虚构产生收入的交易。考虑哪些收入类别以及哪些与收入有关的交易或认定可能导致舞弊风险，是审计历史中总结的宝贵经验。

经验也告诉人们，为了解舞弊风险因素及管理层对舞弊风险的态度，防止舞弊导致的重大错报风险，注册会计师应当评价被审计单位相关控制的设计情况，并确定其是否已经得到执行。

4. 应对舞弊导致的重大错报风险

在识别和评估舞弊导致的重大错报风险后，需要采取适当的应对措施，将审计风险降至可接受的低水平。注册会计师通常从下列3个方面应对此类风险：

（1）总体应对措施。注册会计师及事务所应确定下列总体应对措施：

① 考虑人员的适当分派和督导。应当根据舞弊导致的财务报表层次的重大错报风险的评估结果，分派具备相应知识和技能的人员或利用专家的工作，并进行相应的督导。

② 考虑被审计单位采用的会计政策。应当考虑被审计单位管理层对重大会计政策（特别是涉及主观计量或复杂交易时）的选择和运用，是否可能表明管理层通过操纵利润对财务信息做出虚假报告。

③ 在选择进一步审计程序的性质、时间和范围时，应当有意识地避免被这些人员预见或事先了解。对通常由于风险程度较低而不会做出测试的账户余额实施实质性程序；调整审计程序的实施时间，使之有别于预期的时间安排；运用不同的抽样方法，以便考察结果的稳定性；对处于不同地理位置的多个组成部分实施审计程序；以不预先通知的方式实施审计程序等措施，有利于达到好的效果。

（2）针对舞弊导致的认定层次的特别风险实施审计程序。应对舞弊导致的认定层次的重大错报风险的主要程序如下：

① 改变拟实施审计程序的性质，以获取更为可靠、相关的审计证据，或获取其他佐证性

信息，包括更加重视实地观察或检查，在实施函证程序时改变常规函证内容，询问被审计单位的非财务人员等。

② 改变实质性程序的时间，包括在期末或接近期末实施实质性程序，或针对本期较早时间发生的交易事项或贯穿于整个本期的交易事项实施测试。

③ 改变审计程序的范围，包括扩大样本规模，采用更详细的数据实施分析程序等。

针对舞弊导致的认定层次重大错报风险所采取的具体应对措施，取决于已发现的舞弊风险因素类型以及各类具体的交易、账户余额相关认定。识别虚假报告相关的特别风险的常用审计程序示例见表2-2。

表2-2 识别虚假报告相关的特别风险的常用审计程序示例

特定认定	应对程序	举例或解释
收入确认	针对收入项目，从更细致的数据层面上实施实质性分析程序(利用计算机辅助审计技术可能有助于更好地实现使用此类方法的目的，发现异常或未预期到的收入交易或关系)	例如，按照月份和产品线(或业务分部)比较当期与以往期间的收入
	通过函证和更直接的沟通方式(如询问、走访)向被审计单位的顾客确证销售合同的部分或全部条款以及是否存在附加协议	与收入确认相关的会计处理是否恰当。可能会受到相关合同、协议的重大影响，而往往是那些可能对收入确认产生重大影响的合同条款细节(例如运货与付款条件、售后义务、顾客退货权)没有得到真实、完整的记录
	向被审计单位财务人员以外的其他内部人员询问所审计期间(特别是接近期末)的销售和发货情况以及他们所了解的异常交易条款或交易状况	例如，向被审计单位的销售人员和内部法律顾问询问临近期末的异常销量变化及异常交易条款
	于期末或接近期末时在被审计单位的一处或多处销售及发货现场实地观察销售及发货情况。检查准备投出的货物状况。同时实施适当的销售及存货截止测试。在销售及发货现场如发现退货情形或待处理的退回货物，观察被审计单位的处理与相关记录	实施此类程序的目的在于验证收入的真实性，并确认截止时点的准确性
	对于通过电子方式自动生成、处理、记录的销售交易，实施控制测试	此类控制测试非常必要，可用以确定被审计单位的电子交易系统是否能够保证交易的真实性和记录的准确性(包括截止时点恰当与否)
存货数量	检查被审计单位的存货记录。判断需要在被审计单位盘点过程中(或结束后)特别重视的存货项目或存货地点	—
	在不预先通知的情况下观察某些存放地点的存货盘点。或在同一天对所有存放地点的存货实施观察	—

续表

特定认定	应对程序	举例或解释
存货数量	要求被审计单位在期末或尽可能接近期末的时点安排存货盘点	目的是降低被审计单位在间隔期内(指盘点日与资产负债表日之间的间隔)操纵存货余额的风险
	在观察存货盘点过程中结合实施其他程序并利用专家工作	例如,细致检查包装物中的货物情况、货物堆放方式(如堆为中空)和标记方式、特殊形态存货(如液态、气态存货)或特殊性质存货(如化学物质)的质量特征(如纯度、浓度、品级)
	按照存货的等级或类别、存放地点或其他标准分类,将存货的当期数量与上期进行比较,或将盘点数量与存货记录进行比较	—
	利用计算机辅助审计技术进一步测试存货盘点数据的可靠性	例如,按标签号分类排序以测试存货的标签控制,或按存货的编号顺序检查是否存在漏计或重复编号
管理层估计	请专家对相关认定做出独立估计,与管理层的估计进行比较。如果涉及的估计非常重大且舞弊导致的重大错报风险很高,针对专家的部分或全部假设、方法及结果实施额外程序(如重新执行或再聘其他专家执行),以确定之前的专家工作结果没有明显不当之处	—
	向管理层和财务人员以外的相关工作人员询问,以验证估计的合理性	—
	从事后的角度评价管理层对以前期间的会计估计和判断事项的合理性	—

与侵占资产相关的特别风险的常用审计程序示例见表2-3。

表2-3 与侵占资产相关的特别风险的常用审计程序示例

特定项目	应对程序	举例或解释
货币资金、有价证券	在期末或接近期末时对现金或有价证券进行监盘	—
	直接向被审计单位的顾客询问或函证付款日或退货情况	—
	调查已注销银行账户的恢复使用情况	—
存货	对存在的存货短缺现象,按照存货地点和货物类型分类并加以分析	—
	分析重要的存货指标与行业正常水平是否存在显著差异	如存货周转率、存货周转天数等
	对于发生存货金额减少的会计记录,细致检查相关凭证	—

续表

特定项目	应对程序	举例或解释
采购活动	利用计算机辅助审计技术，将被审计单位的供货商名单与被审计单位员工名单的某些标识信息（如地址、电话号码）相核对，识别出具有相同标识信息的数据	该程序可用以识别员工在供货环节牟取私利的行为
劳务（包括应付工资、相关费用等）	利用计算机辅助审计技术，检查工资及薪酬记录中是否存在重复或虚假的员工身份（如姓名、身份证号）、银行账号、地址、电话号码等	该程序可用以识别虚领工资或薪酬的行为
	检查人事档案记录、员工工作考核记录、劳务支付名单的记录，并与实际情况相比对	该程序可用以识别虚假的员工身份记录及潜在舞弊（如虚领工资、虚开劳务报酬）
销售活动	分析销售折扣和销售退回等项目，识别出异常的折扣、退货模式或异常趋势	—
	向第三方确证销售合同的具体条款	—
	实施审计程序以获取销售合同是否按照规定条款得到执行	—
费用开支	检查大额或异常费用开支的适当性	—
	检查高层管理人员提交的费用报告的适当性和金额	—
向员工提供资金或担保	检查被审计单位为高层管理人员和关联方提供资金或担保的授权、贷款或担保条款以及金额	—

（3）针对管理层凌驾于控制之上的风险实施的程序。由于管理层在被审计单位的地位，管理层凌驾于控制之上的风险几乎在每个审计项目都会存在。对财务信息做出虚假报告通常与管理层凌驾于控制之上有关。管理层通过凌驾于控制之上实施舞弊的手段主要包括下列几种：

① 编制虚假的会计分录，特别是在临近会计期末时。
② 滥用或随意变更会计政策。
③ 不恰当地调整会计估计所依据的假设及改变原先做出的判断。
④ 故意漏计、提前确认或推迟确认报告期间发生的交易或事项。
⑤ 隐瞒可能影响财务报表金额的事实。
⑥ 构造复杂或虚假的交易以歪曲财务状况或经营成果。
⑦ 篡改与重大或异常交易相关的会计记录和交易条款。

管理层凌驾于内部控制之上的风险属于特别风险，针对该类特别风险应当实施的审计程序如下所述：

① 测试日常会计核算过程中做出的会计分录以及为编制财务报表做出的调整分录是否适当。通常采取下列措施：

a. 了解被审计单位的财务报告过程中对会计分录调整分录的控制，并确定其是否得到执行。
b. 询问被审计单位内部参与财务报告过程的人员是否注意到在编制会计分录或调整分录时存在不恰当或异常活动。
c. 选择拟测试的会计分录或调整分录，进行测试。

② 复核会计估计是否有失公允。管理层通常通过故意做出不恰当的会计估计对财务信息做出虚假报告。通常采取下列措施：

a. 从财务报表整体上考虑管理层做出的某项会计估计是否反映出管理层的某种偏向，是否与注册会计师所获取审计证据表明的最佳估计存在重大差异。

b. 复核管理层在以前年度财务报表中做出的重大会计估计及其依据的假设。如果发现管理层做出的会计估计可能有失公允，注册会计师应当评价这是否表明存在舞弊导致的重大错报风险。

③ 对于注意到的、超出正常经营过程或基于对被审计单位及其环境的了解显得异常的重大交易，了解其商业理由的合理性。在了解这些交易的商业理由的合理性时，通常考虑下列事项：

a. 交易的形式是否过于复杂。

b. 管理层是否已与治理层就此类交易的性质和会计处理进行讨论并作出适当记录。

c. 管理层是否更强调需要采用某种特定的会计处理方式，而不强调交易的经济实质。

d. 对于涉及不纳入合并范围的关联方（包括特殊目的实体）的交易，是否已得到治理层的适当审核与批准。

e. 交易是否涉及以往未识别的关联方，或不具备实质性交易基础或独立财务能力的第三方。

5. 评价审计证据对特别风险的考虑

（1）发现舞弊时采取的措施。在整个审计过程中对舞弊导致的重大错报风险保持警惕，在评价审计证据时也要体现这一原则。如果认为错报是舞弊或可能是舞弊导致的，即使错报金额对财务报表的影响并不重大，注册会计师仍应考虑错报涉及的人员在被审计单位中的职位。如果这样的事情涉及高层管理人员，那么即使被发现的错报金额本身对于财务报表的影响并不重要，也可能表明存在其他更具广泛影响的问题。在这种情况下，注册会计师应当采取下列措施：

① 重新评估舞弊导致的重大错报风险，并考虑重新评估的结果对审计程序的性质、时间和范围的影响。

② 重新考虑此前获取的审计证据的可靠性，包括管理层声明的完整性和可信性，以及作为审计证据的文件和会计记录的真实性，并考虑管理层与员工或第三方串通舞弊的可能性。

如果认为财务报表存在舞弊导致的重大错报，或虽认为存在舞弊但无法确定其对财务报表的影响，注册会计师应当考虑该事项对审计的影响。

③ 考虑对审计报告的影响。如果认为财务报表存在因舞弊导致的重大错报，或虽认为存在舞弊但无法确定其对财务报表的影响，注册会计师应当考虑错报对审计意见的影响，出具保留意见、否定意见或无法表示意见的审计报告，也可考虑解除审计约定。

（2）与管理层、治理层和监管机构的沟通。

① 与管理层的沟通。如果发现舞弊或获取的信息表明可能存在舞弊，注册会计师应当尽早将此类事项与适当层次的管理层沟通。注册会计师应当运用职业判断确定拟沟通的适当层次的管理层，并考虑串通舞弊的可能性、舞弊嫌疑的性质和重大程度等因素的影响。通常情况下，拟沟通的管理层应当比涉嫌舞弊人员至少高出一个级别。

② 与治理层的沟通。如果发现舞弊涉及管理层、在内部控制中承担重要职责的员工以及其舞弊行为可能对财务报表产生重大影响的其他人员，注册会计师应当尽早将此类事项与治理层沟通。

通常下列事项也应与治理层沟通：对管理层实施的财务报表错报风险评估及相关控制评估的性质、范围和频率的疑虑；管理层未能恰当应对已发现的内部控制重大缺陷的事实；管理层未能恰当应对已发现的舞弊的事实；对被审计单位控制环境的评价，包括对管理层胜任能力和诚信的疑虑；注意到的可能表明管理层对财务信息做出虚假报告的行为；对超出正常经营过程的交易的授权适当性的疑虑等。

③ 与监管机构的沟通。注册会计师负有对客户信息保密的义务，要求其通常不对外报告管理层和治理层的舞弊行为。但是，保密原则也有例外，因为社会公众是注册会计师的真正委托人，如果客户的舞弊行为影响到社会公众利益，注册会计师就需要根据法律法规的要求，考虑是否向监管机构报告管理层和治理层的重大舞弊。

2.1.5 审计证据

1. 审计证据的含义

审计证据是指注册会计师为了得出审计结论、形成审计意见而使用的所有信息，包括财务报表依据的会计记录中含有的信息和其他信息。下文分别就关于财务报表所依据的会计记录中含有的信息及可用作审计证据的其他信息的规定进行介绍。

（1）会计记录。财务报表依据的会计记录一般包括对初始分录的记录和支持性记录，如支票、电子资金转账记录、发票、合同、总账、明细账、记账凭证和未在记账凭证中反映的对财务报表的其他调整，以及支持成本分配、计算、调节和披露的手工计算表和电子数据表。上述会计记录是编制财务报表的基础，构成注册会计师执行财务报表审计业务所需获取的审计证据的重要部分。

（2）其他信息。可用作审计证据的其他信息包括：注册会计师从被审计单位内部或外部获取的会计记录以外的信息，如被审计单位会议记录、内部控制手册、询证函的回函、分析师的报告、与竞争者的比较数据等；通过询问、观察和检查等审计程序获取的信息，如通过检查存货，获取存货存在性的证据等；自身编制或获取的可以通过合理推断得出结论的信息，如注册会计师编制的各种计算表、分析表等。

财务报表依据的会计记录中包含的信息和其他信息共同构成了审计证据，两者缺一不可。如果没有前者，审计工作将无法进行；如果没有后者，可能无法识别重大错报风险。只有将两者结合在一起，才能将审计风险降至可接受的低水平，为注册会计师发表审计意见提供合理基础。

2. 审计证据的特性

（1）审计证据的充分性。审计证据的充分性是对审计证据数量的衡量，主要与注册会计师确定的样本量有关。例如，对某个审计项目实施某一选定的审计程序，从 200 个样本中获得的证据要比从 100 个样本中获得的证据更充分。

注册会计师需要获取的审计证据的数量受错报风险的影响。错报风险越大，需要的审计证据可能越多。具体来说，在可接受的审计风险水平一定的情况下，重大错报风险越大，注册会计师就应实施越多的测试工作，将检查风险降至可接受水平，以将审计风险控制在可接受的低水平范围内。

(2) 审计证据的适当性。审计证据的适当性是对审计证据质量的衡量，即审计证据在支持各类交易、账户余额、列报（包括披露，下同）的相关认定或发现其中存在错报方面具有相关性和可靠性。相关性和可靠性是审计证据适当性的核心内容，只有相关且可靠的审计证据才是高质量的。

(3) 充分性和适当性之间的关系。充分性和适当性是审计证据的两个重要特征，两者缺一不可，只有充分且适当的审计证据才是有证明力的。

注册会计师需要获取的审计证据的数量也受审计证据质量的影响。审计证据质量越高，需要的审计证据数量可能越少。例如，被审计单位内部控制健全时生成的审计证据更可靠，注册会计师只需获取适量的审计证据，就可以为发表审计意见提供合理的基础。

尽管审计证据的充分性和适当性相关，但如果审计证据的质量存在缺陷，那么注册会计师仅靠获取更多的审计证据可能无法弥补其质量上的缺陷。例如，注册会计师应当获取与销售收入完整性相关的证据，实际获取到的却是有关销售收入真实性的证据，审计证据与完整性目标不相关，即使获取的证据再多，也证明不了收入的完整性。同样地，如果注册会计师获取的证据不可靠，那么证据数量再多也难以起到证明作用。

3. 获取审计证据的审计程序

在审计过程中，注册会计师可根据需要单独或综合运用如下程序，以获取充分、适当的审计证据。

(1) 检查记录或文件。检查记录或文件是指注册会计师对被审计单位内部或外部生成的，以纸质、电子或其他介质形式存在的记录或文件进行审查。

检查记录或文件的目的是对财务报表所包含或应包含的信息进行验证。例如，被审计单位通常对每一笔销售交易都保留一份顾客订单、一张发货单和一份销售发票副本。这些凭证对于注册会计师验证被审计单位记录的销售交易的正确性是有用的证据。

检查记录或文件可提供可靠程度不同的审计证据，审计证据的可靠性取决于记录或文件的来源和性质。外部记录或文件通常被认为比内部记录或文件可靠，因为外部凭证经被审计单位的客户出具，又经被审计单位认可，表明交易双方对凭证上记录的信息和条款达成一致意见。另外，某些外部凭证编制过程非常谨慎，通常由律师或其他有资格的专家进行复核，因而具有较高的可靠性，如土地使用权证、保险单、契约和合同等文件。

(2) 检查有形资产。检查有形资产是指注册会计师对资产实物进行审查。检查有形资产程序主要适用于存货和现金，也适用于有价证券、应收票据和固定资产等。

检查有形资产可为其存在性提供可靠的审计证据，但不一定能够为权利和义务或计价认定提供可靠的审计证据。检查存货项目前，可先对客户实施的存货盘点进行观察。

(3) 观察。观察是指注册会计师察看相关人员正在从事的活动或执行的程序。例如，对客户执行的存货盘点或控制活动进行观察。

观察提供的审计证据仅限于观察发生的时点，并且在相关人员已知被观察时，相关人员从事活动或执行程序可能与日常的做法不同，从而会影响注册会计师对真实情况的了解。因此，注册会计师有必要获取其他类型的佐证证据。

(4) 询问。询问是指注册会计师以书面或口头方式，向被审计单位内部或外部的知情人员获取财务信息和非财务信息，并对答复进行评价的过程。

知情人员对询问的答复可能为注册会计师提供尚未获悉的信息或佐证证据，也可能提供与已获悉信息存在重大差异的信息，注册会计师应当根据询问结果考虑修改审计程序或实施追加的审计程序。询问本身不足以发现认定层次存在的重大错报，也不足以测试内部控制运行的有效性，注册会计师还应当实施其他审计程序以获取充分、适当的审计证据。

（5）函证。函证是指注册会计师为了获取影响财务报表或相关披露认定的项目的信息，通过直接来自第三方的对有关信息和现存状况的声明，获取和评价审计证据的过程。例如，对应收账款余额或银行存款的函证。通过函证获取的证据可靠性较高，因此，函证是受到高度重视并经常被使用的一种重要程序。

（6）重新计算。重新计算是指注册会计师以人工方式或使用计算机辅助审计技术，对记录或文件中的数据计算的准确性进行核对。重新计算通常包括计算销售发票和存货的总金额，加总日记账和明细账，折旧费用和预付费用的计算，应纳税额的计算等。

（7）重新执行。重新执行是指注册会计师以人工方式或使用计算机辅助审计技术，重新独立执行作为被审计单位内部控制组成部分的程序或控制。例如，注册会计师利用被审计单位的银行存款日记账和银行对账单，重新编制银行存款余额调节表，并与被审计单位编制的银行存款余额调节表进行比较。

（8）分析程序。分析程序是指注册会计师通过研究不同财务数据之间以及财务数据与非财务数据之间的内在关系，对财务信息做出评价。分析程序还包括调查识别出的、与其他相关信息不一致或与预期数据严重偏离的波动和关系。分析程序单独或组合起来，可用作风险评估程序、控制测试和实质性程序。

① 用作风险评估程序，以了解被审计单位及其环境。注册会计师实施风险评估程序的目的在于了解被审计单位及其环境，并评估财务报表层次和认定层次的重大错报风险。在风险评估过程中使用分析程序也服务于这一目的。分析程序可以帮助注册会计师发现财务报表中的异常变化，或者预期发生而未发生的变化，识别存在潜在重大错报风险的领域。分析程序还可以帮助注册会计师发现财务状况或盈利能力发生变化的信息和征兆，识别那些表明被审计单位持续经营能力问题的事项。

② 用作实质性程序。在针对评估的重大错报风险实施进一步审计程序时，注册会计师可以将分析程序作为实质性程序的一种，单独或结合其他细节测试，收集充分、适当的审计证据。此时运用分析程序可以减少细节测试的工作量，节约审计成本，降低审计风险，使审计工作更有效率和效果。

③ 在审计结束或临近结束时对财务报表进行总体复核。在审计结束或临近结束时，注册会计师应当运用分析程序，在已收集的审计证据的基础上，对财务报表整体的合理性作最终把握，评价报表仍然存在重大错报风险而未被发现的可能性，考虑是否需要追加审计程序，以便为发表审计意见提供合理基础。分析程序运用的不同目的，决定了分析程序运用的具体方法和特点。

2.1.6 审计工作底稿

1. 审计工作底稿的定义

审计工作底稿是指注册会计师对制订的审计计划、实施的审计程序、获取的相关审计证据，以及得出的审计结论做出的记录。

编制审计工作底稿的目的表现在两个方面：一方面为了提供充分、适当的记录，作为审计报告的基础；另一方面为了提供证据，证明注册会计师按照中国注册会计师审计准则的规定执行了审计工作。

2. 审计工作底稿编制的总体要求

《中国注册会计师审计准则第1131号——审计工作底稿》第十条规定，注册会计师编制的审计工作底稿，应当使得未曾接触该项审计工作的有经验的专业人士清楚地了解以下情况：

（1）按照审计准则和相关法律法规的规定实施的审计程序的性质、时间安排和范围。

（2）实施审计程序的结果和获取的审计证据。

（3）审计中遇到的重大事项和得出的结论以及在得出结论时做出的重大职业判断。

3. 审计工作底稿应记录的具体内容

（1）记录重大事项及相关重大职业判断。重大事项通常包括：

① 引起特别风险的事项。

② 实施审计程序的结果表明财务报表可能存在重大错报的情形，或需要修正以前对重大错报风险的评估和针对这些风险拟采取的应对措施的情形。

③ 导致注册会计师难以实施必要审计程序的情形。

④ 可能导致出具非标准审计报告的事项。

与运用职业判断相关的审计工作底稿，包括但不限于：

① 如果审计准则要求注册会计师"应当考虑"某些信息或因素，并且这种考虑在特定业务情况下是重要的，记录注册会计师得出结论的理由。

② 记录注册会计师对某些方面主观判断的合理性（如某些重大会计估计的合理性）得出结论的基础。

③ 如果注册会计师针对审计过程中识别出的导致其对某些文件记录的真实性产生怀疑的情况实施了进一步调查（如适当利用专家的工作或实施函证程序），记录注册会计师对这些文件记录真实性得出结论的基础。

注册会计师可以考虑编制重大事项概要，并将其作为审计工作底稿的组成部分。重大事项概要包括对审计过程中识别出的重大事项及其如何得到解决的记录，以及对提供相关信息的其他支持性审计工作底稿的交叉索引。重大事项概要可以提高复核和检查审计工作底稿的效率和效果，尤其是对于大型、复杂的审计项目。此外，编制重大事项概要不仅有助于注册会计师考虑重大事项，还可以帮助注册会计师根据实施的审计程序和得出的审计结论，考虑是否存在注册会计师不能实现某项相关审计准则的目标，以致妨碍实现注册会计师的总体目标的情况。

（2）记录测试项目或事项的识别特征。应当记录测试的具体项目或事项的识别特征。识别特征是指被测试的项目或事项表现出的征象或标志，如在对被审计单位生成的订购单进行细节测试时，可能以订购单的日期或编号作为测试订购单的识别特征。

（3）记录执行人员和复核人员。应当记录审计工作的执行人员及完成审计工作的日期和审计工作的复核人员及复核的日期和范围。

（4）归档期限。在审计报告日后应及时将审计工作底稿归整为审计档案，并完成归整最终审计档案过程中的事务性工作。审计工作底稿的归档期限为审计报告日后60天内或审计业务终止后的60天内。

此外,如果其他审计准则对某一方面的审计工作应当记录的内容做出了特别规定,应按照其规定加以记录。

4. 审计工作底稿的基本类型

从中国注册会计师协会提供的审计工作底稿索引(目录)(表2-4)中可以看到,审计工作底稿的基本类型一般分为8种:综合类、管理类、循环测试类、资产类、负债类、权益类、损益类和备查类。每一类均由许多具体工作底稿构成,具体工作底稿均有索引号,最后归整完毕,要标明页码,装订成册,归档保管。

表2-4 审计工作底稿索引(目录)

索引号	名 称	页码	索引号	名 称	页码	索引号	名 称	页码
	一、综合类(ZH)			工薪与人事循环符合性测试			内部拨入款	
	审计报告书			融资与投资符合性测试			应付内部单位款	
	管理建议书			现金和银行存款符合性测试			内部长期借款	
	已审会计报表						内部短期借款	
	当年重大会计政策变动记录			四、资产类(A)				
	审计过程中重大问题请示报告			货币资金			六、权益类(C)	
	合并报表工作底稿			短期投资			少数股东权益	
	试算平衡表(资产负债表)			应收票据			实收资本	
	试算平衡表(损益表)			应收账款			资本公积、盈余公积	
	审计差异汇总表(调整类)			预付账款			未分配利润	
	审计差异汇总表(重分类)			其他应收款			上级拨入资金	
	审计差异汇总表(未调整)			坏账准备				
	会计账项调整科目汇总表			存货			七、损益类(D)	
	管理当局声明书			待摊费用			主营业务收入	
	重要审计事项完成核对表			固定资产及累计折旧			主营业务成本	
	审计工作总结			固定资产减值准备			营业费用	
	与客户交换意见记录			在建工程			主营业务税金及附加	
	未审会计报表			固定资产清理			其他业务利润	
				无形资产			管理费用	
	二、管理类(GL)			长期待摊费用			财务费用	
	企业基本情况表			待处理资产净损失			投资收益	
	审计业务约定书			内部拨出款			营业外收入、营业外支出	
	初步业务活动程序表			应收内部单位款			所得税	
	初步风险评价表			拨付所属资金			以前年度损益调整	
	主要会计政策执行情况表			内部存入款			补贴收入	
	财务会计管理制度调查表			结算证存款			本年利润	
	分析性测试情况汇总表							
	内部控制制度调查问卷			五、负债类(B)			八、备查类(BC)	
	客户提供资料一览表			短期借款			组织机构及管理人员结构资料	
	重要性标准初步估计表			长期借款			营业执照(复印件)	
	三级复核工作底稿			应付账款			政府批文	
	审计报告底稿			预收账款			公司成立合同、协议章程	
	审计工作总体计划			其他应付款			纳税鉴定文件	
	审计标识			应付工资			董事会会议纪要或摘要	
	管理建议书底稿			应付福利费			内部控制的调查与评价	
	报告送审单			应付利润			重要长期经济合同、协议	
				应交税金			验资报告(复印件)	
	三、循环测试类(CS)			其他应交款			评估报告书(复印件)	
	符合性测试工作底稿			预提费用			主要资产的所有权证明	
	销售与收款循环符合测试			长期应付款			关联交易	
	购买与付款循环符合测试			应付票据、应付债券			期后事项	
	仓储与存货循环符合测试			专项应付款			或有损失	
	生产循环符合性测试						持续经营	

2.2 计划审计工作·操作指南

会计师事务所在接受审计委托后,紧接着确定项目经理,项目经理应根据审计准则和质量控制准则,进一步了解被审计单位及其环境,评价风险,收集和分析委托单位的会计报表,确定重要性水平,制订出审计总体策略和具体计划,做好时间预算和人员安排。

2.2.1 了解被审计单位及其环境

1. 被审计单位及其环境

根据《中国注册会计师审计准则 1211 号——通过了解被审计单位及其环境识别和评估重大错报风险》的要求,编制审计计划以前,一般应对被审计单位以下情况进行了解:

(1) 向被审计单位高级管理人员了解企业的组织结构、生产和业务流程、经营管理情况。绘制或取得客户的组织结构框架图。

(2) 查阅客户生产、业务经营及其所在行业等相关方面的资料,包括下列几个方面:

① 客户公司章程及其细则,能取得复印件更好。

② 查阅董事会、股东大会的会议记录,了解股东大会及董事会对企业股利的分派、企业合并、资产置换、固定资产分类及预计使用年限和净残值率、资产减值计提比例等相关资料。

③ 查阅正在履行的重要合同,如销售合同、采购合同、借款合同、租赁合同以及劳务合同。

④ 查阅该企业的行业刊物,了解本期业务经营和行业的发展状况。

⑤ 查阅、分析最近年度和中期会计报表、所得税申报表及有关呈送报告。

⑥ 查阅已存在的债权及债务诉讼事项。

(3) 实地察看客户的生产经营场地及设施,绘制生产工艺简图或取得工艺简图的复印件。

(4) 询问客户财务主管或经理,了解企业会计核算程序,包括会计部门的组织结构及各岗位的职责分配,客户特定的生产成本核算流程。

(5) 询问内部审计师,了解内部审计过程中重点关注的事项,查阅与内部审计相关问题的决定。

(6) 取得和查阅以前年度审计底稿,对前任会计师事务所的审计意见有一个概括的了解。

(7) 了解关联方及其交易情况。

2. 初步确定特别风险水平

对上述有关情况进行调查了解后,编制出客户不同情况对固有风险、控制风险水平的影响(表 2-5、表 2-6),为编制审计计划提供基础。

表 2-5　客户不同情况对固有风险水平的影响

因　　素	固有风险水平	
	低	高
公司所处的经济环境	稳定的、成长的	萧条的、停滞的
公司所属的产业	长久稳定的、不受外界情况影响的	相当新的、不稳定的、易受外界左右的
公司管理层对营运及会计事项的理念	保守的	冒进的
公司的内部控制环境	强的行政管理控制；管理阶层有控制意识；管理层逾越控制的现象很少	弱的行政管理控制；管理阶层欠缺控制意识；管理层经常逾越控制制度
公司高层主管及董事会成员的异动率	低	高
公司财务状况及营业成果	佳	劣
公司现有的及潜在的诉讼事件	不重大的	重大的
公司管理层及主要股东的营业信誉	佳	不佳
公司高层主管及主要股东的相关学历及经验	高	低
公司的所有权结构	为少数股东所有；股票未公开发行	公开发行或上市
公司对注册会计师审计责任了解的程度	相当清楚	不清楚
利害冲突、法令管制或注册会计师独立性的问题	不重要的	重要的
公司的所在地点	大都市	小城镇
公司所在地区业务经营的竞争性及复杂性	低	高
评价结论	1. 高（　） 　2. 中等（　） 　3. 低（　）	

表 2-6　客户不同情况对控制风险水平的影响

因　　素	控制风险水平	
	低	高
管理层是否诚信	是	否或无法确定
内控制度的健全程度	健全	不健全或无法确定
经济状况	良好	不佳
评价结论	1. 高（　） 　2. 中等（　） 　3. 低（　）	

3. 确定检查风险水平

在了解了客户的固有风险和控制风险水平之后，依据审计的检查风险与客户的固有风险和控制风险的关系(表 2-7)，可以判断本次审计的检查风险。

表 2-7　审计风险模型各要素之间的关系

可接受的检查风险		注册会计师对控制风险的评估		
		高	中等	低
注册会计师对固有风险的评估	高	最低	较低	中等
	中等	较低	中等	较高
	低	中等	较高	最高

4. 确定实质性测试方向

判断出可接受的检查风险后，将其与审计可采取的策略联系起来，作为即将进行的具体审计活动的依据。检查风险与实质性测试的关系见表 2-8。

表 2-8　检查风险与实质性测试的关系

可接受的检查风险	实质性测试		
	性　质	时　间	范　围
高	分析性程序和交易性程序为主	期中审计为主	较小样本、较少证据
中等	分析性程序、交易测试以及余额测试结合运用	期中审计、期末审计和期后审计结合运用	适中样本、适量证据
低	余额测试为主	期末审计和期后审计为主	较大样本、较多证据

实质性测试方向的确定与审计策略类型的确定具有密切的关系。可接受的检查风险中等或低时，控制风险处于较高或中等水平，适用主要证实法的审计策略；可接受的检查风险中等或高时，控制风险处于较低或中等水平，适用较低控制风险估计水平法的审计策略。

2.2.2　对报表实施分析性程序

项目经理取得客户本期未审年报和上期已审计会计报表后，应立即进行数据计算分析，如趋势分析、比率分析和结构分析。通过分析确定是否存在异常情况，初步判断审计潜在的风险区域，为制订审计策略、编制审计计划提供帮助。

（1）横向趋势分析表见表 2-9。
（2）资产负债表纵向趋势分析表见表 2-10。
（3）比率趋势分析表见表 2-11。

通过分析，能较容易地找到金额增减异常的项目、比率变动幅度较大的项目及指标存在异常的项目，这些项目将是计划审计工作中要重点关注的项目，制定审计策略和人力、时间资源的具体安排上，要加以充分考虑。

表 2-9 横向趋势分析表

会计报表项目	上年 已审数 ①	本年 未审数 ②	本年比上年增长 金额 ③=②-①	本年比上年增长 % ④=③/①	说　明
营业收入					对本表增长金额较大和比例超过一定幅度的项目要关注，对各项目之间的关系要关注，看是否有异常，从而确定审计策略。 1. 2. …
营业成本					
营业利润					
利润总额					
净利润					
存货					
应收账款					
速动资产					
流动资产					
流动负债					
固定资产					
在建工程					
资产总额					
负债总额					
实收资本					
净资产额					

表 2-10 资产负债表纵向趋势分析表

会计报表项目	上年 已审数 ①	上年 % ②	本年 未审数 ③	本年 % ④	增减数/(%) ⑤=④-②	说　明
流动资产						对增减数超过一定幅度的项目进行重点关注，以确定审计策略。 1. 2. …
持有至到期投资						
长期股权投资						
投资性房地产						
固定资产净额						
在建工程						
无形资产						
资产合计						
流动负债						
长期负债						
负债合计						
实收资本						
其他权益						

表 2-11 比率趋势分析表

比率指标	计算公式	上年 ①	本年 ②	增减数 ③=②-①	说明
偿债能力指标					本表对比率值增减数差异大的项目，一方面要分析原因，另一方面要根据所发现的异常情况进行特别关注，体现到审计计划中。 1. 2. …
1. 流动比率					
2. 速动比率					
财务杠杆比率					
1. 负债比率					
2. 资本对负债比率					
3. 利息保障系数					
经营效率比率					
1. 存货周转率					
2. 应收账款周转率					
3. 总资产周转率					
获得能力比率					
1. 销售利润率					
2. 净资产报酬率					
3. 总资产报酬率					
…					

2.2.3 计划和执行审计工作时重要性水平的确定

重要性水平是注册会计师从审计报告使用者的角度进行专业判断的结果，其目的是为了保证审计质量的同时提高审计工作效率。重要性评估的结果对注册会计师的工作量及审计质量有直接影响：重要性水平过高，会导致审计不足，增加审计的风险；重要性水平过低，会导致审计过量，增加审计成本。因此，合理确定重要性水平，指导财务报表审计，是审计计划编制中的重要内容，注册会计师应当予以高度重视。

在审计实务中，重要性水平的确定不是机械的数学计算，而是从性质和金额上综合考虑具体情况、会计报表项目的性质等因素后做出的专业判断。

(1) 从性质上讲，确定重要性水平需要考虑的因素有下列几个：

① 会计报表的使用者及其关注的财务信息。

② 有关法律、法规的特殊规定，如是否存在对数据披露的精确程度或其他特殊披露项目的规定。

③ 涉及合同履行的条款。

④ 影响盈亏逆转的因素。

⑤ 不期望出现的误差。

⑥ 违反法规或敏感的事件。

(2) 从数量上确定重要性水平,一般先确定报表层次的计划重要性水平,示例见表2-12。

表2-12 重要性水平初步评估表　　　货币单位:万元

年份或项目	税前利润法	总收入法	总资产法
前第3年		30 455	
前第2年		32 458	
前第1年		38 019	
前3年平均		33 644	
当年未审数		28 399	
重要性比例	3%～5%	0.5%～1%	0.5%～1%
重要性水平		120	
审计说明	上述以总收入为计算基础,运用总收入法确定重要性水平 33 644×0.5%≈168(万),28 399×0.5%≈142(万),以当年未审数为计算基础,参照前3年的平均水平,选择报表整体重要性水平为120万元		
部门经理对总体审计重要性标准意见	对审计中发现的需要调整的会计事项,在征得被审计单位同意的前提下,能调整的尽量调整,不受120万元的影响。但是,所有未调整不符事项金额总和不能超过120万元		

然后确定报表层次实际执行的重要性水平和交易、账户余额和披露认定层次重要性水平,如图2.4所示。

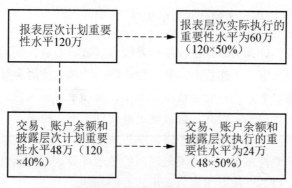

图2.4 确定相关水平

这表明在执行审计时,报表层次整体错报之和不能超过60万,某项(或某类)交易、账户余额和披露认定层次的错报金额不能超过24万元,否则就是不能容忍的错报。

2.2.4 制定初步审计策略

客户主要会计科目或交易类别的审计策略见表2-13。

表 2-13 客户主要会计科目或交易类别的审计策略

账　　户	审计策略	账　　户	审计策略
库存现金	主要证实法	应付账款	较低控制风险估计水平法
短期投资	主要证实法	应付职工薪酬	主要证实法
应收账款	较低控制风险估计水平法	应交税费	较低控制风险估计水平法
存货	较低控制风险估计水平法	应付债券	主要证实法
长期投资	主要证实法	预计负债	主要证实法
固定资产	主要证实法	长期借款	主要证实法
无形资产及其他资产	主要证实法	长期应付款	主要证实法
资产减值	主要证实法	实收资本	主要证实法
短期借款	主要证实法	资本公积	主要证实法
营业收入	较低控制风险估计水平法	债务重组事项	主要证实法
营业成本	较低控制风险估计水平法	非货币性资产交易事项	主要证实法
营业费用	较低控制风险估计水平法	贴现事项	主要证实法
管理费用	较低控制风险估计水平法	关联方交易	主要证实法
财务费用	较低控制风险估计水平法	表外科目	主要证实法
所得税	主要证实法	期后事项	主要证实法
…		…	

2.2.5 时间预算和人员安排

编制审计计划不仅仅是计划阶段的工作，它贯穿于审计的整个过程，时间预算与人员安排这一关键环节也是如此。在执行审计业务过程中，根据工作量及其风险控制的要求合理确定的时间预算与人员安排并不是一成不变的，当出现新的问题或审计环境发生变化时，应当重新规划时间和配备人员。当因工作时间增减致使会计师事务所的审计收费发生变化时，注册会计师应当立即通知被审计单位，并取得其理解。值得注意的是，如果因为被审计单位会计记录不完整或因发生特殊情况而使注册会计师无法在时间预算内完成审计工作，为保证审计工作质量，不得随意缩短或省略审计工作程序来适应时间预算。但一般情况下，在合理的范围内由于实际情况而使审计工作提前或推后，不会影响审计工作的效果，注册会计师和被审计单位都能够接受。对中小企业进行年报审计的审计计划可以适当简化。下面提供时间预算和人员安排表示例(表 2-14)。

表2-14 时间预算和人员安排表 单位：天

项 目	去年实际天数	本年预算	本年实际耗时		本年实际与预算的差额	差异说明
			天数	执行人		
一、管理工作						
接受审计委托						
了解客户概况						
会计报表试算、分析						
重要性水平确定						
制定总体策略						
二、外勤工作						
业务循环测试						
报表项目审计						
重要交易事项审计						
审计整理						
二级复核						
三级复核						
三、后勤工作						
出具审计报告						
复印						
归档						
总计						

2.3 计划审计工作·操作任务

××会计师事务所的项目经理吴立至在决定承接业务，签订了业务约定书后，带领协助人员王勤、李缘组成审计小组，对该公司进行审计。吴立至第一时间取得四季情床单有限公司未审的资产负债表（表2-15）和利润表（表2-16），表中期初数（或上年数）是上年已审数。项目组根据项目一操作任务中提供的相关资料和该公司未审会计报表，完成下列操作任务：

（1）填写横向趋势分析表并进行分析。
（2）填写纵向趋势分析表并进行分析。
（3）填写比率趋势分析表并进行分析。
（4）根据了解的被审计单位环境，对该企业固有风险和控制风险进行判断并填表。
（5）填制重要性水平初步评估表和账户（交易）重要性水平分配表。
（6）设计审计总体策略。
（7）进行时间预算安排和人员分工。

表 2-15 资产负债表

编制单位：　　　　　　　　　　　　××年12月31日　　　　　　　　　　　会企01表
单位：元

资　产	期末余额	年初余额	负债和所有者权益	期末余额	年初余额
流动资产：			流动负债：		
货币资金	311 200	500 000	短期借款	1 600 000	2 100 000
交易性金融资产	300 000	0	交易性金融负债		
应收票据	510 000	1 700 000	应付票据	750 000	500 000
应收账款	2 465 600	3 000 000	应付账款	5 000 000	4 100 000
预付款项		500 000	预收款项		1 000 000
应收利息			应付职工薪酬	16 000	0
应收股利			应交税费	-14 300	0
其他应收款	22 000	100 000	应付利息	25 000	10 000
存货	8 384 400	6 850 000	应付股利		
1年内到期非流动资产			其他应付款	320 000	0
其他流动资产			1年内到期非流动负债		
流动资产合计	11 993 200	12 650 000	其他流动负债		
非流动资产：			流动负债合计	7 696 700	7 710 000
可供出售金融资产			非流动负债：		
持有至到期投资	3 120 000	3 120 000	长期借款	6 600 000	7 600 000
长期应收款			应付债券	230 000	500 000
长期股权投资	3 100 000	3 100 000	长期应付款	148 000	300 000
投资性房地产			专项应付款		
固定资产	11 800 000	12 100 000	预计负债		
在建工程	1 540 000	2 020 000	递延所得税负债		
工程物资	1 800 000	1 120 000	其他非流动负债		
固定资产清理	5 000	0	非流动负债合计	6 978 000	8 400 000
生产性生物资产			负债合计	14 674 700	16 110 000
油气资产			所有者权益：		
无形资产	1 920 000	2 000 000	实收资本	20 000 000	20 000 000
开发支出	30 000	0	资本公积	600 000	600 000
商誉			减：库存股		
长期待摊费用	1 079 000	1 300 000	盈余公积	600 000	400 000
递延所得税资产			未分配利润	512 500	300 000
其他非流动资产			所有者权益合计	21 712 500	21 300 000
非流动资产合计	24 394 000	24 760 000			
资产总计	36 387 200	37 410 000	负债和所有者权益总计	36 387 200	37 410 000

表 2-16 利润表

会企 02 表

编制单位：　　　　　　　　　　××年12月　　　　　　　　　　单位：元

项　　目	本期金额	上期金额
一、营业收入	12 420 000	11 850 000
减：营业成本	8 418 000	7 836 000
营业税金及附加	381 600	364 800
销售费用	1 423 000	1 170 000
管理费用	480 000	400 000
财务费用	1 800 000	1 680 000
资产减值损失	0	
加：公允价值变动收益（损失以"－"号填列）	0	
投资收益（损失以"－"号填列）	320 000	300 000
其中：对联营企业和合营企业投资收益	160 000	150 000
二、营业利润（亏损以"－"号填列）	237 400	699 200
加：营业外收入	20 000	0
减：营业外支出	30 000	0
其中：非流动资产处置损失	30 000	0
三、利润总额（亏损总额以"－"号填列）	227 400	699 200
减：所得税费用	56 850	174 800
四、净利润（净亏损以"－"号填列）	170 550	524 400

项目三

审计抽样技术

SHENJI CHOUYANG JISHU

内容环节	学习目标
相关知识	1. 掌握各种选取测试项目的方法与特点 2. 掌握审计抽样技术的分类 3. 掌握审计抽样技术中涉及的概念 4. 掌握审计抽样技术的应用方法
操作指南	1. 能够根据具体情况选择抽样方法 2. 能够在控制测试中运用审计抽样技术 3. 能够在细节测试中运用审计抽样技术
操作任务	1. 能(模拟)对存货实施审计抽样和分析抽样测试结果 2. 能(模拟)对应收账款实施审计抽样和分析抽样测试结果 3. 能(模拟)对主营业务收入实施审计抽样和分析抽样测试结果

3.1 审计抽样技术·相关知识

3.1.1 选取测试项目的方法

在设计审计程序时,注册会计师应当确定选取测试项目的适当方法。

1. 选取全部项目

当存在下列情形之一时,注册会计师应当考虑选取全部项目进行测试。
(1) 总体由少量的大额项目构成。
(2) 存在特别风险且其他方法未提供充分、适当的审计证据。
(3) 运用计算机辅助审计技术选取全部项目进行测试。

2. 选取特定项目

选取特定项目是指对总体中的特定项目进行针对性测试。具体包括下列几种:
(1) 大额或关键项目。
(2) 超过某一金额的全部项目。
(3) 被用于获取某些信息的项目。
(4) 被用于测试控制活动的项目。

3. 审计抽样

1) 定义

审计抽样是指注册会计师对某类交易或账户余额中低于100%的项目实施审计程序,使所有抽样单元都有被选取的机会。抽样单元是指构成总体的个体项目;总体是指注册会计师从中选取样本并据此得出结论的整套数据。总体可分为多个层或子总体,每一层或子总体可予以分别检查。

2) 特征

审计抽样应当具备3个基本特征:
(1) 对某类交易或账户余额中低于100%的项目实施审计程序;
(2) 所有抽样单元都有被选取的机会;
(3) 审计测试的目的是为了评价该账户余额或交易类型的某一特征。

3) 适用范围

注册会计师获取审计证据时可能使用3种目的的审计程序:风险评估程序、控制测试(必要时或决定测试时)和实质性程序。有些审计程序可以使用审计抽样,有些审计程序则不宜使用审计抽样。

(1) 风险评估程序通常不涉及使用审计抽样和其他选取测试项目的方法。但如果注册会计师在了解控制的设计和确定其是否得到执行时,一并计划和实施控制测试,则会涉及审计抽样和其他选取测试项目的方法。

（2）当控制的运行留下轨迹时，注册会计师可以考虑使用审计抽样和其他选取测试项目的方法实施控制测试。对那些未留下运行轨迹的控制实施测试时，注册会计师应当考虑实施询问、观察等审计程序，以获取有关控制运行有效性的审计证据，此时不涉及审计抽样和其他选取测试项目的方法。

（3）实质性程序包括对各类交易、账户余额、列报的细节测试，以及实质性分析程序。在实施细节测试时，注册会计师可以使用审计抽样和其他选取测试项目的方法获取审计证据，以验证有关财务报表金额的一项或多项认定（如应收账款的存在性），或对某些金额做出独立估计（如陈旧存货的价值）；在实施实质性分析程序时，注册会计师不宜使用审计抽样和其他选取测试项目的方法。

选取测试项目旨在帮助确定实施审计程序的范围。审计程序的范围是指实施审计程序的数量，包括抽取的样本量，对某项控制活动的观察次数等。注册会计师可以根据具体情况，单独或综合使用选取测试项目的方法，但所使用的方法应当能够有效地提供充分、适当的审计证据，以实现审计程序的目标。在确定适当的选取测试项目的方法时，注册会计师应当考虑与所测试认定有关的重大错报风险和审计效率。

3.1.2 审计抽样技术及应用

1. 涉及的基本概念

1）抽样风险和非抽样风险

（1）抽样风险是指注册会计师根据样本得出的结论，与对总体项目实施与样本同样的审计程序得出的结论存在差异的可能性。抽样风险在控制测试和细节测试中表现为下列几种：

① 在实施控制测试时，注册会计师推断的控制有效性高于其实际有效性的风险，这种风险称之为信赖过度风险；或注册会计师推断的控制有效性低于其实际有效性的风险，这种风险称之为信赖不足风险。无论是哪种情况，均可能导致注册会计师发表不恰当的审计意见。

② 在实施细节测试时，注册会计师推断某一重大错报不存在而实际上存在的风险，这种风险称为误受风险；注册会计师推断某一重大错报存在而实际上不存在的风险，这种风险称为误拒风险。

也就是说，无论在控制测试还是在细节测试中，抽样风险都可以分为两种类型：一类是影响审计效果的抽样风险，包括信赖过度风险和误受风险；另一类是影响审计效率的抽样风险，包括信赖不足风险和误拒风险。抽样风险应用程序及其对审计效果效率的影响见表3-1。

表3-1 抽样风险应用程序及其对审计效果效率的影响

抽样风险应用程序	抽样风险的表现形式	对审计工作的影响
控制测试程序	信赖过度风险	审计效果
	信赖不足风险	审计效率
细节测试程序	误受风险	审计效果
	误拒风险	审计效率

③ 对特定样本总体而言,抽样风险与样本规模反方向变动:样本规模越小,抽样风险越大;样本规模越大,抽样风险越小。无论是控制测试还是细节测试,注册会计师都可以通过扩大样本规模降低抽样风险。如果对总体中的所有项目都实施检查,就不存在抽样风险。

(2)非抽样风险是指由于某些与样本规模无关的因素而导致注册会计师得出错误结论的可能性。非抽样风险包括审计风险中不是由抽样所导致的所有风险。有人为错误造成的,如未能找出样本中的错误;有采用不切合审计目标的程序造成的,如应收账款完整性采用测试会计记录;有错误解释样本结果造成的,如应收账款明细账户串户不应作为一项错报而作为错报对待了。

非抽样风险是由人为错误造成的,因而可以降低、消除或防范。虽然在任何一种抽样方法中注册会计师都不能量化非抽样风险,但通过采取适当的质量控制政策和程序,对审计工作进行适当的指导、监督与复核,以及对注册会计师实务的适当改进,可以将非抽样风险降至可以接受的水平。注册会计师也可以通过仔细设计审计程序尽量降低非抽样风险。

2) 统计抽样与非统计抽样

统计抽样是指同时具备下列特征的抽样方法:①随机选取样本;②运用概率论评价样本结果,包括计量抽样风险。统计抽样的样本必须具有这两个特征,不同时具备上述两个特征的抽样方法为非统计抽样。

不管统计抽样还是非统计抽样,两种方法都要求注册会计师在设计、实施抽样和评价样本时运用职业判断。另外,使用的抽样方法通常也不影响对选取的样本项目实施的审计程序。

3) 属性抽样和变量抽样

(1)属性抽样是一种用来对总体中某一事件发生率得出结论的审计抽样方法。属性是指某一控制程序及其执行效果的标志,因此,应对每一个控制程序都相应确定一个属性。例如,控制程序要求发货必须经过信用部门批准赊销,那么其属性可定义为"被授权的信用部门批准赊销";如果这项控制要求张三执行,那么将要调查的属性应为"由张三批准赊销"。属性抽样在审计中常用于测试某一控制的偏差率,以支持注册会计师评估的控制有效性。在属性抽样中,设定控制的每一次发生或偏离都被赋予同样的权重,而不管交易金额的大小。

(2)变量抽样是一种用来对总体金额得出结论的审计抽样方法。变量抽样通常回答下列问题:金额是多少?账户是否存在错报?变量抽样在审计中主要用于进行实质性细节测试,以确定记录金额是否合理。

一般来说,属性抽样得出的结论与发生率有关,而变量抽样得出的结论与总体的金额有关。但有一个例外,即统计抽样中的概率比例规模抽样(PPS抽样)运用属性抽样的原理得出以金额表示的结论。

2. 审计抽样的3个阶段

1) 样本设计阶段

样本设计阶段的工作主要包括:

(1)确定测试目标。确定测试目标是样本设计阶段的第一项工作。一般而言,控制测试是为了获取关于某项控制的设计或运行是否有效的证据;而细节测试是为了确定某类交易或账户余额的金额是否正确,以提供与存在的错报有关的证据。

(2) 定义总体与抽样单元。

① 审计总体是注册会计师为了形成审计工作结论，拟采用抽样审计，且符合审计目的要求的有关会计或其他资料的全部项目。审计总体在定义时应符合 3 个特征：一是总体应具有相关性，与目标有关。如审计目标设定为"购货交易的完整性"，则总体可定义为"所有已批准的采购凭单"。二是同质性，组成总体的个体应具有相同特征。如采购现金支出超过 10 万元，由特别会议批准；10 万元以下由采购部经理批准。因此，应对现金支出分层。又如有多个分支机构，应把每一个作为单独的总体，因为它们会有不同的现金支出控制政策。三是完整性，符合特定审计目的要求的审计对象应全部包括到总体中来，如存货应包括所有的存货。

总体可以包括构成某类交易或账户余额的所有项目，也可以只包括某类交易或账户余额中的部分项目。

如果总体项目存在重大的变异性，注册会计师应当考虑分层。分层是指将一个总体划分为多个子总体的过程，每个子总体由一组具有相同特征（通常为货币金额）的抽样单元组成。分层可以降低每一层中项目的变异性，从而在抽样风险没有成比例增加的前提下减小样本规模。注册会计师可以考虑将总体分为若干个离散的具有识别特征的子总体（层），以提高审计效率。注册会计师应当仔细界定子总体，以使每一抽样单元只能属于一个层。如当实施细节测试时，注册会计师通常按照货币金额对某类交易或账户余额进行分层，以将更多的审计资源投入到大额项目中。如在对被审计单位的财务报表进行审计时，为了函证应收账款，注册会计师可以将应收账款账户按其金额大小分为三层，在测试应收账款坏账准备时，余额可以根据账龄分层。

分层后的每层构成一个子总体且可以单独检查，对某一层中的样本项目实施审计程序的结果，只能用于推断构成该层的项目。如果对整个总体做出结论，注册会计师应当考虑与构成整个总体的其他层有关的重大错报风险。如在对某一账户余额进行测试时，占总体数量 20% 的项目，其金额可能占该账户余额的 90%。注册会计师只能根据该样本的结果推断至上述 90% 的金额。对于剩余 10% 的金额，注册会计师可以抽取另一个样本或使用其他收集审计证据的方法，单独做出结论，或者认为其不重要而不实施审计程序。

② 抽样单元是指组成总体的个体或元素。在定义抽样单元时，应当使其与审计测试的目标保持一致。如目标是"购货交易的完整性"，则抽样单元可定义为"每张购货发票"；如目标是"购货交易的存在或发生"，则抽样单元可定义为"每一笔采购记录"。

注册会计师在定义总体时通常都指明了适当的抽样单元。在控制测试中，抽样单元通常是能够提供控制运行证据的资料；而在细节测试中，抽样单元可能是一个账户余额、一笔交易或交易中的一项记录，甚至是每个货币单位。

(3) 定义误差构成条件。注册会计师必须事先准确定义构成误差的条件；否则，执行审计程序时就没有识别误差的标准。在控制测试中，误差是指控制偏差。注册会计师应仔细定义所要测试的控制及可能出现偏差的情况；在细节测试中，误差是指错报，注册会计师要确定是什么构成错报。

(4) 确定审计程序。注册会计师必须确定能够最好地实现测试目标的审计程序组合。注册会计师应当将交易类型、账户余额，以及列报和披露的认定与重大错报风险的评估和进一步程序的设计及实施相联系。通常注册会计师在获取财务报表中列报和披露的审计证据时不采用抽样方法，因此，审计测试目标通常与获取关于某类交易或账户余额的财务报表认定的审计证据有关，见表 3-2。

表 3-2　注册会计师获取审计证据时使用的认定

关于被审计期间交易和事项类型的认定	关于期末账户余额的认定
发生	存在
完整	权利与义务
准确	完整
截止	计价与分摊

2）选取样本阶段

（1）确定样本规模。样本规模是指从总体中选取样本项目的数量。确定样本规模受到多种因素的影响，且在控制测试和细节测试中有所不同。表 3-3 列示了审计抽样中影响样本规模的因素，并分别说明了这些影响因素在控制测试和细节测试中的表现形式。

表 3-3　影响样本规模的因素

影响因素	控制测试	细节测试	与样本规模的关系
可接受的抽样风险	可接受的信赖过度风险	可接受的误受风险	反向变动
可容忍误差	可容忍偏差率	可容忍错报	反向变动
预计总体误差	预计总体偏差率	预计总体错报	同向变动
总体变异性	—	总体变异性	同向变动
总体规模	总体规模	总体规模	影响很小

下面就上表中的有关术语进行简单说明：

① 可接受的信赖过度风险。在实施控制测试时，注册会计师主要关注抽样风险中的信赖过度风险。在实务中，一般的测试是将信赖过度风险确定为 10%，特别重要的测试则可以将信赖过度风险确定为 5%。

② 可容忍偏差率。可容忍偏差率是指注册会计师在不改变其计划评估的控制有效性，从而不改变其计划评估的重大错报风险水平的前提下，愿意接受的对于设定控制的最大偏差率。可容忍偏差率与样本规模反向变动。注册会计师在风险评估时越依赖控制运行的有效性，确定的可容忍偏差率越低，进行控制测试的范围越大，因而样本规模越大。在实务中，注册会计师通常认为，当偏差率为 3%～7% 时，控制有效性的估计水平较高；可容忍偏差率最高为 20%，偏差率超过 20% 时，由于估计控制运行无效，注册会计师不需进行控制测试。可容忍偏差率和计划评估的控制有效性之间的关系见表 3-4。

表 3-4　可容忍偏差率和计划评估的控制有效性之间的关系

计划评估的控制有效性	可容忍偏差率（近似值）
高	3%～7%
中	6%～12%
低	11%～20%
最低	不进行控制测试

③ 预计总体偏差率。注册会计师根据上年测试结果和对控制的初步了解,预计总体的偏差率。

④ 总体规模。业务数量很大时,总体规模对样本规模的影响可以忽略。

使用统计抽样方法时,注册会计师必须对影响样本规模的因素进行量化,并利用根据统计公式开发的专门的计算机程序或专门的样本量表来确定样本规模。在非统计抽样中,注册会计师可以只对影响样本规模的因素进行定性的估计,并运用职业判断确定样本规模。

(2) 选取样本。在选取样本项目时,应当使总体中的所有抽样单元均有被选取的机会。这是审计抽样的基本特征之一;否则,就无法根据样本结果推断总体。

选取样本的基本方法,包括使用随机数表或计算机辅助审计技术选样、系统选样和随意选样。

① 使用随机数表或计算机辅助审计技术选样。又称随机数选样。使用随机数选样需以总体中的每一项目都有不同的编号为前提。注册会计师可以使用计算机生成的随机数,如电子表格程序、随机数码生成程序、通用审计软件程序等计算机程序产生的随机数,也可以使用随机数表获得所需的随机数。

随机数表也称乱数表,它是由随机生成的由 0 到 9 共 10 个数字所组成的数表,每个数字在表中出现的次数是大致相同的,它们出现在表上的顺序是随机的。以表 3-5 随机数表 1 为例,应用随机数表选样的步骤如下:

第一步,对总体项目进行编号,建立总体中的项目与表中数字的一一对应关系。一般情况下,编号可利用总体项目中原有的某些编号,如凭证号、支票号、发票号等。在没有事先编号的情况下,注册会计师需按一定的方法进行编号。如由 40 页、每页 50 行组成的应收账款明细表,可采用 4 位数字编号,前两位由 01 到 40 的整数组成,表示该记录在明细表中的页数,后两位数字由 01 到 50 的整数组成,表示该记录的行次。这样,编号 0534 表示第 5 页第 34 行的记录。所需使用的随机数的位数一般由总体项目数或编号位数决定。实际工作中可采用 4 位随机数表,也可以使用 5 位随机数表的前 4 位数字或后 4 位数字。

第二步,确定连续选取随机数的方法。即从随机数表中选择一个随机起点和一个选号路线,随机起点和选号路线可以任意选择,但一经选定就不得改变。从随机数表中任选一行或任何一栏开始,按照一定的方向(上下左右均可)依次查找,符合总体项目编号要求的数字,即为选中的号码,与此号码相对应的总体项目即为选取的样本项目,一直到选足所需的样本量为止。例如,从前述应收账款明细表的 2 000 个记录中选择 10 个样本,总体编号规则如前所述,即前两位数字不能超过 40,后两位数字不能超过 50。如 5 位数随机数表第一行第一列开始,使用前 4 位随机数,逐行向右查找,则选中的样本为编号 3204、0741、0903、0941、3815、2216、0141、3723、0550、3748 的 10 个记录。

表 3-5　随机数表 1

列/行	1	2	3	4	5	6	7	8	9	10
1	32044	69037	29655	92114	81034	40582	01584	77184	85762	46505
2	23821	96070	82592	81642	08971	07411	09037	81530	56195	98425
3	82383	94987	66441	28677	95961	78346	37916	09416	42438	48432
4	68310	21792	71635	86089	38157	95620	96718	79554	50209	17705

续表

列/行	1	2	3	4	5	6	7	8	9	10
5	94856	76940	22165	01414	01413	37231	05509	37489	56459	52983
6	95000	61958	83430	98250	70030	05436	74814	45978	09277	13827
7	20764	64638	11359	32556	89822	02713	81293	52970	25080	33555
8	71401	17964	50940	95753	34905	93566	36318	79530	51105	26952
9	38464	75707	16750	61371	01523	69205	32122	03436	14489	02086
10	59442	59247	74955	82835	98378	83513	47870	20795	01352	89906

随机数选样不仅使总体中每个抽样单元被选取的概率相等，而且使相同数量的抽样单元组成的每种组合被选取的概率相等。这种方法在统计抽样和非统计抽样中均适用。由于统计抽样要求注册会计师能够计量实际样本被选取的概率，这种方法尤其适合于统计抽样。

② 系统选样。也称等距选样，是指按照相同的间隔从审计对象总体中等距离地选取样本的一种选样方法。采用系统选样法，首先要计算选样间距，确定选样起点，然后再根据间距顺序地选取样本。选样间距的计算公式如下：

选样间距＝总体规模÷样本规模

例如，如果销售发票的总体范围是 652～3 151，设定的样本量是 125，那么选样间距为 20［(3 152－652)÷125］。注册会计师必须从 0 到 19 中选取一个随机数作为抽样起点。如果随机选择的数码是 9，那么第一个样本项目是发票号码为 661(652＋9)的那一张，其余的 124 个项目是 681(661＋20)，701(681＋20)，…，依次类推直至第 3 141 号。

系统选样可以在非统计抽样中使用，在总体随机分布时也可适用于统计抽样。

③ 随意选样。也叫任意选样，是指注册会计师不带任何偏见地选取样本，即注册会计师不考虑样本项目的性质、大小、外观、位置或其他特征而选取总体项目。随意选样的主要缺点在于很难完全无偏见地选取样本项目，即这种方法难以彻底排除注册会计师的个人偏好对选取样本的影响，因而很可能使样本失去代表性。

以上 3 种基本方法均可选出代表性样本。但随机数选样和系统选样属于随机基础选样方法，即对总体的所有项目按随机规则选取样本，因而可以在统计抽样中使用，当然也可以在非统计抽样中使用。而随意选样虽然也可以选出代表性样本，但它属于非随机基础选样方法，因而不能在统计抽样中使用，只能在非统计抽样中使用。

(3) 对样本实施审计程序。注册会计师应当针对选取的每个项目，实施适合于具体审计目标的审计程序。对选取的样本项目实施审计程序旨在发现并记录样本中存在的误差。

注册会计师通常对每一样本项目实施适合于特定审计目标的审计程序。有时，注册会计师可能无法对选取的抽样单元实施计划的审计程序(如由于原始单据丢失等原因)。注册会计师对未检查项目的处理取决于未检查项目对评价样本结果的影响。如果注册会计师对样本结果的评价不会因为未检查项目可能存在错报而改变，就不需要对这些项目进行检查；如果未检查项目可能存在的错报会导致该类交易或账户余额存在重大错报，注册会计师就要考虑实施替代程序，为形成结论提供充分的证据。例如，对应收账款的积极式函证没有收到回函时，注册会计师必须审查期后收款的情况，以证实应收账款的余额。注册会计师也要考虑无法对这些项目实施检查的原因是否会影响计划的重大错报风险评估水平或对舞弊风险的评估。如果注册会计师无法或者没有执行替代审计程序，则应将该项目视为一项误差。

3）评价样本结果阶段

（1）分析样本误差。注册会计师应当考虑样本的结果、已识别的所有误差的性质和原因，及其对具体审计目标和审计的其他方面可能产生的影响。

无论是统计抽样还是非统计抽样，对样本结果的定性评估和定量评估一样重要。即使样本的统计评价结果在可以接受的范围内，注册会计师也应对样本中的所有误差（包括控制测试中的控制偏差和细节测试中的金额错报）进行定性分析。

（2）推断总体误差。在实施控制测试时，由于样本的误差率就是整个总体的推断误差率，注册会计师不需推断总体误差率。

当实施细节测试时，注册会计师应当根据样本中发现的误差金额推断总体误差金额，并考虑推断误差对特定审计目标及审计的其他方面的影响。

（3）形成审计结论。注册会计师应当评价样本结果，以确定对总体相关特征的评估是否得到证实或需要修正。

① 控制测试中样本结果评价。在控制测试中，注册会计师应当将总体偏差率与可容忍偏差率比较，但必须考虑抽样风险。

a. 在统计抽样中，注册会计师通常使用表格或计算机程序计算抽样风险。用以评价抽样结果的大多数计算机程序都能根据样本规模、样本结果，计算在注册会计师确定的信赖过度风险条件下可能发生的偏差率上限的估计值。该偏差率上限的估计值即总体偏差率与抽样风险允许限度之和。

如果估计的总体偏差率上限低于可容忍偏差率，则总体可以接受；如果估计的总体偏差率上限高于或等于可容忍偏差率，则总体不能接受；如果推断误差总额与异常误差之和低于但接近可容忍误差，注册会计师应当根据其他审计程序考虑样本结果的说服力，并考虑是否需要获取更多的审计证据。

b. 在非统计抽样中，抽样风险无法直接计量。注册会计师通常将样本偏差率（即估计的总体偏差率）与可容忍偏差率相比较，以判断总体是否可以接受。

如果样本偏差率高于可容忍偏差率，则总体不能接受；如果样本偏差率低于总体的可容忍偏差率，注册会计师要考虑即使总体实际偏差率高于可容忍偏差率时仍出现这种结果的风险；如果样本偏差率大大低于可容忍偏差率，注册会计师通常认为总体可以接受；如果样本偏差率虽然低于可容忍偏差率，但两者很接近，注册会计师通常认为总体实际偏差率高于可容忍偏差率的抽样风险很高，因而总体不可接受；如果样本偏差率与可容忍偏差率之间的差额不是很大也不是很小，以至于不能认定总体是否可以接受时，注册会计师则要考虑扩大样本规模，以进一步收集证据。

② 细节测试中样本结果评价。在细节测试中，注册会计师首先必须根据样本中发现的实际错报，要求被审计单位调整账面记录金额。将被审计单位已更正的错报从推断的总体错报金额中减掉后，注册会计师应当将调整后的推断总体错报与该类交易或账户余额的可容忍错报相比较，但必须考虑抽样风险。

a. 在统计抽样中，注册会计师利用计算机程序或数学公式计算出总体错报上限，并将计算的总体错报上限与可容忍错报比较。计算的总体错报上限等于推断的总体错报（调整后）与抽样风险允许限度之和。

如果计算的总体错报上限低于可容忍错报，则总体可以接受；如果计算的总体错报上限大于或等于可容忍错报，则总体不能接受。

b. 在非统计抽样中，注册会计师运用其经验和职业判断评价抽样结果。如果调整后的总体错报大于可容忍错报，或虽小于可容忍错报但两者很接近，注册会计师通常做出总体实际错报大于可容忍错报的结论。也就是说，该类交易或账户余额存在重大错报，因而总体不能接受。如果对样本结果的评价显示，对总体相关特征的评估需要修正，注册会计师可以单独或综合采取下列措施：提请管理层对已识别的误差和存在更多误差的可能性进行调查，并在必要时予以调整；修改进一步审计程序的性质、时间和范围；考虑对审计报告的影响。如果调整后的总体错报远远小于可容忍错报，注册会计师可以做出总体实际错报小于可容忍错报的结论，即该类交易或账户余额不存在重大错报，因而总体可以接受。

抽样审计流程如图 3.1 所示。

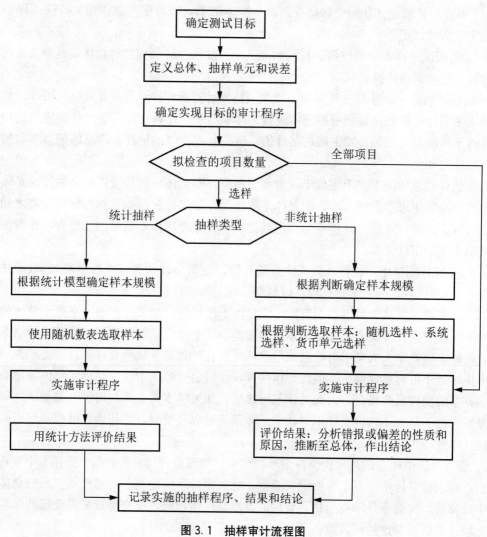

图 3.1　抽样审计流程图

3.2 审计抽样技术·操作指南

3.2.1 审计抽样在控制测试中的应用

在控制测试中应用审计抽样用以估计被测试控制程序中的偏差发生率,或者控制程序未有效运行的频率,因此,常被称为属性估计抽样或属性抽样。属性抽样既可使用统计抽样的方式确定样本规模和得出结论,又可使用非统计抽样的方式确定样本规模和得出结论。

1. 在控制测试中使用统计抽样

1)设计样本阶段

(1)确定测试目标。实施控制测试的目标是提供关于控制运行有效性的审计证据,以支持计划的重大错报风险评估水平。例如,注册会计师实施控制测试的目标是确认现金支付授权控制的运行有效性,以支持对现金账户确定的重大错报风险评估水平。

(2)定义总体和抽样单元。

① 定义总体。例如,要测试现金支付授权控制是否有效运行,如果从已得到授权的项目中抽取样本,注册会计师不能发现控制偏差,因为该总体不包含那些已支付但未得到授权的项目。在本例中,为发现未得到授权的现金支付,注册会计师应当将所有已支付现金的项目作为总体。代表总体的实物就是该时期的所有现金支付单据。

② 定义抽样单元。如果测试目标是确定付款是否得到授权,且设定的控制要求付款之前授权人在付款单据上签字,抽样单元可能被定义为每一张付款单据。如果一张付款单据包含了对几张发票的付款,且设定的控制要求每张发票分别得到授权,那么付款单据上与发票对应的一行就可能被定义为抽样单元。

对抽样单元的定义过于宽泛可能导致缺乏效率。例如,如果注册会计师将发票作为抽样单元,就必须对发票上的所有项目进行测试;如果注册会计师将发票上的每一行作为抽样单元,则只需对被选取的行所代表的项目进行测试;如果定义抽样单元的两种方法都适合于测试目标,将每一行的项目作为抽样单元可能效率更高。

本例中注册会计师定义的抽样单元为现金支付单据上的每一行。

(3)定义偏差。注册会计师必须事先准确定义构成误差的条件,否则执行审计程序时就没有识别误差的标准。在定义误差构成条件时,注册会计师应考虑审计程序的目标。

在控制测试中,误差是指控制偏差。例如,设定的控制要求每笔支付都应附有发票、收据、验收报告和订货单等证明文件,且均盖上"已付"戳记。注册会计师认为盖上"已付"戳记的发票和验收报告足以显示控制的适当运行。在这种情况下,误差可能被定义为缺乏盖有"已付"戳记的发票和验收报告等证明文件的款项支付。在本例中,误差被定义为没有授权人签字的发票和验收报告等证明文件的现金支付。

(4)定义测试期间。注册会计师通常在期中实施控制测试。由于期中测试获取的证据只与控制在期中的运行有关,注册会计师需要确定如何获取关于剩余期间的证据。

2) 选取样本阶段

(1) 确定样本规模。

① 影响样本规模的因素。在控制测试中,影响样本规模的因素有以下几个:

a. 可接受的信赖过度风险。在本例中,注册会计师确定的可接受信赖过度风险为10%。

b. 可容忍偏差率。在本例中,注册会计师预期现金支付授权控制运行有效,确定的可容忍偏差率为7%。

c. 预计总体偏差率。在本例中,预计总体的偏差率为1.75%。

d. 总体规模。在本例中,现金支付业务数量很大,因而注册会计师认为总体规模对样本规模的影响可以忽略。

② 确定样本规模的方法。实施控制测试时,注册会计师可能使用统计抽样方法,也可能使用非统计抽样方法。

注册会计师可以使用样本量表确定样本规模。表3-6和表3-7分别提供了在控制测试中确定的可接受信赖过度风险为5%和10%时所使用的样本量表。如果注册会计师需要其他信赖过度风险水平的抽样规模,必须使用其他统计抽样参考资料中的表格或计算机程序。在本例中,使用表3-7,注册会计师确定的可接受信赖过度风险为10%,可容忍偏差率为7%,预计总体偏差率为1.75%。查表得所需的样本规模为55。

表3-6 控制测试中统计抽样样本规模——信赖过度风险5%

预计总体偏差率/(%)	可容忍偏差率/(%)										
	2	3	4	5	6	7	8	9	10	15	20
0.00	149(0)	99(0)	74(0)	59(0)	49(0)	42(0)	36(0)	32(0)	29(0)	19(0)	14(0)
0.25	236(1)	157(1)	117(1)	93(1)	78(1)	66(1)	58(1)	51(1)	46(1)	30(1)	22(1)
0.50	*	157(1)	117(1)	93(1)	78(1)	66(1)	58(1)	51(1)	46(1)	30(1)	22(1)
0.75	*	208(2)	117(1)	93(1)	78(1)	66(1)	58(1)	51(1)	46(1)	30(1)	22(1)
1.00	*	*	156(2)	93(1)	78(1)	66(1)	58(1)	51(1)	46(1)	30(1)	22(1)
1.25	*	*	156(2)	124(2)	78(1)	66(1)	58(1)	51(1)	46(1)	30(1)	22(1)
1.50	*	*	192(3)	124(2)	103(2)	66(1)	58(1)	51(1)	46(1)	30(1)	22(1)
1.75	*	*	227(4)	153(3)	103(2)	88(2)	77(2)	51(1)	46(1)	30(1)	22(1)
2.00	*	*	*	181(4)	127(3)	88(2)	77(2)	68(2)	46(1)	30(1)	22(1)
2.25	*	*	*	208(5)	127(3)	88(2)	77(2)	68(2)	61(2)	30(1)	22(1)
2.50	*	*	*	*	150(4)	109(3)	77(2)	68(2)	61(2)	30(1)	22(1)
2.75	*	*	*	*	173(5)	109(3)	95(3)	68(2)	61(2)	30(1)	22(1)
3.00	*	*	*	*	195(6)	129(4)	95(3)	84(3)	61(2)	30(1)	22(1)
3.25	*	*	*	*	*	148(5)	112(4)	61(2)	30(1)	22(1)	22(1)
3.50	*	*	*	*	*	167(6)	112(4)	76(3)	40(2)	22(1)	22(1)
3.75	*	*	*	*	*	185(7)	129(5)	100(4)	76(3)	40(2)	22(1)
4.00	*	*	*	*	*	*	146(6)	100(4)	89(4)	40(2)	22(1)

续表

预计总体偏差率/(%)	可容忍偏差率/(%)										
	2	3	4	5	6	7	8	9	10	15	20
5.00	*	*	*	*	*	*	*	158(8)	116(6)	40(2)	30(2)
6.00	*	*	*	*	*	*	*	*	179(11)	50(3)	30(2)
7.00	*	*	*	*	*	*	*	*	*	68(3)	37(3)

注：1. 括号内是可接受的偏差数。

2. "*"样本规模太大，因而在多数情况下不符合成本效益原则。

3. 资料来源：AICPA Audit and Accounting Guide：Audit Sampling(2005)。

表 3-7 控制测试中统计抽样样本规模——信赖过度风险 10%

预计总体偏差率/(%)	可容忍偏差率/(%)										
	2	3	4	5	6	7	8	9	10	15	20
0.00	114(0)	76(0)	57(0)	45(0)	38(0)	32(0)	28(0)	25(0)	22(0)	15(0)	11(0)
0.25	194(1)	129(1)	96(1)	77(1)	64(1)	55(1)	48(1)	42(1)	38(1)	25(1)	18(1)
0.50	194(1)	129(1)	96(1)	77(1)	64(1)	55(1)	48(1)	42(1)	38(1)	25(1)	18(1)
0.75	265(2)	129(1)	96(1)	77(1)	64(1)	55(1)	48(1)	42(1)	38(1)	25(1)	18(1)
1.00	*	176(2)	96(1)	77(1)	64(1)	55(1)	48(1)	42(1)	38(1)	25(1)	18(1)
1.25	*	221(3)	132(2)	77(1)	64(1)	55(1)	48(1)	42(1)	38(1)	25(1)	18(1)
1.50	*	*	132(2)	105(2)	64(1)	55(1)	48(1)	42(1)	38(1)	25(1)	18(1)
1.75	*	*	166(3)	105(2)	88(2)	55(1)	48(1)	42(1)	38(1)	25(1)	18(1)
2.00	*	*	198(4)	132(3)	88(2)	75(2)	48(1)	42(1)	38(1)	25(1)	18(1)
2.25	*	*	*	132(3)	88(2)	75(2)	65(2)	42(2)	38(2)	25(1)	18(1)
2.50	*	*	*	158(4)	110(3)	75(2)	65(2)	58(2)	38(2)	25(1)	18(1)
2.75	*	*	*	209(6)	132(4)	94(3)	65(2)	58(2)	52(2)	25(1)	18(1)
3.00	*	*	*	*	132(4)	94(3)	65(2)	58(2)	52(2)	25(1)	18(1)
3.25	*	*	*	*	153(5)	113(4)	82(3)	58(2)	52(2)	25(1)	18(1)
3.50	*	*	*	*	194(7)	113(4)	82(3)	73(3)	52(2)	25(1)	18(1)
3.75	*	*	*	*	*	131(5)	98(4)	73(3)	52(2)	25(1)	18(1)
4.00	*	*	*	*	*	149(6)	98(4)	73(3)	65(3)	25(1)	18(1)
5.00	*	*	*	*	*	*	160(8)	115(6)	78(4)	34(2)	18(1)
6.00	*	*	*	*	*	*	*	182(11)	116(7)	43(3)	25(2)
7.00	*	*	*	*	*	*	*	*	199(14)	52(4)	25(2)

注：1. 括号内是可接受的偏差数。

2. "*"表示样本规模太大，因而在多数情况下不符合成本效益原则。

3. 资料来源：AICPA Audit and Accounting Guide：Audit Sampling(2005)。

（2）选取样本。在控制测试中使用统计抽样方法时，注册会计师必须在上节所述的使用随机数表或计算机辅助审计技术选样和系统选样中选择一种方法。原因在于，这两种方法能够产生随机样本，而其他选样方法虽然也可能提供具有代表性的样本，但却不是随机的。

（3）实施审计程序。在对选取的样本项目实施审计程序时可能出现以下几种情况，需要注册会计师作出判断和处理。

① 无效单据。对无效单据，注册会计师要用一个替代的随机数与新的收据样本对应。

② 未使用或不适用的单据。注册会计师对未使用或不适用单据的考虑与无效单据类似，用另一笔交易替代该项目，以测试相关的控制。

③ 对总体的估计出现错误。如果注册会计师高估了总体规模和编号范围，选取的样本中超出实际编号的所有数字都被视为未使用单据。在这种情况下，注册会计师要用额外的随机数代替这些数字，以确定对应的适当单据。

④ 在结束之前停止测试。有时注册会计师可能在对样本的第一部分进行测试时发现大量偏差。在这种情况下，注册会计师要重估重大错报风险，并考虑是否有必要继续进行测试。

⑤ 无法对选取的项目实施检查。有时被测试的控制只在部分样本单据上留下了运行证据，如果找不到该单据，或由于其他原因无法对选取的项目实施检查，注册会计师可能无法使用替代程序测试控制是否适当运行；如果注册会计师无法对选取的项目实施计划的审计程序或适当的替代程序，就要考虑在评价样本时将该样本项目视为控制偏差。另外，注册会计师要考虑造成该限制的原因，以及该限制可能对其了解内部控制和评估重大错报风险产生的影响。

3）评价样本结果阶段

（1）计算总体偏差率。将样本中发现的偏差数量除以样本规模，就计算出样本偏差率。样本偏差率就是注册会计师对总体偏差率的最佳估计，因而在控制测试中不需另外推断总体偏差率。

（2）分析偏差的性质和原因。分析发生偏差是有意的还是无意的，是误解了规定还是粗心大意，是经常发生还是偶然发生，是系统的还是随机的。

（3）得出总体结论。在实务中，注册会计师使用统计抽样方法时通常使用公式、表格或计算机程序直接计算在确定的信赖过度风险水平下可能发生的偏差率上限，即估计的总体偏差率与抽样风险允许限度之和。

① 使用统计公式评价样本结果。假定本例中，注册会计师对 56 个项目实施了既定的审计程序，且未发现偏差，则在既定的可接受信赖过度风险下，根据样本结果计算总体最大偏差率如下：

$$总体偏差率上限(MDR) = \frac{R}{n} = \frac{风险系数}{样本量} = \frac{2.3}{56} \approx 4.1\%$$

其中的风险系数（根据可接受的信赖过度风险为 10%，且偏差数量为 0）在控制测试常用的风险系数表中查得为 2.3。表 3-8 列示了在控制测试中常用的风险系数。

这意味着，如果样本量为 56 且无一例偏差，总体实际偏差率超过 4.1% 的风险为 10%，那么有 90% 的把握保证总体实际偏差率不超过 4.1%。由于注册会计师确定的可容忍偏差率为 7%，所以可以得出结论，总体的实际偏差率超过可容忍偏差率的风险很小，总体可以接受。也就是说，样本结果证实注册会计师对控制运行有效性的估计和评估的重大错报风险水平是适当的。

表 3-8 控制测试中常用的风险系数表

预期发生偏差的数量	信赖过度风险	
	5%	10%
0	3.0	2.3
1	4.8	3.9
2	6.3	5.3
3	7.8	6.7
4	9.2	8.0
5	10.5	9.3
6	11.9	10.6
7	13.3	11.8
8	14.5	13.0
9	15.7	14.2
10	17.0	15.4

如果在 56 个样本中有两个偏差,则在既定的可接受信赖过度风险下,按照公式计算的总体偏差率上限如下:

$$总体偏差率上限(MDR)=\frac{R}{n}=\frac{风险系数}{样本量}=\frac{5.3}{56}\approx 9.5\%$$

这意味着,如果样本量为 56 且有两个偏差,总体实际偏差率超过 9.5% 的风险为 10%。在可容忍偏差率为 7% 的情况下,注册会计师可以得出结论,总体的实际偏差率超过可容忍偏差率的风险很大,因而不能接受总体。也就是说,样本结果不支持注册会计师对控制运行有效性的估计和评估的重大错报风险水平。注册会计师应当扩大控制测试范围,以证实初步评估结果;或提高重大错报风险评估水平,并增加实质性程序的数量;或者对影响重大错报风险评估水平的其他控制进行测试,以支持计划的重大错报风险评估水平。

② 使用样本结果评价表评价结果。注册会计师也可以使用样本结果评价表评价统计抽样的结果。表 3-9、表 3-10 列示了可接受的信赖过度风险为 5% 和 10% 时的总体偏差率上限。

表 3-9 控制测试中统计抽样结果评价——信赖过度风险为 5% 时的偏差率上限

样本规模	实际发现的偏差数										
	0	1	2	3	4	5	6	7	8	9	10
25	11.3	17.6	*	*	*	*	*	*	*	*	*
30	9.5	14.9	19.6	*	*	*	*	*	*	*	*
35	8.3	12.9	17.0	*	*	*	*	*	*	*	*
40	7.3	11.4	15.0	18.3	*	*	*	*	*	*	*
45	6.5	10.2	13.4	16.4	19.2	*	*	*	*	*	*
50	5.9	9.2	12.1	14.8	17.4	19.9	*	*	*	*	*
55	5.4	8.4	11.1	13.5	15.9	18.2	*	*	*	*	*
60	4.9	7.7	10.2	12.5	14.7	16.8	18.8	*	*	*	*

续表

样本规模	实际发现的偏差数										
	0	1	2	3	4	5	6	7	8	9	10
65	4.6	7.1	9.4	11.5	13.6	15.5	17.4	19.3	*	*	*
70	4.2	6.6	8.8	10.8	12.6	14.5	16.3	18.0	19.7	*	*
75	4.0	6.2	8.2	10.1	11.8	13.6	15.2	16.9	18.5	20.0	*
80	3.7	5.8	7.7	9.5	11.1	12.7	14.3	15.9	17.4	18.9	*
90	3.3	5.2	6.9	8.4	9.9	11.4	12.8	14.2	15.5	16.8	18.2
100	3.0	4.7	6.2	7.6	9.0	10.3	11.5	12.8	14.0	15.2	16.4
125	2.4	3.8	5.0	6.1	7.2	8.3	9.3	10.3	11.3	12.3	13.2
150	2.0	3.2	4.2	5.1	6.0	6.9	7.8	8.6	9.5	10.3	11.1
200	1.5	2.4	3.2	3.9	4.6	5.2	5.9	6.5	7.2	7.8	8.4

注：1."＊"超过20%。

2. 本表以百分比表示偏差率上限。本表假设总体足够大。

3. 资料来源：AICPA Audit and Accounting Guide：Audit Sampling(2005)。

表 3-10 控制测试中统计抽样结果评价——信赖过度风险为 10% 时的偏差率上限

样本规模	实际发现的偏差数										
	0	1	2	3	4	5	6	7	8	9	10
20	10.9	18.1	*	*	*	*	*	*	*	*	*
25	8.8	14.7	19.9	*	*	*	*	*	*	*	*
30	7.4	12.4	16.8	*	*	*	*	*	*	*	*
35	6.4	10.7	14.5	18.1	*	*	*	*	*	*	*
40	5.6	9.4	12.8	16.0	19.0	*	*	*	*	*	*
45	5.0	8.4	11.4	14.3	17.0	19.7	*	*	*	*	*
50	4.6	7.6	10.3	12.9	15.4	17.8	*	*	*	*	*
55	4.1	6.9	9.4	11.8	14.1	16.3	18.4	*	*	*	*
60	3.8	6.4	8.7	10.8	12.9	15.0	16.9	18.9	*	*	*
70	3.3	5.5	7.5	9.3	11.1	12.9	14.6	16.3	17.9	19.6	*
80	2.9	4.8	6.6	8.2	9.8	11.3	12.8	14.3	15.8	17.2	18.6
90	2.6	4.3	5.9	7.3	8.7	10.1	11.5	12.8	14.1	15.4	16.6
100	2.3	3.9	5.3	6.6	7.9	9.1	10.3	11.5	12.7	13.9	15.0
120	2.0	3.3	4.4	5.5	6.6	7.6	8.7	9.7	10.7	11.6	12.6
160	1.5	2.5	3.3	4.2	5.0	5.8	6.5	7.3	8.0	8.8	9.5
200	1.2	2.0	2.7	3.4	4.0	4.6	5.3	5.9	6.5	7.1	7.6

注：1."＊"超过20%。

2. 本表以百分比表示偏差率上限。本表假设总体足够大。

3. 资料来源：AICPA Audit and Accounting Guide：Audit Sampling(2005)。

在本例中，注册会计师应当选择表3-10评价样本结果。样本规模为56，注册会计师可以选择样本规模为55的那一行。当样本中未发现偏差时，应选择偏差数为0的那一列，两者交叉处的4.1%即为总体的偏差率上限，与利用公式计算的结果4.1%相等。此时，由于总体偏差率上限小于本例中的可容忍偏差率7%，总体可以接受。也就是说，样本结果证实注册会计师对控制运行有效性的估计和评估的重大错报风险水平是适当的。

当样本中发现两个偏差时，应选择偏差数为2的那一列，两者交叉处的9.4%即为总体的偏差率上限，与利用公式计算的结果9.5%相近。此时，总体偏差率上限大于可容忍偏差率，因此不能接受总体。也就是说，样本结果不支持注册会计师对控制运行有效性的估计和评估的重大错报风险水平。

2. 在控制测试中使用非统计抽样

在控制测试中使用非统计抽样时，抽样的基本流程和主要步骤与使用统计抽样时基本相同。注册会计师首先必须确定测试目标和审计程序，然后根据测试目标定义总体、抽样单元、偏差和测试期间。通常注册会计师还应识别与拟测试控制相关的交易和账户及其认定，为之后的实质性程序做准备。在非统计抽样中，注册会计师必须考虑可接受的抽样风险、可容忍偏差率、预计总体偏差率及总体规模等，但可以不对其量化，而只进行定性的估计。

通常，人工控制比自动化控制所需测试的样本要多，表3-11列示了人工控制下样本规模的确定办法。

表3-11 人工控制下最低样本规模表

控制执行频率	控制发生总次数/次	最低样本数量
1次/年度	1	1
1次/季度	4	2
1次/月度	12	3
1次/周	52	5
1次/日	250	20
每日数次	大于250	25

例如，某单位该年发生了500笔采购业务，根据表3-11，最少需要25个样本。如果这25个样本中没有偏差，则可以接受，认为控制得到了有效运行；如果发现了一个偏差，则可以采取再测试25个样本或增加实质性程序的方法进行确证。

3. 记录抽样程序

注册会计师应当记录所实施的审计程序，以形成审计工作底稿。在控制测试中使用审计抽样时，注册会计师通常记录下列内容：

（1）对所测试的设定控制的描述。

（2）抽样的目标，包括与重大错报风险评估的关系。

（3）对总体和抽样单元的定义，包括注册会计师如何考虑总体的完整性。

(4) 对偏差的构成条件的定义。
(5) 信赖过度风险、可容忍偏差率，以及在抽样中使用的预计总体偏差率。
(6) 确定样本规模的方法。
(7) 选样方法。
(8) 对如何实施抽样程序的描述，以及样本中发现的偏差清单。
(9) 对样本的评价及总体结论摘要。

对样本的评价和总体结论摘要可能包含样本中发现的偏差数量、对注册会计师如何考虑抽样风险的解释，以及关于样本结果是否支持计划的重大错报风险评估水平的结论。工作底稿中还可能记录偏差的性质、注册会计师对偏差的定性分析，以及样本评价结果对其他审计程序的影响。

4. 控制测试中其他实用抽样方法

控制测试中其他实用抽样方法其实也是属性抽样，同样可归属于统计抽样和非统计抽样，只不过它们在工作组织和程序上更简明实用，形成了固定抽样模式，习惯了这种做法和叫法而已。

1）固定样本量抽样法

固定样本量抽样法是指在设定的预计总体偏差率、可容忍误差和信赖过度风险下，计算出需要检查的样本量，通过一定方法（随机数表、系统抽样、人工控制等）选取样本，对样本实施审计程序，评价样本结果，得出总体是否可以接受的抽样方法。其操作过程如下所述：

(1) 确定审计目标：验收单与发票核对后获准支付货款。
(2) 定义误差：未附验收单据的发票；二者不相匹配；所载数量不符。
(3) 确定审计对象总体：前10个月的单据。
(4) 选取样本方法：随机数表。
(5) 确定样本量：由前三年的实际总体偏差率分别是 0.5%、0.9%、0.7%，结合今年情况，将预计总体误差率定为 1%，可容忍误差为 6%，信赖过度风险为 5%。查表 3-6 知样本量为 78。
(6) 选样并实施审计程序，假设查出的误差为 1 个，且没有发现舞弊或逃避内部控制的情况。
(7) 评价：偏差为 1 时查表 3-8，对应风险系数为 4.8，则

$$总体偏差率上限（MDR）=\frac{R}{n}=\frac{风险系数}{样本量}=\frac{4.8}{78}\approx 6.15\%$$

高于且接近可容忍误差 6%，故总体是不可以接受的，应适当增加样本量进行进一步检查。

2）停走抽样法

停走抽样法是指为避免选择过多的样本而降低审计效率，从预计总体误差为零开始，边抽样边评价的方法。例如，设定预计总体误差率为 0，可容忍误差率为 6%，信赖过度风险为 5%。查表 3-6 知样本量为 49。

(1) 若没有发现误差，则直接做结论。
(2) 若发现了 1 个误差，则不能有 95% 的可信赖程度保证总体误差不超过 6%。

(3) 增加样本量，用样本误差率代替预计误差率为 2%(1/49)，可容忍误差率为 6%，可靠程度仍为 95%，查样本量表知样本量为 127，因此，应增加样本量为 78(127－49)。

(4) 若没有新的差错发现，则可做结论；否则，继续重复上一个过程，直到总体可以接受。

3) 发现抽样法

这种方法是假定如果总体偏差率高于或等于某一特定比率，那么在既定的可信赖程度下，至少可以找出一个偏差。如果发现了一个偏差，则停止抽样，开展全面审查。例如，设定预期总体偏差率为 0，然后对样本进行检查，只要发现一个偏差，就应停止抽样而执行全面审查。如果没有发现偏差，则可以得出总体偏差率可以接受的结论。

这种方法一般在预计控制高度有效时使用，适用于有舞弊性质的重大偏差或非法事件的调查，如有人举报某职员贪污公款、冒领工资等。

3.2.2 审计抽样在细节测试中的应用

1. 在细节测试中使用统计抽样

注册会计师在细节测试中使用的统计抽样方法主要包括传统的变量抽样法和概率比例规模抽样法(以下简称 PPS 抽样)。

1) 变量抽样法

变量抽样主要包括 3 种具体的方法：均值估计抽样、差额估计抽样和比率估计抽样。每种方法推断总体错报的方法各不相同。

(1) 均值估计抽样。均值估计抽样是指通过抽样审查确定样本的平均值，再根据样本平均值推断总体的平均值和总值的一种变量抽样方法。使用这种方法时，注册会计师先计算样本中所有项目审定金额的平均值，然后用这个样本平均值乘以总体规模，得出总体金额的估计值。总体估计金额和总体账面金额之间的差额就是推断的总体错报。例如，注册会计师从总体规模为 1 000、账面金额为 1 000 000 元的存货项目中选择了 200 个项目作为样本。在确定了正确的采购价格并重新计算了价格与数量的乘积之后，注册会计师将这 200 个样本项目的审定金额加总后除以 200，确定样本项目的平均审定金额为 980 元。然后计算估计的存货余额为 980 000 元(980 元×1 000)。推断的总体错报就是 20 000 元(1 000 000 元－980 000 元)。

(2) 差额估计抽样。差额估计抽样是以样本实际金额与账面金额的平均差额来估计总体实际金额与账面金额的平均差额，然后再以这个平均差额乘以总体规模，从而求出总体的实际金额与账面金额的差额(即总体错报)的一种方法。差额估计抽样的计算公式如下：

$$平均错报＝样本实际金额与账面金额的差额÷样本规模$$
$$推断的总体错报＝平均错报×总体规模$$

使用这种方法时，注册会计师先计算样本项目的平均错报，然后根据这个样本平均错报推断总体。例如，注册会计师从总体规模为 1 000 的存货项目中选取了 200 个项目进行检查。总体的账面金额总额为 1 040 000 元。注册会计师逐一比较这 200 个样本项目的审定金额和账面金额并将账面金额(208 000 元)和审定金额(196 000 元)之间的差异加总，本例中为 12 000 元。12 000 元的差额除以样本项目个数 200，得到样本平均错报 60 元。然后注册会计师用这个平均错报乘以总体规模，计算出总体错报为 60 000 元(60 元×1 000)。

(3) 比率估计抽样。比率估计抽样是指以样本的实际金额与账面金额之间的比率关系来估计总体实际金额与账面金额之间的比率关系,然后再以这个比率去乘总体的账面金额,从而求出估计的总体实际金额的一种抽样方法。比率估计抽样法的计算公式如下:

比率＝样本审定金额÷样本账面金额

估计的总体实际金额＝总体账面金额×比率

推断的总体错报＝估计的总体实际金额－总体账面金额

如果上例中注册会计师使用比率估计抽样,样本审定金额合计与样本账面金额的比例则约为 0.94(196 000 元÷208 000 元)。注册会计师用总体的账面金额乘以该比例 0.94,得到估计的存货余额 977 600 元(1 040 000 元×0.94)。推断的总体错报则为 62 400 元(1 040 000 元－977 600 元)。

如果未对总体进行分层,注册会计师通常不使用均值估计抽样,因为此时所需的样本规模可能太大,以至于对一般的审计而言不符合成本效益原则。比率估计抽样和差额估计抽样都要求样本项目存在错报。如果样本项目的审定金额和账面金额之间没有差异,这两种方法使用的公式所隐含的机理就会导致错误的结论。如果注册会计师决定使用统计抽样,且预计只发现少量差异,就不应使用比率估计抽样和差额估计抽样,而考虑使用其他的方法替代,如均值估计抽样或 PPS 抽样。

设计传统变量抽样所需的数学计算,包括样本规模的计算,对于手工应用来说显得复杂且困难。注册会计师在使用传统变量抽样时通常运用计算机程序确定样本规模,一般无须懂得这些方法所用的数学公式。注册会计师在确定样本规模时要考虑可容忍错报和误受风险,有时也需要考虑误拒风险。

2) 概率比例规模抽样法(PPS 抽样法)

PPS 抽样是一种运用属性抽样原理对货币金额而不是对发生率得出结论的统计抽样方法。该方法以货币单位作为抽样单元进行选样,有时也称为金额加权抽样、货币单位抽样、累计货币金额抽样或综合属性变量抽样等。此抽样方法之所以得名,是因为总体中每一余额或交易被选取的概率与其账面金额(规模)成比例。下面举例说明在测试高估错报时使用 PPS 抽样的主要步骤和方法。

假定注册会计师在审计 ABC 公司时,认为该公司的收入存在高估错报,拟使用 PPS 抽样方法测试该公司 20××年收入交易的真实性,账面记载发生收入笔数 3 000 笔,收入总额 3 000 000 元。每笔收入的发生情况见表 3-12。

表 3-12 ABC 公司收入发生情况   单位:元

收入笔数	每笔金额									合计
第 1～10 笔	1 000	500	15 000	200	300	50 000	28 000	1 000	600	400	97 000
第 11～20 笔	100 000	100	7 000	200	100	700	900	10 000	30 000	5 000	154 000
第 21～30 笔	50	150	500	300	9 000	1 200	8 800	320	280	400	21 000
第 31～40 笔	80 000	2 000	100	600	7 000	400	900	4 800	20	780	96 600
…	…	…	…	…	…	…	…	…	…	…	…
第 2 991～3 000 笔	…	…	…	…	…	…	…	…	…	…	…
合计	…	…	…	…	…	…	…	…	…	…	3 000 000

同时，注册会计师确定的可接受误受风险为5%，可容忍错报为60 000元，预计总体错报为0。

(1) 确定总体和货币抽样单元。应用PPS抽样时，抽样总体为货币收入总额3 000 000元，抽样单元为货币单元，每一元货币即为一个抽样单元，共3 000 000个货币抽样单元。

(2) 确定样本规模：使用样本规模公式确定所需的样本规模。

样本规模＝总体账面价值×风险系数÷［可容忍错报－(预计总体错报×扩张系数)］
       ＝3 000 000×3.0÷［60 000－0×1.6］＝150

其中：风险系数通过查表3-8为3.0；扩张系数在误受风险为5%时，查表3-13可得其值为1.6。

表3-13 预计总体错报的扩张系数表

误受风险	1%	5%	10%	15%	20%	25%	30%	37%	50%
扩张系数	1.9	1.6	1.5	1.4	1.3	1.25	1.2	1.15	1.0

(3) 选取货币单元样本。首先，按收入情况表所列顺序逐笔累计收入，形成收入累计情况表，见表3-14。其次，确定抽样间隔。抽样间隔＝3 000 000÷150＝20 000。然后，确定随机起点，抽取样本。假设从随机数表中抽取，确定起点为800，则选取的货币抽样单元依次为800、20 800、40 800……

表3-14 收入逐笔累计情况表

收入笔数	逐笔累计金额情况									
第1～10笔	1 000	1 500	16 500	16 700	17 000	67 000	95 000	96 000	96 600	97 000
第11～20笔	197 000	197 100	204 100	204 300	204 400	205 100	206 000	216 000	246 000	251 000
第21～30笔	251 050	251 200	251 700	252 000	261 000	262 200	271 000	271 320	271 600	272 000
第31～40笔	352 000	354 000	354 100	354 700	361 700	362 100	363 000	367 800	367 820	368 600
…	…	…	…	…	…	…	…	…	…	…
第2 991～3 000笔	…	…	…	…	…	…	…	…	…	3 000 000

(4) 确定选取货币样本单元对应的交易样本单元。根据选取的货币样本单元，依次确定应测试的交易样本单元。依次选取的交易样本单元为第1笔收入(800元包含在第1笔业务收入1 000元之中)、第6笔收入(20 800、40 800、60 800均包含在第6笔时的累计收入之中)、第7笔收入(80 800包含于第7笔时的累计收入之中)、第11笔收入(10 800、120 800、140 800、160 800、180 800均包含于第11笔时的累计收入之中)、第13笔收入(200 800包含于第13笔业务时的累计收入之中)、第19笔业务(220 800和240 800包含于第19笔业务时的累计收入之中)、第25笔收入(260 800包含于第25笔业务时的累计收入之中)、第31笔收入(280 800、300 800、320 800、340 800包含于第31笔业务时的累计收入之中)、第35笔收入(360 800包含于第35笔业务时的累计收入之中)……

货币样本单元相关的实物或交易样本单元之间的关系体现为：一是可能会出现多个货币抽样单元对应一个实物或交易测试单元，这样就会出现货币抽样单元一般会比实物或交易抽样单元多。如选取的第6笔、第11笔、第19笔、第31笔作为测试交易单元时，就体现了这一特点。二是单笔实物或交易金额较大的情况下,更容易抽中作为测试单元,而单笔实物或交易相对较小时,其抽中的概率相对偏小。如选取上述第6笔、第11笔、第19笔、第31笔作为测试单元也体现了这一特点,这也是PPS抽样能运用属性抽样原理对货币金额而不是对发生率得出结论的原因。

(5) 计算错报比例。假设在样本中发现了两个错报,一个错报是账面金额为10 000元的项目有1 000元的高估,另一个错报是账面金额为20 000元的项目有6 000元的高估,则最高错报比例为0.3(6 000÷20 000),第二高错报比例为0.1(1 000÷10 000)。

(6) 计算总体错报上限。其计算公式如下:

总体错报上限＝基本界限＋第一个错报所增加的错报上限＋第二个错报所增加的错报上限

则:

基本界限＝3 000 000×3.0÷150×1＝60 000(元)

第一个错报所增加的错报上限＝3 000 000×(4.75－3.0)÷150×0.3＝10 500(元)

第二个错报所增加的错报上限＝3 000 000×(6.30－4.75)÷150×0.1＝3 100(元)

故总体错报上限＝60 000＋10 500＋3 100＝73 600(元)

上式计算中的风险系数是在可接受误受风险为5%,预计总体错报偏差为0、1、2时的风险系数,通过查表3-8可得。总体错报上限的计算表明,有95%的把握认为收入发生额中的错报不超过73 600元。

(7) 做出结论。由于73 600元超过了可容忍错报60 000元,所以不能接受账面金额,要扩大样本规模进行进一步检查。

2. 在细节测试中使用非统计抽样示例

(1) 资料。假设××会计师事务所的注册会计师使用非统计抽样方法测试ABC公司20××年12月31日应收账款余额的存在性和总价值。ABC公司20××年12月31日共有905个应收账款账户,借方余额共计4 250 000元。这些账户余额在10～140 000元。另有40个贷方余额账户,共计5 000元。注册会计师做出下列判断:

① 确定的可容忍错报为125 000元,预计应收账款的错报为35 000元。

② 将应收账款贷方余额作为预收账款单独测试。

还有一些其他信息如下:

① 总体中有5个金额超过50 000元的账户,共计500 000元。注册会计师决定对这5个账户进行100%检查,并将其排除在准备抽样的总体之外。总体还包含900个其余的借方余额,共计3 750 000元。

② 通过分析程序,注册会计师合理确信,应收账款不存在重大的低估。

③ 注册会计师没有对应收账款的存在性与计价认定实施与函证目标相同的其他实质性程序。

(2) 确定样本规模。注册会计师在确定样本规模时需考虑下列因素:

① 总体的变异性。注册会计师根据总体项目的账面金额,将总体分为两组。第一组由250个余额大于或等于5 000元的账户组成(账面金额总计2 500 000元),第二组由余额小于5 000元的其余账户组成(账面金额总计1 250 000元)。

② 保证系数。注册会计师使用保证系数表(表3-15)查得的保证系数为2.7。选择这一

保证系数的依据是：评估的重大错报风险水平为"高"，而且由于注册会计师没有计划实施其他实质性程序以实现相同的目标，其他实质性程序不能发现重大错报的风险为"最高"。

表 3-15 保证系数表

评估的重大错报风险	其他实质性程序未能发现重大错报的风险			
	最高	高	中	低
最高	3.0	2.7	2.3	2.0
高	2.7	2.4	2.0	1.6
中	2.3	2.1	1.6	1.2
低	2.0	1.6	1.2	1.0

③ 可容忍错报。如前所述，确定的可容忍错报金额为 125 000 元。

④ 预计错报。如前所述，预计错报为 35 000 元。

注册会计师使用下列算式估计样本规模：

$$3\ 750\ 000 \div 125\ 000 \times 2.7 = 81(个)$$

注册会计师决定将这个样本在两组之间分配，以使每组的样本数量大致与该组账户的账面金额成比例。因此，注册会计师从第一组（账面金额大于或等于 5 000 元的账户余额）中选取 81 个账户余额中的 54 个，从第二组（账面金额小于 5 000 元的账户余额）中选取剩余的 27 个账户余额。

(3) 汇总样本审计结果。注册会计师向 81 个账户余额被选取的客户和百分之百检查组中 5 个客户寄发了询证函，共 86 份询证函。收到了 71 份已填写的回函。通过替代程序，注册会计师能够合理确信未回函的 15 个账户余额是真实的应收账款，没有错报。在 71 份回函中，有 3 个客户表示其余额被高估。注册会计师进一步调查了这些余额，结论是它们的确存在错报，并确定这些错报是由会计流程中的普通错误所导致的。样本结果摘要见表 3-16。

表 3-16 样本结果摘要　　　　　　　　　　　　　　单位：元

组	账面金额	样本账面金额	样本审定金额	高估金额
百分之百检查	500 000	500 000	499 000	1 000
5 000 元及以上	2 500 000	739 000	732 700	6 300
5 000 元以下	1 250 000	62 500	61 750	750
合　计	4 250 000	1 301 500	1 293 450	8 050

(4) 推断总体错报。

① 进行百分之百检查的项目没有使用抽样。因此，来自这些项目的所有错报都代表已知错报。由于 ABC 公司已同意更正这 1 000 元错报，注册会计师在评价财务报表整体是否存在重大错报时不需要考虑这些项目。

② 对于"5 000 元及以上"组，注册会计师计算出样本中包含了该组账面金额的 29.56%（739 000 元÷2 500 000 元），然后用该组样本错报金额除以 29.56%，以推断该组总体错报。所计算的推断错报约为 21 300 元（6 300 元÷29.56%）。同样，对于"5 000 元以下"组，注册会计师计算出样本中包含了该组账面金额的 5%（62 500 元÷1 250 000 元），推断的

错报是15 000元(750元÷5%)。因此,根据样本项目推断的错报总额为36 300元(21 300元+15 000元)。ABC公司管理层同意更正已发现的7 050元错报,因此剩余的推断错报变为29 250元(36 300元-7 050元)。

③ 注册会计师将根据样本项目推断的错报(29 250元)与应收账款的预计错报35 000元比较,认为其假设与结果一致。然后注册会计师将推断错报总额29 250元与可容忍错报125 000元比较,认为应收账款账面余额发生的错报超过可容忍错报(125 000元)而得到上述结果的风险很小,因此,总体可以接受。也就是说,即使在其推断的错报上加上合理的抽样风险允许限度,也不会出现一个超过可容忍错报的总额。注册会计师调查了错报的性质和原因,确定它们是由笔误所导致的,因此,不代表额外的审计风险。

(5) 结论。样本结果支持应收账款账面余额。但是,注册会计师还应将根据样本结果推断的错报与其他已知和可能的错报汇总,以评价财务报表整体是否可能存在重大错报。

3.3 审计抽样技术·操作任务

吴立至运用了不同的抽样方法对该公司的存货、应收账款、主营业务收入进行了抽样分析,具体情况如下所述。

1. 存货抽样分析

他运用了均值估计抽样方法、差额估计抽样方法、比率估计抽样方法对存货进行了抽样分析,请比较三者得出的结论是否一致。

(1) 均值估计抽样。吴立至拟对该公司的存货进行抽样检查,该公司存货账面价值为8 384 400元,总体规模数量为800,其使用审计抽样模型计算的样本规模为200个,经过对200个样本逐一实施审计程序后得到样本平均审定金额10 500元,同时,在计划审计阶段确定的重要性水平为30 000元。要求:

① 采用均值估计抽样方法推断存货项目的总体金额。
② 计算推断的总体错报。
③ 根据存货项目重要性水平对其抽样结果进行评价,看总体是否存在重大错报,总体能不能接受。

(2) 差额估计抽样。吴立至拟对该公司的存货进行抽样检查,该公司存货账面价值为8 384 400元,总体规模数量为800,其使用审计抽样模型计算的样本规模为200个,这200个样本账面价值为209万元,逐一实施审计程序后得到样本审定金额210万元,同时,在计划审计阶段确定的重要性水平为30 000元。要求:

① 采用差额估计抽样方法推断存货项目的总体金额。
② 计算推断的总体错报。
③ 根据存货项目重要性水平对其抽样结果进行评价,看总体是否存在重大错报,总体能不能接受。

(3) 比率估计抽样。吴立至拟对该公司的存货进行抽样检查,该公司存货账面价值为8 384 400元,总体规模数量为800,其使用审计抽样模型计算的样本规模为200个,这200

个样本账面价值为 209 万元，逐一实施审计程序后得到样本审定金额 210 万元，同时，在计划审计阶段确定的重要性水平为 30 000 元。要求：

① 采用比率估计抽样方法计算样本比率，推断存货项目的总体金额。
② 计算推断的总体错报。
③ 根据存货项目重要性水平对其抽样结果进行评价，看总体是否存在重大错报，总体能不能接受。

2. 应收账款抽样分析

吴立至在针对该公司应收账款实施函证程序时，采用了概率比例规模抽样法（PPS 抽样法），实施的相关程序如下：

(1) 他对应收账款明细账户进行分析后，将预期存在错报的明细账户单独选出，进行函证，将其余的明细账户作为一个抽样总体，并认为在预期不存在错报的情况下 PPS 的效率更高。

(2) 他认为不需要计算抽样总体的标准差，因为 PPS 运用的是属性抽样原理。

(3) 假设样本规模为 200 个，他采用系统选取样本的方法选出了 200 个抽样单元，对应的明细账户共 190 个。在推断抽样总体中存在的错报时，他将抽样规模相应调整为 190 个。

(4) 在对选取的所有明细账户进行函证后，他没有发现错报，认定应收账款不存在重大错报。

假设你是部门经理，在进行二级复核时，要求：

(1) 针对吴立至所实施的 4 个程序，指出其做法是否正确。如不正确，简要说明理由。

(2) 指出 PPS 对实现测试应收账款完整性认定这一目标是否适用，简要说明理由（提示：零余额和负余额的账户涉及完整性）。

3. 主营业务收入抽样分析

吴立至在审计该公司主营业务收入时，为了确定该公司销售业务的真实、完整性及会计处理是否正确，决定从该公司 20××年度开具的销售发票的存根中选取若干张，核对销售合同和发运单，并检查会计处理是否符合规定。该公司 20××年开具的连续发票 4 000 张，销售发票的编号为第 2001 号到 6000 号，他从随机数表 2（表 3-17）中抽取了 10 张发票样本。

表 3-17 随机数表 2

列/行	1	2	3	4	5
1	10480	15011	01536	02011	81647
2	22368	46573	25595	85313	30995
3	24130	48360	22527	97265	76393
4	42167	93093	06243	61680	07856
5	37570	39975	81837	16656	06121
6	77921	06907	11008	42751	27756
7	99562	72905	56420	69994	98872

续表

列/行	1	2	3	4	5
8	96301	91977	05463	07792	18876
9	89759	14342	63661	10281	17453
10	85475	36857	53342	53988	53060

（1）假定他以随机数表所列数字的后 4 位与发票号码一一对应，确定第 2 列第 4 行为起点，选号路线为自上而下，自左而右，那么他选出的 10 张销售发票样本的发票号码分别为多少？

（2）如果上述 10 笔销售业务的账面价值为 1 000 000 元，审计后认定的价值为 1 000 300 元，而该年度该公司的主营业务收入为 12 420 000 元，并假定误差与账面价值不成比例关系。请运用差额估计抽样法推断该公司 20××年总体实际价值（提示：先计算平均错报，再计算估计的总体错报，最后算出估计的总体实际价值）。

项目四

了解内部控制

LIAOJIE NEIBU KONGZHI

内容环节	学习目标
相关知识	1. 了解内部控制的含义、内容和目标 2. 了解内部控制与审计程序的关系 3. 掌握内部控制的了解程序及初步风险评价与记录
操作指南	1. 了解内部控制制度设计的健全性 2. 了解主要业务控制的流程及关键控制点 3. 会运用内部控制的控制措施
操作任务	1. 能(模拟)讨论分析内部控制的实施程序和控制要点 2. 能(模拟)判断测试目标与认定目标是否存在对应关系 3. 能(模拟)描述企业常用的内部控制手段

4.1 了解内部控制·相关知识

4.1.1 内部控制的内容与目标

1. 内部控制的含义、分类和目标

内部控制是指由董事会、经理层和其他员工共同实施的，为营运效率、财务报告的可靠性和相关法规的遵守等目标的达成而提供合理保证的过程。

内部控制制度按其控制的范围和手段，可以分为内部会计控制和内部管理控制两种。内部会计控制是涉及与资产安全和会计记录的准确性、可靠性有直接联系的方法和程序。它包括授权与批准制度、记账、编制财务报表、保管资产以及内部审计等。内部管理控制是指与贯彻管理方针和提高经营效率有关的方法和程序。这些方法或程序通常只与财务记录发生间接的关系，如统计分析、经营报告、雇员培训计划和质量控制等。

建立健全内部控制是被审计单位管理当局的责任。相关内部控制一般应当实现下列目标（如图4.1所示）：

（1）企业战略。
（2）经营的效率和效果。
（3）财务报告及管理信息真实、完整和可靠。
（4）资产的安全完整。
（5）遵守法律法规及有关监管要求。

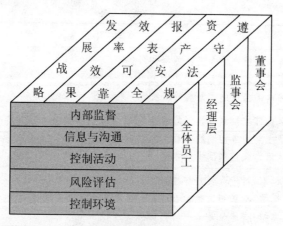

图4.1 内部控制要素及实现目标图

2. 内部控制的基本内容

内部控制由控制环境、风险评估、控制活动、信息与沟通和内部监督这5个要素组成。

（1）控制环境。控制环境是指所有控制方式与方法赖以存在与运行环境，包括诚信、道德、价值观和企业员工的竞争力；管理哲学和经营风格；管理阶层的授权方式及职责分配；

董事会的关注和指导。

（2）风险评估。风险评估是指管理层识别并采取相应行动来管理对经营、财务报告、符合性目标有影响的内部或外部风险，包括风险识别和风险分析。

（3）控制活动。控制活动是指确保管理阶层的指令得以执行的政策和程序。控制活动存在于整个组织的所有层次和所有职能部门中，包括一系列不同的活动。例如，对经营活动的审批、授权、确认、核对、审核，对资产的保护，职责分离等。

（4）信息与沟通。信息与沟通是指按照一定的方式和时间规定，识别和取得相关信息，并加以沟通，以便于及时掌握情况，更好地履行职责。

（5）监督。监督是指随着时间的推移而评估内部控制制度执行质量的过程。

内部控制建立与五大要素关系图如图 4.2 所示。

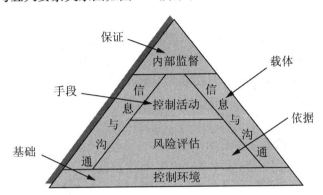

图 4.2　内部控制建立与五大要素关系图

3. 内部控制的局限

注册会计师在确定内部控制的可信赖程度时，应当保持应有的职业谨慎，充分关注内部控制的以下固有限制。

（1）内部控制的设计和运行受制于成本与效益原则。

（2）内部控制一般仅针对常规业务活动而设计；对于不经常发生或未预计到的经济业务，原有的控制可能不适用。临时控制若不及时会影响内部控制的作用。

（3）即使是设计完整的内部控制，也可能因执行人员的粗心大意、精力分散、判断失误以及对指令的误解而失效。

（4）内部控制可能因有关人员相互勾结、内外串通而失效。

（5）内部控制可能因执行人员滥用职权或屈从于外部压力而失效。

（6）内部控制可能因经营环境、业务性质的改变而削弱或失效。

正是由于以上因素，就要求注册会计师必须注意，不管被审单位内部控制设计和运行多么有效，都应对会计报表的重要账户余额或交易类别进行实质性测试。

4.1.2　内部控制与审计程序的关系

1. 报表审计中对了解内部控制的相关规定

（1）注册会计师在进行会计报表审计业务时，不论被审单位规模大小，都应当对相关的内部控制进行充分的了解。

(2) 注册会计师应根据对被审单位内部控制的了解，确定是否进行控制测试以及将要执行的控制测试的性质、时间和范围。

(3) 对被审单位内部控制的了解和测试，并非会计报表审计工作的全部内容。内部控制良好的单位，注册会计师可能评估其控制风险较低而减少实质性测试的程序，但绝不能完全取消实质性测试程序。

可见，报表审计中对内部控制了解、测试和评价的目的不是为了对被审计单位的内部控制制度设计的合理性和执行的有效性发表意见，而是服务于财务报表审计的目的，用以提高审计效率。

2. 内部控制与审计程序的具体关系

了解内部控制设计的健全性和测试内部控制执行的有效性是内部控制评价的基础。内部控制的评价结果与细节测试进一步实质性程序的审计策略密切相关，进而影响到审计效率。如果内部控制有效，表明信赖会计信息的相关内部控制，实施较低控制风险估计水平法审计策略；如果评价内部控制失效，说明不信赖会计信息的相关内部控制，则会采用主要证实法的审计策略。

内部控制与审计程序的关系如图 4.3 所示。

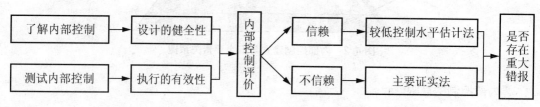

图 4.3　内部控制与审计程序的关系

4.1.3　内部控制的了解程序

1. 了解内部控制的目的和步骤

《独立审计基本准则》第十二条要求注册会计师在执行外勤审计工作时，"应当研究和评价被审单位的相关内部控制制度，据以确定实质性测试的性质、时间和范围。"该项规定的作用主要表现为两个方面：一是帮助注册会计师减少实质性测试程序，提高审计工作效率；二是通过注册会计师提出的管理建议，帮助企业进一步完善内部控制。概括地说，对被审单位内部控制的研究和评价可分为 3 个步骤：

第一步，了解内部控制情况并形成书面的记录。

第二步，实施控制测试程序，证实相关内部控制的设计和执行的效果。

第三步，评价内部控制的有效性，确定控制风险，为实质性测试作准备。

可见，了解内部控制是研究和评价内部控制的首要步骤。

2. 了解内部控制的基本方法

了解内部控制的基本方法为业务循环法，也称切块审计法，是 20 世纪 70 年代提出和运用的了解和评价企业内部控制的一种基本方法。它是将密切相关的交易种类或账户余额划为同一块,作为一个业务循环来组织安排审计工作。

3. 了解内部控制的具体内容

五大要素的具体内容不同,见表 4-1,注册会计师在了解过程中,对这 5 个方面内容的关注程度应区别对待。

表 4-1 内部控制五大要素的具体内容

要 素	具 体 内 容
控制环境	包括治理结构、机构设置及权责分配、内部审计、人力资源政策、企业文化等
风险评估	包括设置目标、风险识别、风险分析、风险应对等
控制活动	包括不相容职务分离控制、授权审批控制、会计系统控制、财产保护控制、预算控制、运营分析控制、绩效考评控制、内部报告控制、复核控制、人员素质控制等
信息与沟通	包括信息搜集、信息分析与传递、信息共享、建立反舞弊机制等
内部监督	包括日常监督、专项检查监督和评价内部控制等

4. 了解内部控制的具体程序

在会计报表审计中,注册会计师应利用自己的专业判断,结合被审单位的具体情况,设计适当的了解程序,关注被审单位重要的内部控制。对内部控制的了解一般可通过以下程序进行:

(1) 询问被审单位有关管理人员或业务人员,并查阅相关内部控制文件。
(2) 检查内部控制生成文件和记录。
(3) 观察被审单位的业务活动和内部控制的运行情况。
(4) 选择若干具有代表性的交易和事项进行"穿行测试"。
(5) 通过内部审计人员了解内部控制。

5. 记录所了解的内部控制

(1) 记录内部控制的方法。注册会计师对于调查了解到的内部控制情况应及时做适当记录。记录方法通常有记述法、调查表法和流程图法这 3 种。

① 记述法。记述法是指将调查所得的内部控制记录下来并用文字加以叙述的方法。采用这种方法时,注册会计师根据要审查的经济业务的性质,先按每一业务环节的流程向有关人员逐一询问,并记录下来,然后综合记录,形成一份文字说明材料。此种方法只适用于业务简单的小型企业。例如,××公司零星费用报销内部控制程序:经办的业务人员获取经费报销的原始凭单,根据原始凭证填制费用报销单(并将原始凭单附在费用报销单后面),经部门负责人审核签字后送交财会部门。首先由会计人员对费用报销单进行审核,审核完毕后交给出纳员据以付款并登记现金日记账,会计人员再根据相关凭证登记费用明细账和相关总账(明细账和总账分别由不同的会计人员登记)。最后,现金日记账和现金总账定期核对。

② 调查表法。调查表法就是利用预先编制、格式固定的内部控制调查表对被审单位内部控制的设计和执行情况进行记录的一种方法。这种方法通常是将影响审计目标的内部控制以

主要问题的形式提出来，其问题可以包括被审单位的控制环境、控制活动的建立和执行情况、内部控制目标的实现情况等。问卷的设计只需用"是""否"和"不适用"的简单话语进行回答，其答案交由企业有关人员或由注册会计师来填写。使用调查表法的好处是，调查范围明确，省时省力，可提高审计工作效率；如果调查表设置得当，很容易抓住内部控制的强点和弱点；它简便易行，非注册会计师也可使用。其局限性是设计一份完整的问卷并不容易，往往会花费大量的时间；被询问的人员可能猜到问题的理想答案，所以给出的答案不一定真实；如果调查的问题设置不当，就不能全面而正确地反映内部控制制度的情况。尽管调查表法存在上述缺陷，但其还是能为注册会计师提供有价值的审计信息。内部控制问题调查表示例见表4-2。

表4-2 零星费用报销内部控制问题调查表

调查问题	是	否	不适用	补充控制		备注
				是	否	
1. 经办的业务人员进行费用报销时是否填制费用报销单？						
2. 费用报销单的后面是否附有原始凭单？						
3. 费用报销单是否经领导批准后方能处理？						
4. 报销之前是否经独立的会计人员审核？						
5. 每笔业务报销后出纳是否及时登记现金日记账？						
6. 会计人员是否及时登记费用明细账？						
7. 会计人员是否平行登记相关总账？						
8. 现金日记账和总账是否定期核对？						

③ 流程图法。流程图法是采用特定的符号，辅之以简要的文字或数字，以业务流程线加以联结，将某项业务的处理程序和内部控制记录下来。流程图法是世界各国审计界记录内部控制时普遍采用的方法，包括直式流程图和横式流程图。直式流程图重点反映某一业务的各个处理步骤，但不能清晰反映业务所涉及的各个部门。而横式流程图则以水平的方式较完整地反映了一项业务所涉及的各个部门及其联系，便于了解业务处理的总体情况。流程图符号及其意义见表4-3。

表4-3 流程图符号及其意义

符号	意义	符号	意义
→	流程线	▽	暂时保存
⊢→	流程相叉	▽	长期保存
▭	凭证、卡片	✕	资料销毁
▱	账册	⊥	资料合并
▱	报表	→▭	资料进入

续表

符 号	意 义	符 号	意 义
○	作业	▭ → │	资料退出
(A) (B)	由(A)记(B)	⬠	程序接口
← — →	核对		

流程图法的优点是：形象直观，能够清晰地表示各项经济业务的处理程序和内部控制情况，并展示各个步骤之间的关系，便于进行评价。在连续审计的情况下，只要对被审单位以前的流程图按照业务的变化情况对有关线条或符号稍加修改，就可以得到新的流程图。

流程图法的缺点是：绘制流程图需要一定的技术，绘出的流程图若不能准确地反映被审单位的内部控制，就会影响工作质量。此外，流程图法也不容易确定内部控制制度的薄弱环节。

现将××公司零星费用报销内部控制程序用流程图进行记录，如图4.4所示。

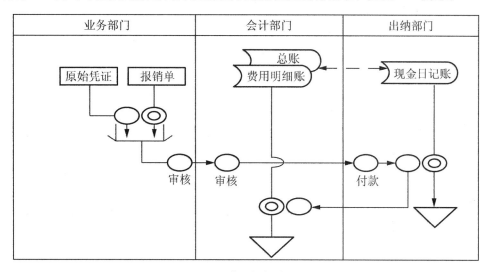

图4.4　零星费用报销内控流程图

记录内部控制并没有绝对的最佳方法，重要的是，要清晰准确地反映业务的处理过程及相应的控制措施，使之一目了然，易于理解。

（2）控制风险的初步评价和记录。注册会计师在了解内部控制以后，应对控制风险进行初步评价。初步评价实际上就是评价企业内部控制在防止、发现和纠正重要错报或漏报时是否有效的过程。

通常出现以下情况之一时，注册会计师应将重要账户或交易类别的某些或全部认定的控制风险评估为高水平：

① 企业内部控制失效。

② 注册会计师难以对内部控制的有效性做出评价。

③ 注册会计师不拟进行控制测试。

当控制风险评价为最高水平时,注册会计师只需记录这一评价结论。

对某项会计报表认定而言,如果同时出现以下情况,注册会计师则不应评价其控制风险处于高水平:

① 相关的内部控制可能防止或发现和纠正重大错报或漏报。

② 注册会计师拟进行控制测试。

当控制风险评价低于最高水平时,注册会计师还必须记录评价的依据。

4.1.4 内部控制的测试与评价程序

1. 控制测试的概念和内容

在了解了内部控制后,发现被审单位的内部控制可以信赖并且经济,就有必要进行控制测试。控制测试是为了确定被审单位内部控制的设计和执行是否有效而实施的审计程序,以便明确实质性测试的性质、范围和时间。控制测试的基本内容包括下列几个方面:

(1) 控制设计测试。控制设计测试所要解决的问题是,被审单位的控制政策和程序的设计是否得当,能不能防止、发现和更正特定会计报表认定的重大错报。例如,注册会计师了解到,被审单位的控制政策和程序要求将赊销业务必须经过信用部门的审核批准。注册会计师据此可得出结论,该项控制可避免或大大地降低应收账款"估价或分摊"认定产生错报的风险。

(2) 控制执行测试。控制执行测试所要解决的问题是,被审单位的内部控制政策和程序实际是否发挥作用。被审单位的某项控制设计得再好,如果实际上不发挥作用,也不能降低会计报表认定出现重要错报的风险。例如,在完成了对应收账款控制设计所进行的测试并认为控制设计合理之后,还应现场观察信用部门是否按要求对客户的信用等级进行评定,评定后是否签署意见。

在实务中,并不是对所有的控制都必须加以测试。为了更好地实现审计目标,注册会计师应当只对那些有助于防止或发现会计报表认定发生重大错报的控制执行测试。

2. 控制测试的种类

注册会计师可在计划阶段和实施阶段执行控制测试。在主要证实法下可能执行"同步控制测试"及"追加控制测试"。在较低的控制风险估计水平法下,必须执行"计划控制测试"。

(1) 同步控制测试是在了解内部控制的同时执行的测试。例如,在了解被审单位的预算制度是否存在的同时,询问有关预算报告以及管理当局对预算差异的处理等情况。注册会计师通过了解获得了预算制度存在并有效执行的证据。这种同步控制测试,不管是否有意设计,其获得的证据由于是在计划阶段获取的,其证据本身并不能证明某项控制政策或程序在整个被审年度均经授权和一贯地加以应用。但其好处是经济划算,还能减少稍后可能执行的追加控制测试的范围。

(2) 追加控制测试是在实施阶段执行的。在主要证实法下,执行追加控制测试是为了进一步降低注册会计师对控制风险的估计水平。换句话说,只当执行这种测试能够获得额外的证据支持进一步降低对控制风险的最初估计水平时,执行这种测试才是必要的。

（3）计划控制测试也是在实施阶段中执行的。如果在一开始就决定选用较低的控制风险估计水平审计策略，在此前提下拟进行的控制测试，当然就是计划的控制测试。执行的目的是为了证实注册会计师评价的控制风险为中（或低）水平的观点是正确的，同时也支持注册会计师对实质性测试所做的计划。

3. 控制测试的性质、范围和时间

（1）控制测试的性质。在确定了控制测试的种类后，注册会计师应进一步决定控制测试的性质，即执行测试采用什么样的审计程序。注册会计师采用的控制测试程序有：检查交易和事项的凭证；询问并实地观察未留下审计轨迹的内部控制的运行情况；重新执行相关的内部控制程序。

（2）控制测试的范围。在审计实务中，注册会计师执行控制测试的范围并不是越大越好，而是要求从最经济有效地实现审计目标的整体需求出发，合理地确定测试的范围。控制测试范围的确定有多种办法。第一种是在注册会计师对当年内部控制制度了解结果的基础上来确定。假定了解的结果是内部控制可信赖程度较高，注册会计师需执行较大范围的控制测试；假如内部控制可信赖程度中等或较低，注册会计师计划执行中等范围或较小范围的控制测试。第二种是在续约审计的情况下，可以根据以前年度审计中已进行的控制测试来确定本次控制测试的范围。若采用这种方式，先确定本年度需执行的追加范围的大小，还要考虑所使用的以前年度审计获得的有关控制证据的恰当性。另外，控制测试的范围还与采用的审计程序有关。

（3）控制测试的时间。在确定控制测试的种类、性质和范围之后，注册会计师还要决定执行控制测试的时间。追加的或计划的控制测试通常是在实施阶段中执行，并且很可能在审计年度结束前的几个月里进行，因此，这些测试将只能提供自年度开始至测试日为止这个期间控制有效的证据。而根据《独立审计基本准则》的规定，注册会计师必须取得被审会计报表所覆盖的整个年度里控制有效性的证据。因此，注册会计师还应进一步获取期中至期末的相关审计证据。

4. 控制风险的再次评价和记录

（1）再次评价控制风险时应注意的问题。注册会计师在完成控制测试以后，应根据其测试时所收集的审计证据对控制风险进行再次评价，以此确定实质性测试程序的性质、时间和范围。注册会计师再次评价控制风险时，应注意下列几个问题：

① 必须以通过了解内部控制和执行控制测试所获得的证据，作为评价的依据。
② 充分运用职业判断。
③ 必须注意到内部控制的基本要素对某特定会计报表认定的相互影响。

（2）控制风险的再次评价标准。在对控制风险进行再次评价时，将控制风险可评价为高水平，也可以评价为低水平。高水平意味着内部控制不能及时防止或者发现和纠正某项认定中的重要错报或漏报的可能性很大。如果很多认定或者所有认定的控制风险都被评价为高水平，那么就要研究是否应进一步对被审单位会计报表进行审计。

只有在确认以下事项的情况下，才能将控制风险评价为高水平：控制政策和程序与认定不相关；控制政策和程序无效；取得证据和评价控制政策和程序显得不经济。

注册会计师只有在确认以下事项的情况下,才能将控制风险评价为低水平:控制政策和程序与认定相关;通过控制测试已获得证据证明控制有效。

控制风险的估计水平既可以用高、中、低的概念加以表示,也可以将控制风险量化为百分比表示。

(3) 评价某项认定的控制风险的步骤。

① 确认该项认定可能发生哪些潜在的错报或漏报。

② 确认哪些控制可以防止或者发现和更正这些错报或漏报。

③ 执行控制测试,获取这些控制是否适当设计和有效执行的证据。

④ 评价该项认定的控制风险。

(4) 记录风险评价过程和结果。注册会计师应将控制风险的评价过程和结果记录在工作底稿中,通常的做法是:

① 控制风险评价为高水平时,只需记录这一评价结论。

② 控制风险评价为低水平时,还必须记录评价的依据。

5. 评价结果对实质性测试的影响

如前所述,注册会计师对企业内部控制了解和测试的结果,是为了对企业控制风险做出评价,然后利用该控制风险的评价结果,规划对各账户余额和交易种类进行的实质性测试。

如果注册会计师评价企业内部控制的可信赖程度高,说明控制风险低。而控制风险越低,注册会计师就可以执行越有限的实质性测试。如果内部控制的可信赖程度低,说明控制风险很高,那么,注册会计师只有依靠执行更多的实质性程序,才能控制检查风险处于低水平,进而控制审计风险处于低水平。只有这样,才能保证审计的质量。可以看出,内部控制目标与审计目标相互关联,无效的内部控制必然导致注册会计师增加实质性测试工作量。但不论固有风险和控制风险评估结果如何,均应对各重要账户或交易类别进行实质性测试。

内部控制评价与实质性测试的关系如图 4.5 所示。

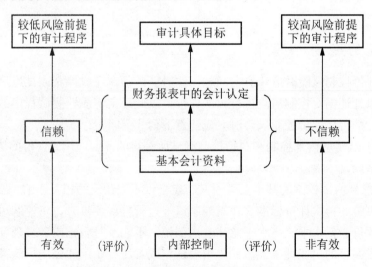

图 4.5　内部控制评价与实质性测试的关系

4.2　了解内部控制·操作指南

4.2.1　内部控制制度设计的健全性

在了解内部控制制度健全性时，应注意以下几点：

（1）要收集或检查该单位的制度是否存在书面文件，如存在书面文件则应收集或检查，并形成审计底稿。有时，被审计单位不允许复印相关文件，只需做好检查和记录即可。

（2）单位存在制度书面文件并不代表该单位执行了该制度。是否执行该制度一般通过询问和观察的审计程序获得。由于某种特殊原因，可能该制度还停留在文字状态，没有得到执行，应分析个中原因。

（3）制度书面文件只代表设计了制度，不能作为该单位内部控制失效的结论。即使没有书面文件，被审单位对某些重要事项或项目通过程序和一定手段加以控制，一样会达到控制有效的目标。

（4）制度书面文件的检查只是作为制度设计健全性的一个判断标准。没有书面制度，不代表该单位的控制风险比存在书面制度时的控制风险要小。

（5）制度设计是否健全一般从设计的全面性、合理性、合法性等方面评价。一般来说，一个行业均会形成一套适用于本行业的制度体系，在平时应该注意收集和了解，否则就无法评价其全面性。合理性和合法性要根据具体制度及其具体内容进行判断，在收集时，进行一般性填写，经过分析、研究或实施一定的测试程序后，才能完整了解其是否合理合法。

（6）是否准备测试需要根据审计目标决定，一般对与资产安全和保障会计资料真实、完整、合法相关的制度才实施测试。在实务中，一般只对涉及业务循环的主要控制制度和涉及重大事项的制度开展测试。

下面以某会计师事务所制度健全性检查为例进行说明，该公司已存在和执行的制度见表 4-4。假设在检查劳动纪律制度时，发现其原则上每个星期工作 6 天，其中星期六按加班工资计算，则认为其合理不合法，在表中简要标明；同样发现其业务档案管理制度中归档期为 1 年，与准则中归档期 6 个月不符，则既不合理又不合法。是否准备测试的选项中，尽管很多制度是企业的重要制度，但根据内控测试的目标，首先应考虑选择与企业财务信息相关和涉及财产安全的制度进行测试，如财务制度、薪酬制度、保险及福利待遇制度。此外，为了评估是否存在管理者凌驾于制度之上的情况，可以选择合伙人会议规则、业务质量控制制度、重大事项报告制度进行测试。

表 4-4　内部控制制度存在性检查工作底稿（自行设计）

制度名称	是否存在	是否执行	设计是否合法	设计是否合理	是否准备测试
事务所内部管理规则	√	√	√	√	×
事务所协议	√	√	√	√	×
事务所合伙人会议事规则	√	√	√	√	√
劳动合同书	√	√	√	√	×

续表

制度名称	是否存在	是否执行	设计是否合法	设计是否合理	是否准备测试
事务所工作时间制度	√	√	√	√	×
事务所考勤和请假制度	√	√	√	√	×
事务所员工劳动保护制度	√	√	√	√	×
事务所劳动纪律制度	√	√	每星期工作6天	√按加班工资结算	×
事务所人事管理制度	√	√	√	√	×
事务所社会保险及福利制度	√	√	√	√	√
事务所员工薪酬制度	√	√	√	√	√
事务所招聘录用制度	√	√	√	√	×
事务所财务管理制度	√	√	√	√	×
事务所业务质量控制	√	√	√	√	×
事务所业务质量控制风险评估制度	√	√	√	√	×
事务所业务质量控制执业回避制度	√	√	√	√	×
事务所业务质量控制业务承接制度	√	√	√	√	×
事务所业务质量控制重大风险事项报告制度	√	√	√	√	×
事务所业务档案管理制度	√	√	归档期1年	归档期1年	×
事务所职业道德规范守则	√	√	√	√	×
…					
全面性结论：1. 全面（ ） 2. 不全面（√） 不全面的原因（管理建议书参考）：党组织活动方面的制度及评先评优制度不存在	总结论：1. 很健全 （ ） 2. 健全 （√） 3. 比较健全（ ） 4. 不健全 （ ）				

4.2.2 主要业务控制流程和关键控制点

业务内部控制一般有明确的制度规定，制度中有两项重要的内容，即业务流程和控制措施是测试和评价内部控制必须熟知的。即使没有相关的制度，业务流程和控制措施一样是测试时必须熟知的。只有熟知业务流程和控制措施，进而针对性地测试，才能评价内部控制是否有效。了解业务的一般控制流程，识别业务的关键控制点，熟悉业务控制可识别物品（载体），是使用审计抽样技术和开展内部控制测试的基础。

1. 主要业务一般控制流程示例

（1）销售与收款循环内控中销货与退货流程图示例。分别如图4.6和图4.7所示。
（2）采购与付款常用内控流程图示例如图4.8所示。
（3）订单生产时存货及生产循环内控流程图示例如图4.9所示。

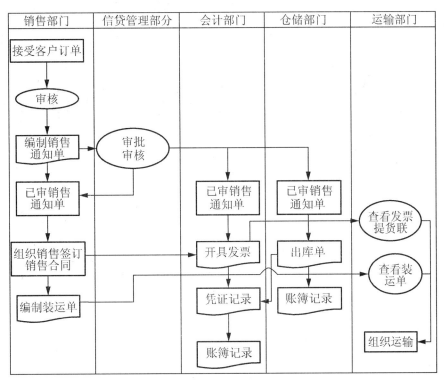

图 4.6 销货业务内部控制图示例

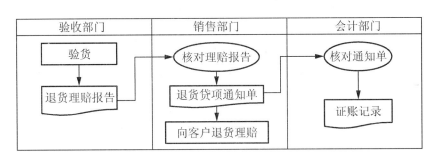

图 4.7 退货业务内部控制图示例

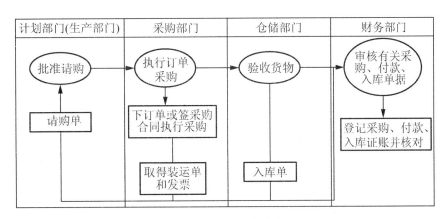

图 4.8 采购与付款内控流程图

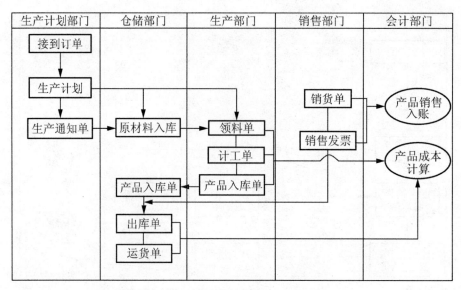

图 4.9 订单生产时存货与生产控制流程图

2. 了解业务流程的关键控制点

销售与收款业务活动涉及 5 个不同职能的部门，各部门分工协作，互相牵制。5 个部门的业务活动都有相应的具体控制目标，其设立本身说明这个地方存在关键控制点。各部门在控制活动中都留下了可追寻的踪迹（指凭证及记录等载体），这些载体可以与交易、账户余额及披露的具体认定相联系，这就为开展内部控制测试和报表项目检查提供了可能性。不同企业在业务控制中可能采用不同的控制流程，其关键控制点和载体也随之不同，在审计工作中不能照搬照套。销售与收款业务循环关键控制的识别见表 4-5。

表 4-5 销售与收款业务循环关键控制的识别

相关部门	主要业务活动	重要控制目标	控制载体（凭证及记录等物品）	相关认定
销售部门	接受订单，开具销售清单	顾客保持	订货单、销货单	发生
	根据赊销意见，开具销售清单	防止未授权发货	赊销审批单、销售单	发生
	审查退货，签退货单	及时处理退货	退货批准单	发生、准确性、完整性及财产安全
信贷管理部门	批准赊销信用	降低坏账风险	赊销审批单	应收账款净额的准确性
仓管部门	按销售单发货	防止未授权发货	销售单	发生
	按退货审批单验收货物	及时处理退货	验收单	发生、准确性、完整性及财产安全
运输部门	按销售单装运货物	防止未授权装运货	销售单、发运凭证	发生、完整性

续表

相关部门	主要业务活动	重要控制目标	控制载体(凭证及记录等物品)	相关认定
会计部门	记录销售业务涉及的账证表	会计信息的可靠性	账、证、表	发生、准确性、完整性、截止性、分类与计价
	审核原始单据及开具发票等	会计信息的可靠性、合法性	销售单和销售发票、收款凭证等	合法性
	根据销售单、装运单、商品价目表、销售发票等开具账单	确保销售发票的正确性	账单存根	准确性、完整性

本项目中只以销售与收款业务为例，说明业务的关键控制环节。其他业务循环的关键控制环节分析在项目五中探讨。

4.2.3 内部控制的常用控制措施

《企业内部控制基本规范》(2009年7月1日实施)提出七大控制措施：不相容职务分离控制、授权审批控制、会计系统控制、财产保护控制、预算控制、运营分析控制和绩效考评控制。

(1) 不相容职务分离控制。不相容职务是指那些如果由一个人担任既可能发生错误和舞弊，又可能掩盖其错误和舞弊行为的职务。例如，授权批准与业务经办、业务经办与会计记录、会计记录与财产保管、业务经办与稽核检查、授权批准与监督检查等。不相容职务分离的核心是"内部牵制"。对财务岗位、领导岗位建立强制轮换或带薪休假制度，也能起到内部牵制的作用。

(2) 授权审批控制。授权审批控制要求企业根据常规授权和特别授权的规定，明确各岗位办理业务和事项的权限范围、审批程序和相应责任。

常规授权是指日常经营管理活动中按照既定的职责和程序进行的授权。特别授权是指企业在特殊情况、特定条件下进行的授权。企业应当建立常规授权的日常管理制度，同时，规范特别授权的范围、权限、程序和责任，严格控制特别授权。企业各级管理人员应当在授权范围内行使职权和承担责任。经办人发现审批人越权审批的，应当拒绝办理并报告。

企业对于重大的业务和事项，应当实行集体决策审批或者联签制度，任何个人不得单独进行决策或者擅自改变集体决策。

(3) 会计系统控制。会计系统控制要求企业严格执行国家统一的会计准则制度，加强会计基础工作，明确会计凭证、会计账簿和财务会计报告的处理程序，保证会计资料的真实、完整。

企业应当依法设置会计机构，配备会计从业人员。从事会计工作的人员，必须取得会计从业资格证书，会计机构负责人应当具备会计师以上专业技术职务资格。

大中型企业应当设置总会计师，设置总会计师的企业不得设置与其职权重叠的副职。

(4) 财产保护控制。财产保护控制要求企业建立财产日常管理制度和定期清查制度，采取财产记录、实物保管、定期盘点、账实核对等措施，确保财产安全。企业应当严格限制未经授权的人员接触和处置财产。

（5）预算控制。预算是企业运用科学的技术手段和数量方法，对预算期的财务状况、经营成果和现金流量进行预计的总称。预算既是预测与决策的具体体现，又是控制与考核的有效依据，更是合理配置和使用有限资源，使其获得最佳生产效率和获利能力的管理方法。

预算控制要求企业实施全面预算管理制度，明确各责任单位在预算管理中的职责权限，规范预算的编制、审定、下达和执行程序，强化预算约束。

① 全面预算。全面预算是对企业资源的整合与控制的一种预算控制方法，其管理的内容如图4.10所示。它将企业的业务流、资金流、信息流和人力资源流与各种预算紧密结合起来，实现人、财、物和责、权、利等的全面管理。

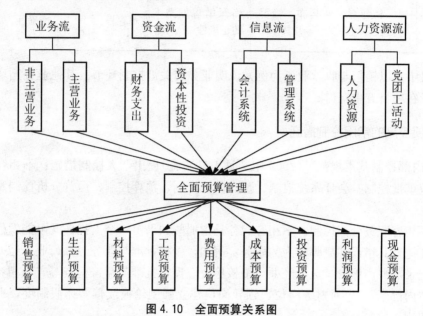

图4.10 全面预算关系图

② 其他项目预算。其他项目预算根据项目构成或项目特点进行，用以控制该项目所涉及的人、财、物，明确相关责、权、利。以销售预算为例加以说明，如图4.11所示。

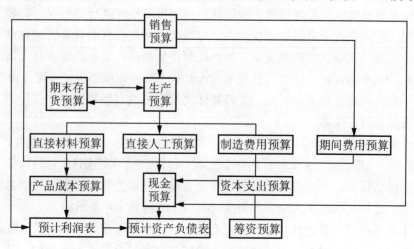

图4.11 销售预算关系图

（6）运营分析控制。运营分析控制要求企业建立运营情况分析制度，经理层应当综合运用生产、购销、投资、筹资、财务等方面的信息，通过因素分析、对比分析、趋势分析等方法，定期开展运营情况分析，发现存在的问题，及时查明原因并加以改进。

（7）绩效考评控制。绩效考评控制要求企业建立和实施绩效考评制度，科学设置考核指标体系，对企业内部各责任单位和全体员工的业绩进行定期考核和客观评价，将考评结果作为确定员工薪酬以及职务晋升、评优、降级、调岗、辞退等的依据。

企业进行综合效绩评价与分析时应用的，企业综合绩效评价指标由22个财务绩效定量评价指标和8个管理绩效定性评价指标组成。

财务绩效定量评价指标，由反映企业盈利能力状况、资产质量状况、债务风险状况和经营增长状况4个方面的8个基本指标和14个修正指标构成，用于综合评价企业财务会计报表所反映的经营绩效状况。

企业管理绩效定性评价指标，包括战略管理、发展创新、经营决策、风险控制、基础管理、人力资源、行业影响、社会贡献8个方面的指标，主要反映企业在一定经营期间所采取的各项管理措施及其管理成效。具体见表4-6。

表4-6 企业综合效绩评价指标及权重表

评价内容与权数		财务绩效(70%)				管理绩效(30%)	
评价内容	权数100	基本指标	权数100	修正指标	权数100	评议指标	权数100
一、盈利能力状况	34	净资产收益率 总资产报酬率	20 14	销售(营业)利润率 盈余现金保障倍数 成本费用利润率 资本收益率	10 9 8 7	战略管理 发展创新 经营决策 风险控制 基础管理 人力资源 行业影响 社会贡献	18 15 16 13 14 8 8 8
二、资产质量状况	22	总资产周转率 应收账款周转率	10 12	不良资产比率 流动资产周转率 资产现金回收率	9 7 6		
三、债务风险状况	22	资产负债率 已获利息倍数	12 10	速动比率 现金流动负债比率 带息负债比率 或有负债比率	6 6 5 5		
四、经营增长状况	22	销售(营业)增长率 资本保值增值率	12 10	销售(营业)利润增长率 总资产增长率 技术投入比率	10 7 5		

除上述《企业内部控制基本规范》中列举的七种典型控制措施外，还可采用预警控制、限制接近控制等其他实用控制措施。

4.3 了解内部控制·操作任务

吴立至的项目小组为了完成年报审计任务，讨论了企业五大业务循环的内控环节与要点，对助理人员进行了必要的指导，具体如下所述：

（1）小王将对该公司销售与收款业务进行控制测试，但首先应知道在这一业务循环中应该有哪些不相容职务，吴立至要求她列出该环节不相容职务清单。

（2）吴立至指导小王了解该企业的收款业务控制情况，拟绘制该公司收款业务内部流程图。请问一般收款控制的流程图是怎样的呢？

（3）吴立至将对存货与成本循环业务进行测试。请问与存货相关的内部控制环节及相应的控制手段有哪些？

（4）小李将对该公司采购与付款业务进行控制测试，吴立至要求她列出这一环节的不相容岗位清单，并列举该循环的关键控制环节和相应控制手段。

（5）根据年度财务预算，该企业20××年10月向银行借入短期借款。请问借款的内部控制环节有哪些？应实施哪些审计程序进行审计？

（6）小王将对现金支付授权控制制度进行测试，请问她绘制的零星费用控制流程图可能是怎样的？

（7）小李应知道该公司应付账款的审计目标与其财务报表认定之间的对应关系（表4-7）。

表4-7 审计目标与认定对应关系表

审计目标	财务报表认定				
	存在	完整性	权利与义务	计价与分摊	列报
1.资产负债表中记录的应付账款是存在的					
2.所有应当记录的应付账款均已记录					
3.资产负债表中所记载的应付账款是企业的现时义务					
4.应付账款以恰当的金额包括在报表中，与之相关的计价调整已恰当记录					
5.应付账款已按照企业会计准则的规定在报表中做出恰当的列报					

（8）下面是吴立至的助手小李设计的库存商品盘点计划。

库存商品盘点计划

一、库存商品监盘的目标

检查该公司20××年12月31日库存商品数量是否真实完整。

二、库存商品监盘范围

20××年12月31日所有库存商品（包括未出库库存商品）：批发仓库的库存商品、零售部的库存商品及外地销售点的库存商品。

三、监盘时间

观察与检查时间均为20××年12月31日。

四、库存商品监盘的主要程序

1. 与管理层讨论监盘计划。
2. 观察该公司盘点人员是否按照盘点计划盘点。
3. 检查相关凭证，以证实盘点截至日前所有已确认为销售但尚未装运出库的存货均已纳入盘点范围。
4. 对于存放在外地的库存商品，主要实施检查货运文件、出库记录等替代程序。

请问：

① 小李设计的计划中目标、时间、范围是否适当？如果不适当，请代吴立至指出并说明理由。

② 小李所拟实施的4个主要程序是否恰当？若不恰当，请代吴立至予以修改。

（9）吴立至的助手小王对该公司的库存现金实施监盘，她按如下程序进行：在监盘的前一天，通知厂部出纳和零售部、批发部出纳，准备第二天上午检查厂部的库存现金，下午检查批发部和零售部出纳的库存现金。监盘时，各部出纳已将现金保管到保险柜，现金收付手续及日记账的登记工作均已完成。在实施盘点时，小王当场盘点现金，填写现金盘点表，与日记账核对相符，小王在盘点表上签字，形成工作底稿。

作为项目负责人，吴立至认为小王的做法至少有5处不妥，并对小王进行了指点。请问是哪5处呢？为什么？

（10）吴立至在对该公司固定资产折旧实施了审计程序后，经过分析，认为可能存在少计折旧的情况，复核固定资产折旧计提表发现，该公司对外出租的位于商业步行街的房产未计提折旧。该处房产价值180万，应使用平均年限法按60年计提折旧。本年少计折旧3万元。经询问财务经理，此一情况得到证实并同意更正。请做出审计核算差错调整分录。

（11）吴立至对该公司应付账款明细账户审计时发现只有4家供货商，其中A公司本年采购货款为280万元，本年全部付清，没有余额；B公司采购货款为1 000万元，已付600万元，尚欠400万元；C公司采购货款为200万元，已付150万元，上年余额50万元，本年尚欠100万元；D公司为新供应商，本年采购30万元，货款均欠。

请问：

① 应实施哪些分析性程序，查找是否存在重大错报风险？

② 吴立至拟对两家供货商实施函证程序，最好选哪两家？

项目五

主要业务循环审计

ZHUYAO YEWU XUNHUAN SHENJI

内容环节	学习目标
相关知识	1. 了解业务循环的划分 2. 掌握销售与收款业务循环审计 3. 掌握采购与付款业务循环审计 4. 掌握生产与仓储业务循环审计 5. 掌握筹资与投资业务循环审计 6. 掌握货币资金项目审计
操作指南	1. 能够使用审计业务工作底稿 2. 能够编制审计业务中的调整分录
操作任务	1. 能(模拟)分析循环业务控制的有效性 2. 能(模拟)测试循环业务控制并编制业务底稿 3. 能(模拟)审计报表项目并编制工作底稿

5.1 主要业务循环审计·相关知识

5.1.1 业务循环的划分

在财务报表审计中将交易和账户余额划分为销售与收款循环、采购与付款循环、存货与仓储循环、筹资与投资循环和货币资金等业务循环。对交易和账户余额的实质性程序，既可按财务报表项目，也可按业务循环组织实施。按财务报表项目组织实施的称为分项审计方法，按业务循环组织实施的称为循环审计方法。分项审计方法具有操作方便的优点，适合对中小企业年报审计，也可在审计分工时将报表项目的审计与业务循环测试同步进行；而循环审计方法与按业务循环进行的控制测试直接联系，便于审计人员的合理分工，将特定业务循环所涉及的财务报表项目分配给一个或数个审计人员，能够提高审计工作的效率与效果。

按照各财务报表项目与业务循环的相关程度，可以建立起各业务循环与其所涉及的主要财务报表项目(本教材不涉及特殊行业的财务报表项目)之间的对应关系，具体见表5-1。

表5-1 业务循环与其所涉及的主要财务报表项目对应关系表

业务循环	涉及的资产负债表和利润表项目
销售与收款循环	应收票据、应收账款、长期应收款、预收账款、应交税费、营业收入、营业税金及附加、销售费用等
采购与付款循环	预付账款、固定资产、在建工程、工程物资、固定资产清理、无形资产、研发支出、商誉、长期待摊费用、应付票据、应付账款、长期应付款、管理费用等
生产与仓储循环	存货(包括材料采购、在途物资、原材料、材料成本差异、库存商品、发出商品、商品进销差价、委托加工物资、委托代销商品、受托代销商品、周转材料、生产成本、制造费用、劳务成本、存货跌价准备等)、应付职工薪酬、营业成本等
筹资与投资循环	交易性金融资产、应收股利、应收利息、其他应收款、其他流动资产、可供出售金融资产、持有至到期投资、长期股权投资、投资性房地产、递延所得税资产、其他非流动资产、短期借款、交易性金融负债、应付利息、应付股利、其他应付款、其他流动负债、长期借款、应付债券、专项应付款、预计负债、递延所得税负债、其他非流动负债、实收资本(或股本)、资本公积、盈余公积、未分配利润、财务费用、资产减值损失、公允价值变动损益、投资收益、营业外收入、营业外支出、所得税费用等

本项目主要业务循环包括销售与收款循环、采购与付款循环、生产与仓储循环、筹资与投资循环。货币资金循环是资金循环，与其他业务循环密不可分，对货币资金收支与管理构成了其审计的内容，也安排在本项目。

5.1.2 销售与收款业务循环审计

1. 销售与收款循环业务内部控制测试与评价

1) 销售与收款循环业务的关键控制环节及控制措施

(1) 销售业务一般流程如图5.1所示。

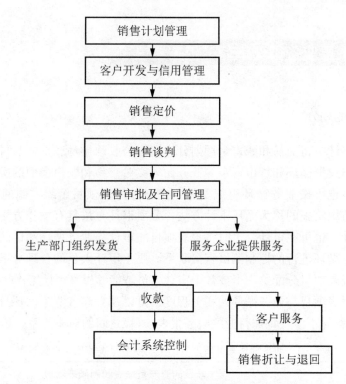

图 5.1　一般企业销售业务流程图

上图是综合不同类型企业形成的销售业务流程图,具有普适性。企业在实际操作中,应当充分结合自身业务特点和管理要求,构建和优化销售业务流程。

(2) 关键控制环节的风险及管控措施。流程的各环节构成了控制的关键环节,其主要风险及控制措施见表5-2。

表5-2　销售业务关键控制环节及控制措施

销售环节	职能描述	主要风险	控制措施
销售计划管理	根据销售预算设定具体营销方案和实施计划,以支持未来一定期间内销售额的实现	计划缺乏或不合理,或未经授权审批,导致产品结构和生产安排不合理,造成资金紧张和产品积压	包括科学制订年度销售计划和月度销售计划,并严格执行;严格履行审批程序;定期分析和调整销售计划等
客户开发与信用管理	开拓市场份额,加强现有客户维护;对潜在目标客户进行资信评估并确定具体的信用等级	客户丢失或市场拓展不利;客户资信评估体系不健全导致客户选择不当,销售款项不能收回或遭受欺诈	采用多种策略和营销方式,促进销售目标实现和提高市场占有率,建立和不断更新维护客户信用动态档案;严格根据客户信用等级和企业信用政策审批赊销限额和时限;对于境外客户和新开发客户建立严格的信用保证制度等
销售定价	商品价格的确定、调整及相应审批	定价或调价不符合价格政策使销售受损;价格未经审批或存在舞弊导致损害企业利益和形象	确定产品基准定价,定期评价产品基准价格的合理性,定价或调价需履行审批手续;授予销售部门一定限度的价格浮动权;建立并执行销售折扣折让审核批准制度等

续表

销售环节	职能描述	主要风险	控制措施
订立销售合同	与客户订立销售合同，明确双方权利和义务，以此作为开展销售活动的基本依据	合同内容存在重大疏漏和欺诈；未经授权对外订立销售合同；销售价格、收款期限等违背企业销售政策，导致企业利益受损	订立销售合同前，关注客户信用状况，明确销售定价、结算方式、权利与义务条款等相关内容，必要时吸收财会、法律等专业人员参加；建立健全销售合同订立及审批管理制度；销售合同草案审批同意后，才能与客户签订正式销售合同等
发货	根据销售合同的约定向客户提供商品	未经授权发货或发货不符合合同约定而导致货物损失、销售争议和销售款项不能收回	销售部门开具相关的销售通知交仓储部门和财会部门才能发货和记账；落实出库、计量、运输等环节的岗位责任；运输最好签订合同；做好发货各环节的记录，实现全过程的销售登记制度等
收款	企业经授权发货后与客户结算	销售款项不能收回或遭受欺诈；收款过程中存在舞弊，使企业经济利益受损	选择恰当的结算方式，明确应收票据的受理范围和管理措施；建立票据管理制度，加强商业汇票的管理；完善应收款项管理制度；收取的现金、银行本票、汇票等应及时缴存银行并登记入账；防止由销售人员直接收取款项，如必须则应由财会部门加强监控等
客户服务	建立信息沟通机制，提高产品维修、销售退回、维护升级的服务水平，提升客户满意度和忠诚度	客户服务水平低，消费者满意度不足，影响公司品牌形象，造成客户流失	建立和完善客户服务制度；设立专人或部门进行客户服务和跟踪；建立产品质量管理制度，及时与相关部门沟通协调，做好客户回访工作；建立客户投诉制度；加强销售退回控制等
会计系统控制	核算与监督经济业务，确保企业会计信息真实、准确、完整	账实、账证、账账或者账表不符影响销售收入、成本、应收款项等的真实可靠性	建立并执行会计稽核制度；建立并执行应收账款清收核查制度；建立并执行授权审批制度等

2) 销售业务控制有效性测试与评价

(1) 审计策略与控制有效性测试方式的关系与选择。不同的审计策略对内部控制有效性的依赖不同，主要证实法的依赖性小，较低的控制风险估计水平法的依赖性大，因而，在主要证实法下可能执行"同步控制测试"及"追加控制测试"。在较低的控制风险估计水平法下，必须执行"计划控制测试"。

这几种测试方法都要对控制的有效性进行测试，只是对内部控制测试所使用的程序、所涉及的范围及样本数量存在不同。"同步控制测试"多用询问、观察等程序，样本数量具有随意性，主观判断多，操作比较简单。如果一开始就决定选用较低的控制风险估计水平审计策略，那么，为了证实注册会计师评价的控制风险为中（或低）水平的观点是正确的，同时也支持注册会计师对实质性测试所做的计划，必须更多地测试内部控制，取得内部控制有效的证据，其样本量按抽样原理确定，其测试程序必须事先有所计划，并按计划加以实施。如果结论是控制有效，则实质性测试的工作量可以大大减少。这种做法就是"计划控制测试"。"追加控制测试"则只是在必要时才进行，适用在主要证实法下，需要进一步关注时才采用，其执行的程序可以多样化，样本量的多少也要根据具体情况确定。

风险基础审计方法更倾向于使用"计划控制测试"，事先对企业的控制制度、控制流程和控制措施进行了解和测试，得出控制是否有效的结论。依赖该结论，加大或减轻细节测试的力度。

(2) 内部控制测试的程序与评价结果的运用。

① 销售业务测试程序与报表相关认定不一定存在直接关系。内部控制测试的目标是对内部控制是否有效做出合理的判断，而不是对报表的合法性与公允性发表意见，也不是对交易、账户余额和披露是否符合相关认定发表意见。因此，内部控制测试所采用的程序一般不直接与细节测试的相关认定相联系。所采用的程序只用作判断被审计单位某方面的控制存在和是否有效，依据其有效性对控制风险做出评价，然后运用评价结果与报表项目审计联系起来，确定细节测试的时间、范围和安排人力资源。大部分内部控制可以独立于报表项目的细节测试，单独开展。只有涉及报表具体认定目标的那一部分控制测试项目（可以用作会计记账依据的项目或能证明的完整性认定的项目）可以与报表细节测试同步进行，并且是为了实现各自的目标。

下面以销售业务内部控制测试为例加以说明，见表5-3。表中选取各控制环节能够识别的载体进行内部控制测试，并与报表审计具体认定的适用性进行对比。应注意的是表中内部控制测试的测试目标只是举例，因为同一个载体可以设定不同的测试目标，实施不同的测试程序。比如销售账单表中设计的目标是"职责是否分离"，实施的程序是检查"编制人和核对人"，也可以设定目标为"编制程序是否合理"，实施的程序是"检查编制流程与依据"。此外，每一种载体是否与其他载体存在关联，是否需要核对，也是检查单一载体无法完成的工作。因此，实际执行内控测试时，应按照中国注册会计师协会发布的审计工作底稿编制指南的提示开展相关的测试工作，只有这样，才能节约审计时间，提高审计效率。这里只是表明内部控制测试程序与报表相关认定不一定存在直接关系，他们的关系主要体现在对内部控制有效性结论上。

表5-3 销售业务测试程序与报表相关认定之间的关系示例

控制载体(凭证、记录等物品)	存放部门	控制测试				报表相关认定的适用性
		测试目标	选样方式	检查事项或抽样单元	有效性	
销售计划书	计划部门 销售部门	控制销售进度	全部	评价合理性	有效	不适用
订单	销售部门	是否审批	抽样	签字审批	有效	不适用
销售清单	销售部门 仓储部门 运输部门	业务流程是否得到遵守	抽样	审批签字、日期、数量	有效	不适用
赊销审批单	信用部门 销售部门	授权审批是否得到遵守	抽样	审批签字、日期、客户	有效	不适用
退货审批单	销售部门 仓储部门 质检部门	流程是否得到遵守	特定选取	审批签字及日期	有效	不适用
运输单	运输部门	授权批准是否得到遵守	抽样	审批签字及发运日期	有效	完整性

续表

控制载体(凭证、记录等物品)	存放部门	控制测试				报表相关认定的适用性
		测试目标	选样方式	检查事项或抽样单元	有效性	
销售账单	会计部门	职责是否分离	特定月份	编制人和核对人	有效	完整性
发票存根	销售部门会计部门	发票是否连续编号	特定月份	编号	有效	不适用
发票记账联	会计部门	是否及时入账	特定选样	日期	有效	发生、截止、准确性、分类
现金缴款单等收款凭单	会计部门	是否及时收款送存	抽样	交款人与日期	有效	发生、准确性
证、账、表	会计部门	是否执行稽核制度	抽样	稽核人及日期	有效	发生、分类与计价、准确性

② 内部控制测试程序的运用。内部控制测试程序要根据测试项目的特点、所使用的控制措施及设定的具体测试目标进行确定。内部控制测试程序运用的示例见表5-4。

表5-4 内部控制测试程序的运用示例

测试项目或控制措施或具体目标	常用内部控制测试程序
内部环境类控制	以询问、查阅、观察程序为主
风险识别类控制	以询问、查阅、分析程序为主
制度控制	以查阅程序为主
业务流程控制	以观察、穿行测试程序为主
不相容职务分离控制	以询问、查阅和观察程序为主
授权审批控制	以查阅程序为主
会计系统控制	以询问、观察、查阅、核对、复核、分析、穿行测试程序为主
财产保护控制	以观察程序为主
预算控制	以查阅、分析程序为主
运营分析控制	以分析程序为主
绩效考评控制	以查阅程序为主
内部报告控制	以查阅程序为主
复核控制	以查阅程序为主
人员素质控制	以查阅程序为主
信息与沟通类控制	以询问、查阅、观察、穿行测试程序为主
内部监督类控制	以查阅、观察程序为主

③ 内部控制有效性评价结果的运用。对被审计单位内部控制进行测试，目的是对相关控制得出是否有效的结论。如果内部控制有效，则采用较低控制风险估计法对相关报表项目实施审计；如果内部控制不存在或失效，则采用主要证实法对相关报表项目实施审计。

3) 销售业务内部控制符合性测试与结果的记录

按照执业准则的要求，内部控制测试程序和评价结果应作为审计证据，记录于审计工作底稿。按照中国注册会计师协会提供的各类企业适用的审计工作底稿指南，销售业务内部控制符合性测试类工作底稿一般分为三级：第一级为内部控制测试程序表（也称导引表），引导审计人员按照提示的审计程序实施相应的测试；第二级为测试情况和评价结果汇总表，用以记录测试情况和测试结论；第三级是内部控制实质性测试表，用以记录测试的实施人、复核人、时间、范围、性质，选取项目的检查情况与评价结论。

该类底稿索引号以 CS1 及其分级表示，如 CS1 表示销售与收款内控测试导引表，CS1-1 表示其汇总表，而 CS1-1-1、CS1-1-2 等则表示实质性测试表。相关工作底稿见表 5-5— 表 5-10。

表 5-5 销售与收款循环符合性测试程序

单位名称：	测试人员：	日期：	索引号：CS1
截 止 日：	复核人员：	日期：	页　　次：

测试重点	常规测试程序	索引号
	1. 抽取销售发票，做如下检查 （1）核对销售发票、销售合同、销售订单所载明的品名、规格、数量、价格是否一致 （2）检查销售合同、赊销是否经核准 （3）核对相应的送货单副本，检查销售发票日期与送货日期是否一致 （4）检查销售发票中所列商品的单价并与商品价目表核对 （5）复核销售发票中列示的数量、单价和金额 （6）从销售发票追查至销售记账凭证或销售记账凭证汇总表 （7）从销售记账凭证或销售记账凭证汇总表追查至总分类账及明细账 2. 抽取一定时期内的销售发票，检查其是否连续编号，有否缺号，作废发票的处理是否正确 3. 抽取送货单，并与相关的销售发票核对，检查已发出的商品是否均已向顾客开出发票 4. 检查销售退回、折让、折扣的核准 （1）检查销售退回是否具有对方税务局开具的有关证明 （2）检查销售退回和折让是否附有按顺序编号并经主管人员核准的贷项通知单 （3）检查退回的商品是否具有仓库签发的退货验收报告 （4）检查退货商品冲销会计记录是否正确 （5）检查销售退回与折让的批准与贷项通知单的签发职责是否分离 （6）检查现金折扣是否经过适当授权，授权人与收款人的职责是否分离 5. 抽取收款凭证，做如下检查 （1）检查是否将记录收款与保管现金的职责分离 （2）检查收到货款是否开具收款收据 （3）检查是否定期核对记账、过账和送存银行的金额 （4）检查是否定期编制银行存款余额调节表，其编制人是否与出纳保持职责分离 （5）检查是否定期与顾客对账	

测试说明：

测试结论：

表 5-6　销售与收款循环符合性测试工作底稿

单位名称：　　　测试人员：　　　日期：　　　　　　　　　　　索引号：CS1-1
截 止 日：　　　复核人员：　　　日期：　　　　　　　　　　　页　次：

程序号	查验过程记录	索引号
	测试情况： 测试结论：	

表 5-7　销售与收款循环符合性测试之一——销售管理

单位名称：　　　测试人员：　　　日期：　　　　　　　　　　　索引号：CS1-1-1
截 止 日：　　　复核人员：　　　日期：　　　　　　　　　　　页　次：

会计凭证					合同					出库			退回及折让		授权			测试意见
日期	凭证编号	借方会计科目	销售单号	销售产品名称	规格	数量	单价	金额	规格	数量	单价	交货方式	交货日期	发货方式	出库日期	运单号码	仓库签收	税局退回折让单	批准人	发货通知	价格批准	赊销批准	

审计结论：

表 5-8　销售与收款循环符合性测试之二——收款管理

被审计单位名称：　　　　　索引号：CS1-1-2　　　　　页次：
审计项目名称：　　　　　　编　制：　　　　　　　　日期：
会计期间：　　　　　　　　复　核：　　　　　　　　日期：

序号	会计凭证						附件							内部控制制度评价
	日期	凭证号	经济事项	贷方科目	填制人	审核人	日期	名称	自制凭证填制人	金额计算依据	批准人	支票日期	支票金额	

评价结论：

表5-9 销售发票内控测试记录(1)

被审计单位名称：　　　　　　　　　　索引号：CS1-1-3　　　　　　　　　　页次：
审计项目名称：　　　　　　　　　　　　编　制：　　　　　　　　　　　　　　日期：
会计期间：　　　　　　　　　　　　　　复　核：　　　　　　　　　　　　　　日期：

序号	发票号	购货单位名称	发票内容					销售合同		核对		送货单		核对	会计凭证		核对	商品价目表 核对	备注
			日期	品名	规格	数量	单价	金额	日期	编号	1	2	日期	编号	3	日期	编号	4 5 6	7
1																			
2																			
3																			
4																			
…																			

核对说明
1. 与销售合同或销售订单所载明的品名、数量、金额一致
2. 销售合同及赊销经主管核准
3. 销售发票与送货单品名、数量、日期一致
4. 发票内容、金额与记账凭证一致
5. 发票销售额已正确计入销售明细账、应收账款(银行存款、现金)账
6. 应交增值税计算正确
7. 发票中商品单价与商品价目表持平

有关测试说明及结论：

表5-10 销售发票内控测试记录(2)

被审计单位名称：　　　　　　　　　　索引号：CS1-1-4　　　　　　　　　　页次：
审计项目名称：　　　　　　　　　　　　编　制：　　　　　　　　　　　　　　日期：
会计期间：　　　　　　　　　　　　　　复　核：　　　　　　　　　　　　　　日期：

送货单编号	送货单内容					发票		核对				备注
	日期	品名	规格	数量	金额	日期	编号	1	2	3	4	

核对说明
1. 品名与送货单所列一致
2. 规格与送货单所列一致
3. 数量与送货单所列一致
4. 所列发票已经核准

有关测试说明及结论：

2. 销售业务循环主要报表项目审计

1) 销售业务循环主要报表项目常用审计程序

销售与收款循环涉及的主要报表项目包括应收票据、应收账款、长期应收款、预收账款、应交税费、营业收入、营业税金及附加、销售费用等。可以将其划分为两大类：往来类与损益类。

（1）往来类报表项目常用审计程序。往来类常用审计程序是函证。只有当函证无效时，再使用其他替代程序。函证是公认审计程序（特殊情况除外）。执业准则规定，审计人员如果没有执行函证，则应在工作底稿上说明其理由：应收账款对财务报表不重要；使用函证审计程序无效（预计回函比率低）；审计人员认为重大错报风险低等。若审计客户不准许函证任何或某些应收账款，代表审计范围受到限制，应考虑受到限制的影响。

① 函证的目的。主要是应收账款余额的真实性（债务人的存在和债权记录的可靠性），也涉及准确性、计价与分摊，但不涉及完整性。

② 影响函证范围和数量的因素。包括应收账款在全部资产中的重要性；被审计单位内部控制的强弱；以前函证的结果。

③ 函证方式及其选择。函证分为积极式函证和消极式函证，两者使用时的区别见表5-11。

表5-11 积极式函证与消极式函证对比表

项目	积极式函证	消极式函证
要求	要求被询证者在所有情况下必须回函，确认询证函所列信息是否正确或填列询证函要求的信息（独立信件）	要求被询证者仅在不同意询证函列示信息的情况下才予以回函（附印顾客对账单）
运用	1. 个别账户的欠款金额较大 2. 有理由相信欠款可能存在争议、差错等问题	1. 重大错报风险为低水平 2. 涉及大量较小余额的账户 3. 预期不存在错误的账户 4. 相信债务人会认真对待函证

积极式询证函示例一

索引号：××

询证函

××公司：

本公司聘请的××会计师事务所正在对本公司20××年度财务报表进行审计，按照中国注册会计师审计准则的要求，应当询证本公司与贵公司的往来账项等事项。请列示截至20××年×月×日贵公司与本公司往来款项余额。回函请直接寄至××会计师事务所。

回函地址：　　　邮编：　　电话：　　传真：　　联系人：

1. 贵公司与本公司的往来账项列示如下：

单位：元

截止日期	贵公司欠本公司	本公司欠贵公司	备注

2. 其他事项

(被询证单位盖章)：　　　　　20××年×月×日　　　　　经办人：

本函仅为复核账目之用，并非催款结算。若款项在上述日期之后已经付清，仍请及时函复为盼。

（被审计单位盖章）
20××年××月××日

积极式询证函示例二

索引号：××

询证函

××公司：

　　本公司聘请的××会计师事务所正在对本公司20××年度财务报表进行审计，按照中国注册会计师审计准则的要求，应当询证本公司与贵公司的往来账项等事项。下列信息出自本公司账簿记录，如与贵公司记录相符，请在本函下端"信息证明无误"处签章证明；如有不符，请在"信息不符"处列明不符项目。如存在与本公司有关的未列入本函的其他项目，也请在"信息不符"处列出这些项目的金额及详细资料。回函请直接寄至××会计师事务所。

回函地址：　　　邮编：　　　电话：　　　传真：　　　联系人：

1. 本公司与贵公司的往来账项列示如下：

单位：元

截止日期	贵公司欠本公司	本公司欠贵公司	备注

2. 其他事项

本函仅为复核账目之用，并非催款结算。若款项在上述日期之后已经付清，仍请及时函复为盼。

（被审计单位盖章）
20××年×月×日

结论：

1. 信息证明无误。 （被询证单位盖章） 　　　　　　　年　月　日 　　　经办人：	2. 信息不符，请列明不符项目及具体内容。 （被询证单位盖章） 　　　　　　　年　月　日 　　　经办人：

消极式询证函示例

索引号：××

询证函

××公司：

　　本公司聘请的××会计师事务所正在对本公司20××年度财务报表进行审计，按照中国注册会计师审计准则的要求，应当询证本公司与贵公司的往来账项等事项。下列信息出自本公司账簿记录，如与贵公司记录相符，则不需回复；如有不符，请直接回函寄至××会计师事务所，并在空白处列明贵公司认为正确的信息。

回函地址：　　　邮编：　　　电话：　　　传真：　　　联系人：

1. 本公司与贵公司的往来账项列示如下：

单位：元

截止日期	贵公司欠本公司	本公司欠贵公司	备注

2. 其他事项

本函仅为复核账目之用，并非催款结算。若款项在上述日期之后已经付清，仍请及时函复为盼。

（被审计单位盖章）

20××年×月×日

××会计师事务所：

　　上面的信息不正确，差异如下：

　　④ 函证过程的控制。注册会计师应当直接控制询证函的发送和回收，对于无法投递退回的信函要进行分析，查明原因。对于采用肯定式函证方式而没有得到答复的，应采用追查程序，发第二、第三封询证函。若反复函证得不到答复，注册会计师应采用替代程序，检查与销售有关的文件，以验证这些应收账款的真实性。

　　⑤ 函证的替代程序。以应收账款为例，若多次函证未得到回函，则应考虑使用替代程序，以证实应收账款的真实性。替代程序主要是检查相关合同、赊销审批单、装运单等业务流程，检查原始凭证、记账期间、记账凭证和账簿等会计资料，检查期后应收账款收回情况等，用以核实应收账款的真实性。应收账款的替代程序工作底稿示例一见表5-12。

表5-12　应收账款替代测试表（示例一）

被审计单位：	索引号：××
项　　目：应收账款	截 止 日：
编　　制：	复　　核：
日　　期：	日　　期：

一、资产负债表日前借方金额检查

单位名称	期末余额	测试内容				占余额比例/(%)①	检查内容②				
		日期	凭证号	摘要	金额		①	②	③	④	⑤

检查内容说明：①检查相关的合同；②原始凭证是否齐全；③记账凭证与原始凭证是否相符；④账务处理是否正确；⑤是否记录于恰当的会计期间。

二、资产负债表日后的收款检查

单位名称	期末余额	测试内容				占余额比例/(%)	检查内容③			
		日期	凭证号	摘要	金额		①	②	③	④

检查内容说明：①原始凭证是否齐全；②记账凭证与原始凭证是否相符；③账务处理是否正确；④是否记录于恰当的会计期间。

审计说明：

编制说明：

①根据替代测试的审计目标，替代测试金额应能够涵盖该单位期末余额，即占余额比例不低于100%；一般不需要对贷方发生额进行替代测试。

②根据审计目标，借方金额检查内容主要包括支持被审计单位取得向被询证单位收取款项权利的审计证据，如销售发票、出库单、被询证单位签收单或验收单等，并关注上述单据日期。

③根据审计目标，日后收款检查内容主要包括支持被询证单位已于期后支付询证款项的审计证据，如银行进账单等。

⑥ 函证结果的分析与评价。对函证的回收情况和结果应进行汇总和分析，如有差异，应分析产生差异的原因：是未达账项、记账差错，还是被审计单位的舞弊行为。

若函证结果表明无审计重大差异，则可合理推论全部应收账款总体是正确的。如存在重大差异，则应估计应收账款总额中可能的累计差错数额；必要时，可扩大函证范围；甚至重新考虑过去对内部控制制度评价和控制测试结果评价是否恰当，分析程序的结果是否适当及相关风险评价是否适当。应收账款函证结果汇总表示例见表5-13。

表5-13 应收账款函证结果汇总表

被审计单位：_____　　索 引 号：_____
项　　　目：应收账款_____　　截 止 日：_____
编　　　制：_____　　复　　核：_____
日　　　期：_____　　日　　期：_____

一、应收账款函证情况列表

单位名称	项目											
	询证函编号	账面余额	回函确认金额	差异	差异调节表索引号	回函形式				函证日期	回函日期	替代测试索引
						纸质原件	传真件	电子邮件	其他介质	第一次 第二次		

二、审计说明

1. 选样方法及样本量说明

2. 对询证函保持控制的说明

3. 对以传真件或电子邮件形式收到的回函的可靠性的考虑

4. 对误差的分析、选样方法及样本量说明

误差结果分析	金额
（1）已识别的误差	
（2）推断出的总体误差（扣除已识别的误差）	

⑦ 函证的适用范围和局限性。函证的适用范围比较广，债权债务往来、银行存款、证券投资及其他投资、租赁、货物代管代销、分部财物、诉讼索赔等业务审计中均可。但函证程序在完整性认定方面具有不足之处，未入账的应收账款无法函证。相对于低估错误而言，顾客更喜欢报告高估的错误，而应收款不入账恰恰就是低估的错误，这种错误经常与侵占财产、小金库、贪污挪用相关。

（2）损益类报表项目常用审计程序。损益类审计采用的常用程序包括分析性程序和截止性测试。

① 分析性程序。分析性程序的主要目的是发生和完整性，也涉及计价与分摊。分析性程序的实施路线，以营业收入为例，其使用的主要分析性程序见表5-14。

分析性程序的适用范围很广，只要存在与之具有一定逻辑关系的基础或标准，各类报表项目均可以使用。其分析的目的主要是看是否存在异常，存在异常则必须进行下一步的审计程序，直到排除相关的疑虑为止。

② 截止性测试。"截止性测试"的目的主要是检查企业是否存在将本期的收入、费用推迟到下期入账或将本应属于下期的收入、费用等提前到本期入账，造成各期收入、费用等会计信息不符合权责发生制基础。

表 5-14 营业收入的主要分析性程序

分析程序	分析基础	实 施 方 法
对比分析	存在比较的基础或标准	以行业收入利润率等财务数据、以本企业年度计划或以前年度的收入及结构、收入毛利率、销售净利率、销售运费率、应收账款周转率等为比较标准,与本年度对应的指标进行比较分析,看是否存在异常。如存在异常,要追查原因
产能分析	本单位的基础产能	从企业主要生产设备的产能或企业购入原材料的总量等方面,分析其产生收入的最大能力,与本年度的收入对比,看是否存在异常。如存在异常,要追查原因
税费分析	与收入相关的税负反推	利用企业税负、特别是流转税与收入的关系推断收入是否异常。如存在异常,要追查原因
运用记账原理分析	建立数据逻辑关系等式	以"应收+现收-预收-销项税"大致与收入相当或收入与现金流量表中的经营活动中产生的现金流量之间的关系来分析收入的合理性。如存在异常,要追查原因

截止性测试的实施路线。截止性测试主要检查收入的发生时间与入账时间,以避免在会计信息方面作弊。发票、记账凭证、账簿和发运单都有日期的记载。可以按3条路线进行截止性测试,见表5-15。

表 5-15 销售截止性测试的三条审计路线对比

起点	路 线	目 的	优 点	缺 点
账簿记录	从报表日前后若干天的账簿记录追查至记账凭证,检查发票存根与发运凭证	以证实已入账收入是否在同期间已开具发票并发货,有无多计收入	比较直观,容易追查至相关凭证记录	缺乏全面性和连贯性,只能查出多计,无法查出漏计
销售发票	从报表日前后若干天的发票存根查至发运凭证与账簿记录	确定已开具发票的货物是否已发货并于同一会计期间确认收入,有无少计收入	较全面、连贯,容易发现少计收入	较费时费力,尤其是难以查找相应的发货记录,不易发现多计收入
发运时间	从报表日前后若干天的发运凭证查至发票开具情况与账簿记录	确定营业收入是否已记入恰当的会计期间,有无少计收入	较全面、连贯,容易发现漏计收入	较费时费力,尤其是难以查找相应的账簿记录,不易发现多计收入

截止性测试的适用范围。除收入、费用外,与收入、费用相对应的账户或报表项目,如货币资金、往来款项、存货、投资等均适用。

2)销售业务报表项目审计与结果的记录

按照执业准则的要求,报表项目审计情况和审计结论应作为审计证据,记录于审计工作底稿。按照中国注册会计师协会提供的各类企业适用的审计工作底稿指南,销售业务报表项目审计类工作底稿一般分为三级:第一级为审计程序表,引导审计人员按照提示的审计程序实施审计活动;第二级为明细账户审定表,用以记录审计实施情况和审定结论,如存在差错,也须汇总到该表中;第三级为报表项目细节测试和实质性程序表,用以记录具体项目审计的实施人、复核人、时间、范围、性质、审计情况与审计结论等。审计情况表的多少,因不同报表项目涉及的业务数量及特点不同而不同。有些情况下,如实收资本项目如果本年度没有增减情况发生,可以不需要审计情况表,直接在审定表中确认即可。

下面以应收账款及坏账准备、营业收入、营业税金及附加的审计工作底稿为例。

(1) 应收账款是负债类工作底稿,索引号以 A04 及其分级表示,如 A04 表示应收账款审计程序表,A04-1 表示其审定表,而 A04-1-1、A04-1-2 等则表示细节测试表,A04-2 则表示与应收账款密切联系的坏账准备的审定表,其细节测试表的编号则为 A04-2-1,依次列示。相关示例见表 5-16—表 5-23。

表 5-16 应收账款审计程序表

被审计单位名称:　　　　　　　　索引号:A04　　　　　　　　页次:
审计项目名称:　　　　　　　　　　编　制:　　　　　　　　　　日期:
会计期间或截止日:　　　　　　　　批　准:　　　　　　　　　　日期:

审计目标及程序	是否适用	工作底稿索引	执行人	日期
一、审计目标				
1. 确定应收账款是否存在				
2. 确定应收账款是否归被审计单位所有				
3. 确定应收账款增减变动的记录是否完整				
4. 确定应收账款是否能收回				
5. 确定应收账款年末余额是否正确				
6. 确定应收账款在会计报表上的披露是否恰当				
二、审计程序				
1. 核对应收账款明细账与总账的余额是否相符				
2. 获取或编制应收账款明细表或账龄分析表				
3. 抽取部分数额较大的项目进行函证,以证实其存在性和可收回性				
4. 未回函的或未发询证函的,采用替代程序证明其存在性和可收回性				
5. 检查是否有无法收回的应收账款				
6. 检查有无不属于结算业务的债权				
7. 对于外币计价的应收款,检查其汇率运用的正确性				
8. 检查有否贷方余额的应收账款,是否应做重分类调整				
9. 验明应收账款是否已在资产负债表上恰当披露				

表 5-17 应收账款明细账户审定表

被审计单位名称:　　　　　　　　索引号:A04-1　　　　　　　　页次:
审计项目名称:　　　　　　　　　　编　制:　　　　　　　　　　日期:
会计期间或截止日:　　　　　　　　复　核:　　　　　　　　　　日期:

索引号	内　容	凭证号	金额
	期初余额		
	加:本期新增应收款		
	主要业务内容		
	1.		

续表

索引号	内　　容	凭证号	金额
	2.		
	…		
	减：收款		
	1.		
	2.		
	…		
	期末余额		

审计说明及调整分录：

审计结论：

注：1. 在某一应收账款余额受整个会计期间发生的业务的影响，而分不清是受哪一（几）笔业务的影响时，编制本表。

2. 若某一应收账款余额是由某一（几）笔业务组成的，则不必编制此表，而通过检查期后款项收回情况或该（几）笔业务的销售合同、销售发票和货运单等对应收账款余额进行确认。

表5-18 应收账款明细表

被审计单位名称：　　　　　　　　　索引号：A04-1-1　　　　　　　　　　页次：
审计项目名称：　　　　　　　　　　编　制：　　　　　　　　　　　　　　日期：
会计期间或截止日：　　　　　　　　复　核：　　　　　　　　　　　　　　日期：

序号	户名	主要内容	未审数及账龄分析				期后回收数	函证	其他程序	调整数	审定数
			1年内	1~2年内	2~3年内	3年以上					
1	2	3	4	5	6	7	8	9	10	11	12
2											
3											
…											
	合计										

编制说明：

1. 本明细表应分别按应收账款、预付账款、其他应收款在"审计项目名称"中填列审定。

2. 若有外币应收、预付款项，应折合成记账本位币，审计人员对汇率折合应予以关注。

3. 本表1—8栏，可由被审计单位填列提供。审计人员应选取账龄长、金额大的款项进行函证，对异常或长期挂账的余额应予以重点审计。

4. 对需要账户调整或重分类调整的，应转入应收账款审定表中。

5. 收回的询证函、替代性工作底稿附在本表之后。

6. 发出、收回询证可在9栏用标识说明。

7. 三年以上的全填，1%以上的全填。

表 5-19　应收账款函询情况表

被审计单位名称：　　　　　　　　索引号：A04-1-2　　　　　　　　页次：
　　　　　　　　　　　　　　　　编　　制：　　　　　　　　　　　日期：
截止日：　　　　　　　　　　　　复　　核：　　　　　　　　　　　日期：

序号	发函询证纪要			是否收到回函	收到回函				未收到回函		审计意见
	选取样本目的	单位名称	期末余额		可以确认金额		调节后可确认		通过替代审计可确认金额	未核实金额	
					回函直接确认	调节后可确认	争议未决金额	其他			
	总值										

抽取企业应收账款样本户数：	抽取样本的总金额：	收到回函的样本金额：	回函可确认的金额：
企业期末应收账款客户总数：	企业期末应收账款总金额：	占样本总金额的比例：	通过替代审计可确认金额：
抽取样本占总户数的比例：	抽取样本占期末总额的比例：		可确认金额占样本总额的比例：

选取样本方式：A. 大额　　　B. 异常　　　C. 账龄长　　　D. 随机

表 5-20　应收账款函询未回函替代程序检查表

被审计单位名称：　　　　　　　　索引号：A04-1-3　　　　　　　　页次：
审计项目名称：　　　　　　　　　编　　制：　　　　　　　　　　　日期：
会计期间或截止日：　　　　　　　复　　核：　　　　　　　　　　　日期：

债务人名称	借方入账			审计日止是否收到	应收账款内容						欠款原因	审计确认意见
	日期	凭证号	金额		货名	编号	出库单号	发送方式	数量	金额		
…												
…												
…												
合计												

审计结论：

表 5-21 坏账准备审定表

被审计单位名称：　　　　　　　　　索引号：A04-2　　　　　　　　　页次：
　　　　　　　　　　　　　　　　　　编　制：　　　　　　　　　　　　日期：
会计期间：　　　　　　　　　　　　　复　核：　　　　　　　　　　　　日期：

年初余额	本期增加		本期减少			期末数	调整数	审定数
	计提	其他转入	转销	转回	其他转出			

审计说明及调整分录(计提方法和比例是否恰当、计提(或转回)数额是否正确，需要调整的数额、分录及对报表的影响披露是否充分)：

表 5-22 坏账准备计提方法审核表

被审计单位名称：　　　　　　　　　索引号：A04-2-1　　　　　　　　页次：
　　　　　　　　　　　　　　　　　　编　制：　　　　　　　　　　　　日期：
会计期间：　　　　　　　　　　　　　复　核：　　　　　　　　　　　　日期：

被审计单位计提方法和比例	应收账款：	其他应收款：
被审计单位确定该方法的理由		
对被审计单位计提方法的合理性进行评价	获取企业以往的财务管理资料(应收账款部分)，了解以往年度的赊销总额及坏账情况	获取重要债务人财务状况方面的信息	评价结果
较为合理的计提方法或比例：		理由：	影响额：
审核结论：			

表 5-23 坏账准备计提验算表

被审计单位名称：　　　　　　　　　索引号：A04-2-2　　　　　　　　页次：
审计项目：坏账准备　　　　　　　　编　制：　　　　　　　　　　　　日期：
会计期间：　　　　　　　　　　　　　复　核：　　　　　　　　　　　　日期：

项目	账龄	计提基数	计提比例	应提足余额	年初数	本年应提数	调整数	审定数
应收账款	5年以上							
	4～5年							
	3～4年							
	2～3年							
	1年以内							
	合　计							
其他应收款	5年以上							
	4～5年							
	3～4年							
	2～3年							

续表

项目	账龄	计提基数	计提比例	应提足余额	年初数	本年应提数	调整数	审定数
其他应收款	1年以内							
	合　计							
总　　计								

验算结论：

（2）营业收入属于损益类报表项目，索引号以 D01 及其分级表示，如 D01 表示营业收入审计程序表，D01-1 表示其审定表，而 D01-1-1、D01-1-2 等则表示细节测试表。相关示例见表 5-24—表 5-26。

表 5-24　主营业务收入审计程序表

被审计单位名称：　　　　　　　　　索引号：D01　　　　　　　　　　页次：
　　　　　　　　　　　　　　　　　　编　制：　　　　　　　　　　　　日期：
会计期间：　　　　　　　　　　　　　批　准：　　　　　　　　　　　　日期：

审计目标与程序	执行情况说明			
	是否适用	工作底稿索引	执行人	日期
一、审计目标 1. 确定产品销售收入的记录是否完整 2. 确定产品销售退回、销售折让是否经授权批准，并及时入账 3. 确定产品销售收入发生额是否正确 4. 确定产品销售收入在会计报表上的披露是否恰当 二、审计程序 1. 获取或编制产品销售收入明细表，复核加计是否正确，并与明细账和总账的余额核对相符 2. 将本年度的销售收入与上年的销售收入进行比较，分析产品销售的结构和价格变动是否正常，并分析异常变动的原因 3. 比较本年度各月各种产品销售收入波动情况，分析其变动趋势是否正常，并查明异常现象和重大波动的原因 4. 抽查销售业务的原始凭证（发票、运货单据），并追查至记账凭证及明细账，确定销售收入是否真实，销售记录是否完整 5. 实施截止日测试，抽查资产负债表日前后的销售收入与退货记录，检查销售业务的会计处理有无跨年度现象，对跨年度重大销售项目应予调整 6. 结合对资产负债表日应收账款的函询程序，查明有无未经认可的大额销售 7. 检查销售退回与折让的手续是否符合规定，是否按规定进行了会计处理 8. 检查以外币结算的主营业务收入的折算方法是否正确 9. 查明主营业务收入的确认原则、方法是否符合会计准则、制度规定的收入实现条件，前后期是否一致 10. 检查集团内部销售的情况，记录其交易价格、数量和金额，并追查在编制合并会计报表时是否予以抵销 11. 验明产品销售收入是否在损益表上恰当披露				

表 5-25　主营业务收入审定表

被审计单位名称：　　　　　　　　索引号：D01-1　　　　　　　　页次：
　　　　　　　　　　　　　　　　编　制：　　　　　　　　　　　日期：
会计期间或截止日：　　　　　　　复　核：　　　　　　　　　　　日期：

索引号	项目	合计	未审数	调整数	审定数
	1月				
	2月				
	3月				
	4月				
	5月				
	6月				
	7月				
	8月				
	9月				
	10月				
	11月				
	12月				
	合　计				

审计说明及调整分录：

审计结论：

表 5-26　销售折扣与折让审定表

被审计单位名称：　　　　　　　　索引号：D01-2　　　　　　　　页次：
　　　　　　　　　　　　　　　　编　制：　　　　　　　　　　　日期：
会计期间或截止日：　　　　　　　复　核：　　　　　　　　　　　日期：

索引号	项目	总账金额	明细账金额			备　注
			销售折扣	销售折让	合计	
	未审数					
	调整数					
	审定数					

续表

凭证号			购货单位	原因	折扣或折让金额	审批人	原入账发票记录				正常否
月	日	号					发票号	品名规格型号	单价	金额	

审计说明及调整分录：

审计结论：

编制说明：折扣或折让属正常，在"正常否"一栏下打"√"。

（3）营业税金及附加也属于损益类报表项目，索引号以D04及其分级表示，如D04表示营业税金及附加审计程序表，D04-1表示其审定表，如后面添加细节测试表则按D04-1-1、D04-1-2依次编号。相关示例见表5-27、表5-28。

表5-27 主营业务税金及附加审计程序表

被审计单位名称： 索引号：D04 页次：
　　　　　　　　　　　　　　编　制： 日期：
会计期间： 批　准： 日期：

审计目标与程序	执行情况说明			
	是否适用	工作底稿索引	执行人	日期
一、审计目标 1. 确定主营业务税金及附加的记录是否完整 2. 确定主营业务税金及附加的计算是否正确 3. 确定主营业务税金及附加在会计报表上的披露是否恰当 二、审计程序 1. 获取或编制主营业务税金及附加明细表、复核加计是否正确，并与报表数、总账数和明细账合计数核对相符 2. 确定纳税范围、税种是否符合国家规定				

续表

审计目标与程序	执行情况说明			
	是否适用	工作底稿索引	执行人	日期
3. 根据审定的应税消费品销售额(或数量)，按规定的适用税率计算复核本年度应纳消费税税额 4. 根据审定的应纳资源税产品的课税数量，按规定的适用税率计算复核本年度应纳资源税税额 5. 根据审定的当期应纳营业税的主营业务收入，按规定的税率分项计算，复核本期应纳营业税税额 6. 检查城建税、教育费附加的计算是否正确 7. 复核各项税费与应交税费项目的勾稽关系 8. 确定被审计单位减免税是否真实，理由是否充分，手续是否完备 9. 验明销售税金及附加是否已在损益表上恰当披露				

表 5-28　主营业务税金及附加审定表

被审计单位名称：　　　　　　　　索引号：D04-1　　　　　　　　页次：
　　　　　　　　　　　　　　　　编　制：　　　　　　　　　　　日期：
会计期间或截止日：　　　　　　　复　核：　　　　　　　　　　　日期：

索引号	类别	应税销售(营业)收入	适用税种	适用税率	应交税金	应交城建税		教育费附加征收率	合计金额
						税率	金额		
	未审数合计								
	调整数								
	审定数								

审计说明及调整分录：

审计结论：

编制说明：应与应交税费审定表相互勾稽。

5.1.3 采购与付款业务循环审计

1. 采购与付款循环业务内部控制测试与评价

1）采购与付款循环业务的关键控制环节及控制措施

（1）采购业务的主要活动及涉及的部门。采购是指企业原材料、商品和劳务的购买、审批、验收、付款等行为。采购管理是成本费用管理的重要组成部分，主要活动是在预算（计划）的控制下，从事请购、订购、货物验收、付款、财务核算等一系列活动。采购业务需要由预算、采购、收货、财会等部门共同协作完成。根据采购业务的特点，企业至少应当关注涉及采购业务的下列风险：

① 缺乏科学合理的采购计划，可能导致企业停产。
② 采购环节出现舞弊，可能导致采购项目质次价高。

（2）采购业务关键控制环节的风险及管控措施。采购业务的各环节构成了控制的关键环节，其主要风险及控制措施见表 5-29。

表 5-29 采购业务关键控制环节的风险及管控措施

采购环节	职能描述	主要风险	控制措施
采购计划管理	根据采购预算和生产部门或销售部门的需求编制采购计划	计划缺乏或不合理，或未按实际需求安排采购，导致与生产经营计划不协调	包括科学制订和执行年度采购计划和月度需求计划；严格履行审批程序
请购与审批	根据采购计划编制请购单，请示批准采购	不履行请购和审批手续，导致采购过量或不足，影响资金周转和生产经营	建立并执行请购与审批制度，明确采购部门或人员的职责权限和请购审批程序，严格管理超预算的采购。大宗采购应当采用招标方式采购。采购项目技术含量较高的，应当组织相关专家进行论证
选择供应商与确定采购价格	通过一定方式选择供应商并确定采购价格	供应商选择不当或存在关系户采购，或缺乏定价机制，会导致质次价高、后续服务不到位、舞弊等	对重大采购项目建立供应商评估与准入制度，必要时对供应商进行资信调查。建立企业订货报价控制制度，对经常采购物品建立跟踪反馈机制。开展多方询价比价工作
订立合同或协议	按协商谈判结果订立采购合同或协议，明确购销双方权利义务	遭遇合同条款欺诈导致企业受损，合同条款不合理导致意外损失或纠纷，影响资金安排和生产进度	建立合同审批制度；关注合同中的重要条款；必要时聘请律师把关
管理供应进程	及时与供应商沟通发货、运输、到货进度	供应商拖延发货、运输风险等影响生产经营进度	对重大采购的履行建立全过程跟踪监督机制；选择合理的运输方式；对异常情况及时报告与处理
验收	及时保质保量验收货物	标准不明确、程序不规范，对发现的问题不及时报告和处理，造成财产损失和账实不符	明确验收标准，保证验收质量。与合同核对，保证验收数量真实。重要物资应聘请技术质检部门把关。对发现的异常情况应及时报告和处理

续表

采购环节	职能描述	主要风险	控制措施
付款	审核合同付款条件，及时结算货款	付款审核不严、方式不当、金额不正确导致资金损失和信用受损	严格审核合同付款条款；尽量采用转账结算，严把结算票据关；严格审核发票，进行发票网上认证等
会计系统控制	核算与监督采购业务，及时对账，确保财产安全及相关会计信息真实可靠	控制不到位，不能真实反映采购业务的资金流和实物流情况。账实脱节导致损失和舞弊	按财务管理制度，做好采购各环节的财务核算、定期对账等工作

2）采购业务控制有效性测试与评价

采购业务控制有效性测试程序的选取与销售业务的选取思路一致，可以执行"计划控制测试""同步控制测试"和"追加控制测试"。在采购业务控制有效性测试过程中，除要注意关键环节的主要风险外，要特别关注被审计单位采用了哪些控制措施，这些控制措施的运用是否合理，能否实现控制的目标。在各阶段关键控制点可能用到的控制手段见表5-30，供参考使用。

表5-30 采购业务各阶段控制手段及控制活动的测试

业务阶段	控制手段	适用范围或控制活动
审批与采购	职责分工	不相容岗位包括：1.请购与审批；2.供应商的选择与审批；3.采购合同协议的拟订、审核与审批；4.采购、验收与相关记录；5.付款的申请、审批与执行
	授权审批制度	企业计划部门一般会根据顾客订单或者对销售预测和存货要求的分析决定生产授权；企业对资本支出和租赁合同通常会特别授权，只容许特定人员提出请购；企业对于重要和技术性较强的采购业务，应当组织专家进行论证，实行集体决策和审批；采购合同的签订需经有关授权人员审批；采购款项的支付应经有关授权人员审批
	请购控制	建立请购控制措施，明确请购范围、责任人、权限、流程。采购申请一般由使用部门或由仓储部门提出；物资供应部门编制月度采购计划，由部门主管或其授权人员审核签字；最后交采购部门执行采购。金额巨大或特殊采购应由总经理审批。请购单一式三联，注明请购部门，采购部门和财会部门各执一份，签字负责
	询价控制	1.制订合理的询价程序，并重点了解供应商的相关情况。包括了解供应商的基本资料，如产品价格、质量、供货条件、信誉、售后服务以及供应商的设备状况、技术水平和财务状况等。2.对潜在供应商应就其质量、技术、财务状况的可行性进行调查。3.对于大宗和重要物品的采购，应建立由采购、技术等部门参与的比质比价体系，综合考虑价格、质量、供货条件、信誉和售后服务等。4.对某些采购可以采用招标方式。5.对于零星物品的采购，一般授权直接采购，但也要实行监督措施
	采购合同控制	请购、询价、选择供应商后，执行采购之前，应由采购部门办理与供应商签订购销合同的事项。采购合同一般一式四份，一份交供货商请求发货，一份由采购部门专人保管，负责合同的执行，一份交会计部门以监督合同的执行，一份交仓库保管部门作为验收物品时与发票核对的依据

续表

业务阶段	控制手段	适用范围或控制活动
验收与付款	验收控制	1. 明确验收责任人的组成和责任,严格执行不相容职务控制制度。2. 制订合理的验收流程。3. 明确验收时的注意事项。4. 规定异常情况的处理程序和机制。5. 注意验收后的管理。6. 及时传递验收凭证。入库单一式三联,一联仓库留存,一联送交会计部门办理结算,一联退回采购部门核对归档备案
	付款控制	1. 财务部门对发票、运费单、验收单、入库单以及其他有关凭证审核后,与合同进行核对,经企业授权人审批后向供应商办理结算。2. 应付账款的入账必须在取得审核、企业授权人审批后的发货票以及验收入库单、请购单、借款通知等凭证后方可入账。赊购应由稽核人员定期与供货商(债权人)核对账目,按双方事先约定的条件,及时清理债务并入账。3. 建立退货管理制度,对退货条件、退货手续、货物出库、退货货款回收等做出明确规定,及时收回退货款
披露与评估	评估控制	企业应当建立采购业务评估制度,加强对购买与审批、验收与付款的过程控制和跟踪管理。发现异常情况,应当及时报告
	披露控制	企业应当披露主要供应商情况、采购价格形成机制以及采购过程中的主要风险等内容

3) 采购业务内部控制符合性测试与结果的记录

按照执业准则的要求,内部控制测试程序和评价结果应作为审计证据,记录于审计工作底稿。按照中国注册会计师协会提供的各类企业适用的审计工作底稿指南,采购业务内部控制符合性测试类工作底稿一般分为三级:第一级为内部控制测试程序表(也称导引表),引导审计人员按照提示的审计程序实施相应的测试;第二级为测试情况和评价结果汇总表,用以记录测试情况和测试结论;第三级是内部控制实质性测试表,用以记录测试的实施人、复核人、时间、范围、性质,选取项目的检查情况与评价结论。

该类底稿索引号以 CS2 及其分级表示,如 CS2 表示采购与付款内控测试程序表,CS2-1 表示其汇总表,而 CS2-1-1、CS2-1-2 等则表示实质性测试表。相关示例见表 5-31—表 5-35。

表 5-31 采购与付款循环符合性测试程序表

被审计单位名称:　　　　　　　测试人员:　　　　日期:　　　　索引号:CS2
截 止 日:　　　　　　　　　　　复核人员:　　　　日期:　　　　页 次:1/1

测试重点	常规测试程序	索引号
	1. 抽取购货合同(或其他凭证),对购货合同及请购单的下列内容进行核对 (1) 货物名称、规格、型号、请购量 (2) 授权批准、批准采购量、采购限价 (3) 单价、合计金额等 2. 审核与所抽取购货合同有关的供应商发票、验收报告、入库单、付款结算凭证、记账凭证,并追查至相关的明细账与总账	

续表

测试重点	常规测试程序	索引号
	3. 固定资产和在建工程内部控制的符合性测试 (1) 抽取新增固定资产和在建工程项目有无预算，是否经过授权批准 (2) 抽取在建工程中付款是否均具有相应发票或其他原始凭证 (3) 抽取已完工在建工程转入的固定资产是否办理竣工验收和移交使用手续 (4) 抽取固定资产的折旧方法和折旧率是否符合规定，前后期是否一致 (5) 抽取固定资产的毁损、报废、清理是否经过技术鉴定和授权批准 (6) 抽取固定资产定期盘点制度是否得到遵循 4. 付款业务内部控制的符合性测试。抽取付款凭证，做如下检查 (1) 检查是否实行费用预算控制，是否明确款项支付权限 (2) 检查编制付款凭证时，是否与订购合同、预(决)算计划、验收单和发票相核对 (3) 检查支付货款的付款凭证和银行存款日记账、有关明细账及总分类账的记录是否正确 (4) 核对检查计入有关明细账户的原始凭证，如订货单、验收单、购买发票的正确性、合法性及其金额是否与相关明细账一致，有关凭证是否经过批准 (5) 检查款项支付凭证是否及时入账，货款支出与记账的职责是否分离	

测试说明：

测试结论：

表5-33 采购与付款循环符合性测试工作底稿

单位名称：	测试人员：	日期：	索引号：CS2-1
截 止 日：	复核人员：	日期：	页 次：

程序号	查验过程记录	索引号
	测试情况： 测试结论：	

表5-33 采购与付款循环符合性测试之一——采购管理

被审计单位名称：　　　　　　　索引号：CS2-1-1　　　　　　　　　　　页次：
审计项目名称：　　　　　　　　编　　制：　　　　　　　　　　　　　日期：
会计期间：　　　　　　　　　　复　　核：　　　　　　　　　　　　　日期：

会计凭证							订购合同或请购清单					仓库			授权	测试意见
日期	凭证编号	贷方会计科目	入库单号	入库物资品名	规格	入库数量	入库单日期	单价	金额	规格	数量	单价	交货日期	批准人	收货记录及日期	质量验货人	数量验货人	批准付款	价格变动批准人	

续表

| 日期 | 凭证编号 | 会计凭证 ||||||| 订购合同或请购清单 ||||| 仓库 ||| 授权 || 测试意见 |
		贷方会计科目	入库单号	入库物资品名	规格	入库数量	入库单日期	单价	金额	规格	数量	单价	交货日期	批准人	收货记录及日期	质量验货人	数量验货人	批准付款	价格变动批准人	

审计结论：

表 5-34　购货合同、请购单内控测试记录

单位名称：　　　　　　测试人员：　　　　日期：　　　　索引号：CS2-1-2
截 止 日：　　　　　　复核人员：　　　　日期：　　　　页　　次：

| 序号 | 合同或请购单号 | 供货单位名称 | 购货合同、请购单内容 |||||| 购货合同 ||| 入库单 ||| 会计凭证 |||
||||日期|货物名称|规格|数量|单价|金额|核对 ||日期|编号|核对 ||日期|编号|核对 |||
										1	2			3	4	5			6	7		8	9	10	11
1																				
2																				
3																				
4																				
5																				
…																				

核对说明
1. 采购合同经过授权批准
2. 采购金额未超过采购限量、限价
3. 购货发票的单价与购货合同一致
4. 购货发票的品名、数量与购货合同一致
5. 购货发票的金额与购货合同一致
6. 入库单的品名与发票内容一致
7. 入库单有保管员和经手人签名
8. 发票购货额与付款结算凭证一致
9. 付款凭证有经手人和主管签名
10. 发票购货额已正确计入材料采购(原材料)账户和应付账款(银行存款、现金)账户
11. 进项税金账务处理正确

有关测试说明及结论：

表 5-35 采购与付款循环符合性测试之二——付款管理

被审计单位名称：　　　　　　　　　　索引号：CS2-1-3　　　　　　　　　　　　页次：
审计项目名称：　　　　　　　　　　　　编　　制：　　　　　　　　　　　　　　日期：
会计期间：　　　　　　　　　　　　　　复　　核：　　　　　　　　　　　　　　日期：

序号	会计凭证							附件					付出支票日期	付出支票金额	内部控制制度评价
	日期	凭证号	经济事项	借方科目	金额	填制人	审核人	日期	名称	经办人	实物验收人	批准人			

审计结论：

2. 采购业务循环主要报表项目审计

1）采购业务循环主要报表项目常用审计程序

采购与付款循环涉及的主要报表项目包括预付账款、固定资产、在建工程、工程物资、固定资产清理、无形资产、研发支出、商誉、长期待摊费用、应付票据、应付账款、长期应付款、管理费用等，可以将其划分为四大类：实物资产类、无形资产类、往来类与损益类。往来类常用审计程序是函证程序，损益类主要采用分析性程序和关注截止性，其相关知识和运用前文已述，研发支出可以单独审计。本处主要介绍实物资产和无形资产常用的审计程序。其常用程序见表 5-36。

表 5-36 实物资产和无形资产常用审计程序

资产类别	常用审计程序	审计目标	实 施 方 法
实物资产	实地察看	发生、存在性、完整性	对大型实物，如建筑、场地、机械设备，到现场察看评估；对在建工程，到现场查看进度等
	查阅产权证明、购货合同或协议、大额付款凭单	权利与义务、截止性、准确性、计价与分摊等	对房屋及相关场地，查阅其产权证明；对大型设备，查阅合同或协议、验收单据、购货日期，检查使用记录；查阅原始入账价值及折旧计提情况
	询问与复核	计价与分摊、准确性、完整性	询问资产入账价值、折旧方法、减值等。判断是否合理合规，复核相关记录
	实质性分析程序	计价与分摊、准确性、舞弊	通过询价了解同类资产的购买价格，看是否存在异常；通过产能分析对应的材料购进量是否合理；同类资产的厂商和价格比较，分析采购业务控制是否到位等

续表

资产类别	常用审计程序	审计目标	实 施 方 法
无形资产及商誉	检查产权证书或合同协议	权利与义务	无形资产是自制还是外购(使用权还是所有权)。如存在商誉,检查商誉的形成是否真实准确
	询问与复核	准确性、计价与分摊	询问并复核入账价值,特别是自制无形资产的入账价值的确定是否符合会计准则;询问并复核价值摊销是否合理;询问并复核减值计提情况,判断计提依据是否充足

2) 采购业务报表项目审计与结果的记录

按照执业准则的要求,报表项目审计情况和审计结论应作为审计证据,记录于审计工作底稿。采购业务报表项目审计类工作底稿一般也分为三级。下面以固定资产及与之数据存在联系的累计折旧及固定资产减值的审计工作底稿为例。累计折旧及固定资产减值是固定资产的备抵账户,但它们都是资产类工作底稿。

(1) 固定资产与累计折旧一般同步实施审计,其审计工作底稿索引号均以 A07 及其分级表示,如 A07 表示其审计程序表,A07-1 表示其审定表,而 A07-1-1、A07-1-2 等则表示细节测试表,依次列示。相关示例见表 5-37—表 5-42。

表 5-37 固定资产及其累计折旧审计程序表

被审计单位名称: 索引号:A07 页次:
编 制: 日期:
会计期间或截止日: 复 核: 日期:

目标及程序	执行情况说明			
	是否适用	工作底稿索引	执行人	日期
一、审计目标 1. 确定固定资产是否存在 2. 确定固定资产是否归被审计单位所有 3. 确定固定资产及其累计折旧增减变动的记录是否完整 4. 确定固定资产的计价和折旧政策是否恰当 5. 确定固定资产及其累计折旧年末余额是否正确 6. 确定固定资产在会计报表上的披露是否恰当 二、审计程序 1. 获取或编制固定资产及其累计折旧分类汇总表,获取未使用、不需用固定资产明细表。复核加计数是否正确并与明细账和总账的余额核对相符 2. 对固定累计折旧进行分析性复核 3. 检查本年度增加固定资产凭证手续是否齐备;已使用但尚未办理竣工结算等手续的是否暂估入账并计折旧;检查资本性与收益性支出的划分是否恰当 4. 实地抽查部分新增固定资产,确定其是否实际存在 5. 抽查有关所有权证明文件,确定固定资产是否归被审计单位所有 6. 抽查本年度减少的固定资产是否经授权批准,是否正确及时地入账 7. 复核固定资产保险范围、数额是否足够				

续表

目标及程序	执行情况说明			
	是否适用	工作底稿索引	执行人	日期
8. 获取租入、租出固定资产相关的证明文件,并检查其会计处理是否正确				
9. 调查年度内未使用、不需用固定资产的状况,及未使用、不需用的起止时间,减值准备计提是否充分并作记录				
10. 了解并确认固定资产折旧政策,计算复核本年度折旧的计提是否正确				
11. 检查固定资产的抵押、担保情况				
12. 检查有无关联方之间的固定资产购售活动,披露是否充分				
13. 验明固定资产及累计折旧是否已在资产负债表上恰当披露				

表 5-38 固定资产及累计折旧审定表

被审计单位名称:　　　　　　　　　索引号:A07-1　　　　　　　　　　页次:
　　　　　　　　　　　　　　　　　　编　　制:　　　　　　　　　　　　日期:
截止日:　　　　　　　　　　　　　　复　　核:　　　　　　　　　　　　日期:

索引号	固定资产类别	期初余额	本期增加	本期减少	期末账面未审数	调整数	审定数
	累计折旧(按类别)	期初余额	本期增加	本期减少	期末账面未审数	调整数	审定数
	固定资产净值						

审计说明及调整分录:

审计结论:

编制说明:固定资产原价及累计折旧应按企业计提折旧分类填写具体类别,未使用、不需用等不计提折旧固定资产应在类别中划出,在固定资产中单独归类。

表 5-39 固定资产增加、减少审定表

被审计单位名称：　　　　　　　　索引号：A07-1-1　　　　　　　　　　页次：
　　　　　　　　　　　　　　　　编　制：　　　　　　　　　　　　　日期：
会计期间：　　　　　　　　　　　复　核：　　　　　　　　　　　　　日期：

序号	固定资产名称或类别	计量单位	数量	增加（交付使用）月份	减少月份	折旧方法	本期内应提折旧月数	固定资产原值			已提折旧				期末（减少时）余额
								未审数	调整数	审定数	期初余额	本期提取			
												未审数	调整数	审定数	

审计说明及调整分录：

审计结论：

编制说明：

1. 本审定表系固定资产本期内增加、减少通用表，使用时增加、减少分别填列，并在"审计项目名称"中说明。

2. 固定资产增加，当月不提折旧，从下月起计提折旧。固定资产减少，当月仍计提折旧，从下月起停止计提折旧。

表 5-40 固定资产折旧验算表

被审计单位名称：　　　　　　　　索引号：A07-1-2　　　　　　　　　　页次：
　　　　　　　　　　　　　　　　编　制：　　　　　　　　　　　　　日期：
会计期间：　　　　　　　　　　　复　核：　　　　　　　　　　　　　日期：

序号	固定资产类别	折旧方法	年折旧率/(%)	固定资产原值					年末余额	应计折旧平均余额	应提折旧	已提折旧	已提折旧差异	调整数	审定数
				年初余额	本年增加		本年减少数								
					金额	年均数	金额	年均数							
甲	乙	丙		1	2	3	4	5	6=1+2-4	7=1+3-5	8=7×丙	9	10		

审计说明及调整分录：

审计结论：

编制说明：

1. 年均数=某月固定资产增加（或减少）数×(12-n)/12（n=发生月份）。

2. 附：按类计提折旧明细表。

3. 少提折旧在已提折旧差异栏中用"-"号表示。

4. 调整减少数在金额前用"-"号。

5. 采用工作量法、双倍余额递减法、年数总和法计算折旧的应另附具体验算记录。

表 5-41　固定资产抽盘表

被审计单位名称：　　　　　　　　　索引号：A07-1-3　　　　　　　　　页次：
　　　　　　　　　　　　　　　　　编　制：　　　　　　　　　　　　日期：
截止日：　　　　　　　　　　　　　复　核：　　　　　　　　　　　　日期：

索引号	项目	账面数			实际核实盘点			差异数
		数量	金额	存放地点	数量	金额	存放地点	

审计说明及调整分录：

审计结论：

编制说明：
1. 本表用于审计人员现场监盘被审计单位有关人员年终盘点记录，也可用作抽查记录。
2. 抽查比例和方法可在附件中说明。

表 5-42　固定资产累计折旧及维修费用分析表

被审计单位名称：　　　　　　　　　索引号：A07-1-4　　　　　　　　　页次：
　　　　　　　　　　　　　　　　　编　制：　　　　　　　　　　　　日期：
会计期间：　　　　　　　　　　　　复　核：　　　　　　　　　　　　日期：

分析项目	基础数据	比例	上期数据	差异	原因分析	可能存在的问题
固定资产原值/本期产品产量	固定资产原值/元					
	本期产品产量/吨(或件)					
本期计提折旧额/固定资产原值	本期计提折旧/元					
	固定资产原值/元					
本期增加的固定资产/固定资产原值	本期新增固定资产/元					
	固定资产原值/元					
累计折旧/固定资产原值	累计折旧余额/元					
	固定资产原值/元					

续表

分析项目	基础数据			比例	上期数据	差异	原因分析	可能存在的问题
	月份	金额	平均值	占平均值比例	上年平均值	差异	原因分析	可能存在的问题
本期各月固定资产修理、维护费用	1							
	2							
	3							
	4							
	5							
	6							
	7							
	8							
	9							
	10							

分析结果：

（2）固定资产减值准备的审计工作底稿索引号则以 A10 及其分级表示。见表 5-43—表 5-45。

表 5-43　固定资产减值准备审计程序表

被审计单位名称：　　　　　　　　　索引号：A10　　　　　　　　　页次：
　　　　　　　　　　　　　　　　编　制：　　　　　　　　　　　　日期：
会计期间：　　　　　　　　　　　　批　准：　　　　　　　　　　　　日期：

目标及程序	执行情况说明			
	是否适用	工作底稿索引	执行人	日期
一、审计目标 1. 确定计提固定资产减值准备的方法和比例是否恰当，计提是否充分 2. 确定固定资产减值准备增减变动的记录是否完整 3. 确定固定资产减值准备期末余额是否正确 4. 确定固定资产减值准备的披露是否恰当 二、审计程序 1. 核对固定资产减值准备报表数、总账数与明细账合计数是否相符 2. 检查固定资产减值准备的计提方法是否符合会计制度的规定，前后期是否一致，计提依据是否充分，复核本期计提数额是否恰当，相关会计处理是否正确 3. 检查固定资产减值准备的转回是否恰当 4. 检查固定资产减值准备的披露是否恰当				

表 5-44　固定资产减值准备审定表

被审计单位名称：　　　　　　　　索引号：A10-1　　　　　　　　　　　页次：
　　　　　　　　　　　　　　　　编　制：　　　　　　　　　　　　　　日期：
会计期间：　　　　　　　　　　　复　核：　　　　　　　　　　　　　　日期：

项目	期初余额	本期增加		本期减少		年末余额	调整数	审定数
		计提	转入	转回	转出			
合　计								

审计说明和调整分录：

审计结论：

表 5-45　固定资产减值准备计提验算表

被审计单位名称：　　　　　　　　索引号：A10-1-1　　　　　　　　　　页次：
　　　　　　　　　　　　　　　　编　制：　　　　　　　　　　　　　　日期：
会计期间：　　　　　　　　　　　复　核：　　　　　　　　　　　　　　日期：

项　目	账面价值			预计可收回金额	本期应计提（或转回）数	实提数	差异
	原值	累计折旧	已提减值准备				
合　计							

审计说明和调整分录：

审计结论：

5.1.4　生产与仓储业务循环审计

1. 生产与仓储循环业务内部控制测试与评价

1）生产与仓储循环业务的关键控制环节及控制措施

（1）生产与仓储业务的主要活动及涉及的部门。生产与仓储业务的主要活动包括：计划和安排生产、领用原材料、进行产品生产、核算产品成本、产品完工入库、发出产成品。涉及的职能部门包括：生产计划部门、仓储部门、生产部门、人事部门、会计部门、质检部门、发运部门。生产与仓储业务循环是一个大循环，可以将其进一步划分为三个小循环：存货与仓储循环、生产循环和工薪与人事循环。

(2) 各部门的主要业务活动及对应记录凭单见表 5-46。

表 5-46　各部门的主要业务活动及对应凭证与记录

职能部门	主要活动	对应记录凭单
生产计划部门	计划生产	生产通知单、材料领用申请单
仓储部门	材料仓库：材料验收入库、保管、发出	材料入库凭证如收料单、退料单；材料保管凭证如盘点表、材料台账；材料领用凭证如领料单、限额领料单、领料登记簿
	产品仓库：产品验收入库、保管、发出	产品验收单、产品入库凭证如产品入库单、半成品入库单；产品发出凭证如发货单、产品出库单等；产品保管凭证如盘点表、产品台账等
人事部门	提供或审核工资费用原始凭证。计算编制或审核工资计算单、工资发放表	工资计算单、工资发放表
生产部门	生产产品，收集和提供成本核算原始单据	生产通知单、生产加工指令、产量和工时记录
质检部门	必要时参与材料验收，完工产品质量检查	产品质量报告单
运输部门	装运发出产品	产品发货通知单、出库单和送货单

(3) 生产与仓储业务关键控制环节的风险及管控措施。生产与仓储业务的各环节构成了控制的关键环节，其主要风险及控制措施见表 5-47。

表 5-47　生产与仓储业务关键控制环节的风险及管控措施表

主要职能部门	活动环节	主要风险	管控措施
仓储	材料入库、产品入库	质量把关不严，不执行职责分工或不做记录	1. 严格执行职责分工制度；2. 严格履行验收程序；3. 验收时交接双方签字以明确责任；4. 如有质检要求，必须经质检部门签字方可验收
	材料保管、产品保管	材料或产品积压、盗窃、毁损、变质等	1. 建立定期和不定期盘点制度，在检查数量的同时关注质量；2. 建立风险警示机制，当材料或产品出现积压时，及时提示处理；3. 树立防范意识，采取防范措施，确保财产安全；4. 建立保管责任制度，提高责任意识
	材料发出、产品发出	不履行审批手续，无法分清责任	1. 建立材料领用审批制度，严格领料程序；2. 建立职责分工制度，交接签字以示明确责任；3. 定期汇总材料发出和产品发出情况，并进行分析，为调整采购计划与生产计划提供依据
生产部门	人、财、物耗用记录；完工产品及时入库	无法提供人财、物的耗用情况。完工产品不及时入库	1. 建立人、财、物的登记责任人制度，为成本核算提供原始资料；2. 建立安全生产责任制，防止安全事故损失；3. 建立完工产品入库程序和责任的相关制度；4. 建立车间(或小组)生产核算体系，明确核算责任

续表

主要职能部门	活动环节	主要风险	管控措施
人事部门	提供或审核工资费用原始凭证。计算编制或审核工资计算单、工资发放表	工资费用不真实	建立人事工薪制度，及时审核或提供工资费用资料，确保工资费用的真实可靠
会计部门	及时核算发出材料成本、生产成本、产品入库和发出成本	领用材料成本、生产成本、销售成本不真实	1. 建立成本核算原始资料责任制，明确原始资料提供的相关责任；2. 及时取得和审核成本核算的原始凭证，编制原始凭证汇总资料；3. 正确核算各类存货的成本，提供真实可靠的成本信息等

2）生产与仓储业务控制有效性测试与评价

生产与仓储业务控制有效性测试程序的选取与销售业务的选取思路一致，可以执行"计划控制测试""同步控制测试"和"追加控制测试"。在生产与仓储业务控制有效性测试过程中，除要注意关键环节的主要风险外，要特别关注被审计单位采用了哪些控制措施，这些控制措施的运用是否合理，能否实现控制的目标。在各阶段关键控制点可能用到的控制手段见表 5-48，供参考使用。

表 5-48 生产与仓储业务各阶段控制手段及控制活动的测试

业务阶段	控制手段	适用范围或控制活动
仓储管理	职责分工	测试不相容岗位包括：1. 存货请购与审批、执行；2. 存货采购与验收、付款；3. 存货保管与会计记录；4. 存货发出申请与审批、会计记录；5. 存货处置申请与审批、会计记录
	授权审批制度	存货采购、发出、盘点和处置均应设置审批环节，实施审批控制。对相关业务进行测试
	请领控制	测试请领控制措施，明确请领事项、责任人、权限、流程
	盘点制度	测试定期或不定期盘点制度，核实执行情况
生产环节	人工费用控制	与预算、产量等对比，分析人工费用是否异常。检查原始凭证的提供方式及责任是否合理
	材料费用控制	与预算、产量等对比，分析材料费用是否异常。检查原始凭证的提供方式及责任是否合理
	制造费用控制	与预算对比，分析是否正常。检查发生的原始凭证
成本核算	汇总原始凭证	检查是否定期汇总原始凭证，汇总的程序、范围、提供方式。检查复核相关原始凭证是否有责任人签字等
	成本流程控制	检查成本核算流程是否清晰
	成本计算与分配	检查成本计算是否正确，发出存货的成本分配方法是否合理，前后是否保持一致

3）生产与仓储业务内部控制符合性测试与结果的记录

按照执业准则的要求，内部控制测试程序和评价结果应作为审计证据，记录于审计工作底稿。按照中国注册会计师协会提供的各类企业适用的审计工作底稿指南，生产与仓储业务内部控制符合性测试类工作底稿同样分为三级。

该类底稿索引号以 CS3 及其分级表示，由于生产循环又可以分为仓储存货、生产、工薪与人事共 3 个小的循环项目，因此其编号分为 3 类：仓储存货编号 CS31 表示其内控测试导引表，CS31-1 表示其汇总表，而 CS31-1-1、CS31-1-2 等则表示其实质性测试表；生产循环类编号 CS32 表示其内控测试导引表，CS32-1 表示其汇总表，而 CS32-1-1、CS32-1-2 等则表示其实质性测试表；工薪人事类编号 CS33 表示其内控测试导引表，CS33-1 表示其汇总表，而 CS33-1-1、CS33-1-2 等则表示其实质性测试表。

（1）仓储存货测试的相关示例见表 5-49—表 5-51。

表 5-49 仓储与存货循环符合性测试程序表

单位名称：		测试人员：		日期：		索引号：CS31
截 止 日：		复核人员：		日期：		页　次：1/1

测试重点	常规测试程序	索引号
	1. 仓储与存货业务循环相关的内部控制的符合性测试 （1）大额的存货采购是否签订购货合同，有无审批制度 （2）存货的入库是否严格履行验收手续，对名称、规格、型号、数量、质量和价格等是否逐项核对，并及时入账 （3）存货的发出手续是否按规定办理，是否及时登记仓库账并与会计记录核对 （4）存货的采购、验收、保管、运输、付款等职责是否严格分离 （5）存货的分拣、堆放、仓储条件等是否良好 （6）代保管、暂存物资的仓库记录是否单列，清晰可分 （7）是否建立定期盘点制度，发生的盘盈、盘亏、毁损、报废是否及时按规定审批处理 2. 产品销售成本计价方法是否符合财务会计制度的规定，是否发生重大变更；如果采用计划成本、定额成本、标准成本，计算产品销售成本时所分配的各项成本差异和会计处理是否正确	

测试说明：

测试结论：

表 5-50 仓储与存货循环符合性测试工作底稿

单位名称：		测试人员：		日期：		索引号：CS31-1
截 止 日：		复核人员：		日期：		页　次：

程序号	查验过程记录	索引号
	测试情况： 测试结论：	

表 5-51　仓储与存货循环符合性测试检查表

被审计单位名称：　　　　　　　　索引号：CS31-1-1　　　　　　　　　　　　　页次：
　　　　　　　　　　　　　　　　编　　制：　　　　　　　　　　　　　　　　日期：
会计期间或截止日：　　　　　　　复　　核：　　　　　　　　　　　　　　　　日期：

序号	样本主要内容			样本名称												备注
	日期	凭证号	内容	金额	1	2	3	4	5	6	7	8	9	10	11	12	

测试内容：1.
　　　　　2.

测试结论：

编制说明：

1. 本表用于测试某项业务内部控制制度的实际执行情况。
2. 样本可以根据审计项目、程序或业务循环抽取。
3. 测试内容应根据该项业务相关内部控制的关键控制点设置。
4. 结论为对该项业务相关内部控制制度执行情况做出评价，应明确其是否可以信赖，并说明对实质性测试的影响。
5. 测试内容执行情况中执行打√，未执行打×，不适用记○。

(2) 生产循环测试的相关示例见表5-52—表5-55。

表5-52 生产循环符合性测试程序表

单位名称：	测试人员：	日期：	索引号：CS32
截止日：	复核人员：	日期：	页 次：1

测试重点	常规测试程序	索引号
	一、生产循环相关内部控制制度的符合性测试 1. 是否建立成本核算与管理制度，成本开支范围是否符合有关规定 2. 成本核算制度是否适合被审计单位的生产特点，是否严格执行，有无随意更改 3. 产品成本的结转是否严格按规定办理，前后期是否一致 4. 是否定期盘点在产品，并作为在产品成本的分配依据 二、直接材料成本测试 1. 采用实际成本的，获取成本计算单、材料成本分配汇总表、材料发出汇总表、材料明细账中各直接材料的单位成本等资料 (1) 检查成本计算中直接材料成本与材料成本分配汇总表中相关的直接材料成本是否相符，分配的标准是否合理 (2) 抽取材料发出汇总表中若干直接材料的发出总量，将其与实际单位成本相乘，并与材料成本分配汇总表中该种材料成本比较，注意领料单是否经过授权批准、材料发出汇总表是否经复核，材料单位成本计价方法是否恰当、有无变更 2. 采用定额成本的，抽查某种产品的生产通知单或产量统计记录及其直接材料单位消耗定额，根据材料明细账中各直接材料的实际单位成本，计算直接材料总消耗和总成本，与有关成本计算中耗用直接材料成本核对，并注意生产通知单是否经过授权批准、单位消耗定额和材料成本计价方法是否恰当、有无变更 3. 采用标准成本的，抽取生产通知单或产量统计记录、直接材料单位标准用量、直接材料标准单价及发出材料汇总表 (1) 根据产量、直接材料单位标准用量及标准单价计算的标准成本，与成本计算单中的直接材料成本核对是否相符 (2) 直接材料成本差异的计算及其会计处理是否正确，前后期是否一致，有无利用材料成本差异调节材料成本 三、制造费用测试 1. 抽取制造费用分配汇总表，按项目分列的制造费用明细账，与制造费用分配标准有关的统计报告及其相关原始记录 2. 在制造费用分配汇总表中，选择一种或若干种产品，核对其分摊的制造费用与相应的成本计算单的制造费用是否相符 3. 核对制造费用分配汇总表中的合计数与相关的制造费用明细账合计数是否相符 4. 制造费用分配汇总表选择的分配标准(机器工时数、直接人工工资、直接人工工时数、产量等)与相关的统计报告或原始记录是否相符，并对费用分配标准的合理性做出评价 5. 如果企业采用预计费用分配率分配制造费用，则应针对制造费用分配过多或过少的差额，检查其是否做了适当的账务处理 6. 如果企业采用标准成本法，则应检查标准制造费用的确定是否合理，计入成本计算单的数额是否正确，制造费用差异的计算与账务处理是否正确，在年内有无重大变更 四、对生产成本在当年完工产品与在产品之间的分配 1. 成本计算单中在产品数量与生产统计报告或在产品盘存表中的数量是否一致 2. 在产品约当量计算或其他分配标准是否合理	

测试说明：	测试结论：

表 5-53 生产循环符合性测试工作底稿

单位名称： 　　　测试人员： 　　　日期： 　　　索引号：CS32-1
截 止 日： 　　　复核人员： 　　　日期： 　　　页　次：

程序号	查验过程记录	索引号
	测试情况： 测试结论：	

表 5-54 生产循环符合性测试

被审计单位名称： 　　　　　索引号：CS32-1-1 　　　　　页次：
审计项目名称： 　　　　　　编　制： 　　　　　　　　　日期：
会计期间： 　　　　　　　　复　核： 　　　　　　　　　日期：

项目	车间仓库月初存货金额	材料仓库发料单、限额领料单、发出材料汇总金额	车间仓库月末存货余额	本期应计入生产成本材料、制造费用金额	在产品			入库产成品数量	产量合计	标准成本法或定额成本法			本期应计材料定额差异	在产品成本	产成品成本
					在产品数量	当量系数	约当产量			数量	单价	金额			
	1	2	3	4	5	6	7	8	9	10	11	12	13	14	15

审计结论：

表 5-55 生产循环符合性测试检查表

被审计单位名称： 　　　　　索引号：CS32-1-2 　　　　　页次：
　　　　　　　　　　　　　　编　制： 　　　　　　　　　日期：
会计期间或截止日： 　　　　复　核： 　　　　　　　　　日期：

序号	样本主要内容				样本名称 测试内容											备注
	日期	凭证	内容	金额	1	2	3	4	5	6	7	8	9	10	11	12	

测试内容：1.
　　　　　2.

测试结论：

编制说明：
1. 本表用于测试某项业务内部控制制度的实际执行情况。
2. 样本可以根据审计项目、程序或业务循环抽取。
3. 测试内容应根据该项业务相关内部控制的关键控制点设置。
4. 结论为对该项业务相关内部控制制度执行情况做出评价，应明确其是否可以信赖，并说明对实质性测试的影响。
5. 测试内容执行情况中，执行打√，未执行打×，不适用记○。

（3）工薪与人事循环测试的相关测试底稿示例见表 5-56—表 5-57。其实质性测试的记录没有统一格式，可以将测试事项和测试过程记录下来，取得的佐证资料（如复印件等），一并作为其实质性测试工作底稿，并按编号规则编号。

表 5-56　工薪与人事循环符合性测试程序表

单位名称：	测试人员：	日期：	索引号：CS33
截 止 日：	复核人员：	日期：	页　次：1/1

测试重点	常规测试程序	索引号
	一、工资及应付工资相关内部控制制度的符合性测试 1. 工资标准的制定及相关内部控制制度的符合性测试 2. 计时、计件工资的原始记录是否齐全 3. 选择若干时期的工资汇总表，应做下列检查 （1）工资汇总表的计算是否正确 （2）应付工资总额与人工费用分配汇总表中合计数是否相符 （3）代扣款项的账务处理是否正确 4. 抽查工资单，从中选取不同类型员工，应做下列检查 （1）员工工资卡或人事档案，以确定工资发放依据 （2）员工工资率及实发工资额的计算是否正确 （3）实际工时统计记录（或产量统计报告）与员工个人钟点卡（或产量记录）是否相符 （4）员工加班加点记录与主管人员签证的月度加班汇总表是否相符 二、直接人工成本测试 1. 对于采用计时工资制的，抽取实际工时统计记录、员工工资表及分类表、人工费用分配汇总表等 （1）从成本计算单中选样核对直接人工成本与人工费用分配汇总表中相应的实际工资费用是否相符 （2）核对实际工时统计记录与人工费用分配汇总表中相应的实际工时是否相符 （3）抽取并核对生产部门若干期间的工时台账与实际工时统计记录是否相符 （4）当没有实际工时统计记录时，根据员工工资分类表，计算复核人工费用分配汇总表中相应的直接人工费用是否合理 2. 对于采用计件工资制的，抽取产量统计报告、个人（小组）产量记录和经批准的单位工资标准或计件工资制度 （1）核对按统计产量和单位工资标准计算的人工费用与成本计算单中直接人工成本是否相符 （2）抽取若干直接人工（小组）的产量记录，检查是否被汇总计入产量统计报告 3. 对于采用标准成本法的，抽取生产通知单或产量统计报告、工时统计报告和经批准的单位标准工时、标准工时工资率、直接人工的工资汇总等资料 （1）根据产量和单位标准工时计算标准工时总量，再乘以标准工时工资率，以检查其是否与成本计算单中的直接人工成本相符 （2）直接人工成本差异的计算与账务处理是否正确，直接人工的标准成本在年度内有无重大变更	

测试说明：

测试结论：

表 5-57　工薪与人事循环符合性测试工作底稿

单位名称：		测试人员：	日期：	索引号：CS33-1
截 止 日：		复核人员：	日期：	页　次：
程序号		查验过程记录		索引号
	测试情况： 测试结论：			

2. 生产与仓储业务循环主要报表项目审计

1）生产与仓储业务循环报表项目常用审计程序

生产与仓储循环涉及的主要报表项目包括：存货（包括材料采购、在途物资、原材料、材料成本差异、库存商品、发出商品、商品进销差价、委托加工物资、委托代销商品、受托代销商品、周转材料、生产成本、制造费用、劳务成本、存货跌价准备等）、应付职工薪酬、营业成本等。存货所涉及的账户按其特点可以分为实物类和生产成本（劳务）类，应付职工薪酬属于负债类，营业成本属于损益类。往来类常用审计程序是函证程序，但应付职工薪酬一般不使用函证程序，使用分析性程序和询问与复核等程序即可。损益类主要采用分析性程序和关注截止性，营业成本审计也不例外，在此不再说明。前面提到的研发支出可以参照成本类账户的审计程序实施审计。生产与仓储循环涉及的主要报表项目审计常用程序见表5-58。

表 5-58　生产与仓储循环主要报表项目常用审计程序表

资产类别	常用审计程序	审计目标	实 施 方 法
实物类（存货）	监盘	存在性、计价与分摊	监盘各类存货，检查数量与质量，是否账实相符，计提减值是否恰当
	重新计算	准确性、计价与分摊	对存货发出成本、材料成本差异、存货跌价准备，均可以采用重新计算的方式
	询问与复核	分类、计价与分摊、准确性、完整性	询问存货采用的会计政策、会计估计和会计方法，是否建立存货盘点制度；复核材料、产品核算的原始凭证及其汇总表，检查会计分录是否正确等
	实质性分析程序	计价与分摊、准确性、完整性、舞弊	通过产能分析材料成本是否合理；利用量本利关系分析；利用财务指标分析等
成本类	重新计算	计价与分摊、准确性	对成本的人工费、材料费、制造费用等均可执行重新计算程序
	询问与复核	准确性、计价与分摊、完整性	询问成本核算流程、成本归集原则和计算方法、完工成本与未完工成本分配标准，并复核相关资料；询问并复核五险一金、工会费、职工教育经费等是否分配计入成本
	现场察看	存在、计价与分摊	如有必要，应到现场察看生产规模、生产程序，检查是否与计划安排的生产相符，防止虚列在产品成本的信息舞弊
	分析性程序	计价与分摊、准确性、完整性、舞弊	利用本量利关系和财务指标等进行分析，利用生产预算安排分析，利用产能分析。如发现异常，需进一步检查，直到排除疑虑为止

续表

资产类别	常用审计程序	审计目标	实 施 方 法
应付职工薪酬	询问与复核	发生、准确性、舞弊	询问工资政策和发放规定,复核相关原始凭证。一般年终工资应结算清楚,如存在大额应付职工薪酬,需进一步检查,直到排除疑虑为止
	分析性程序	准确性、发生、舞弊	利用料、工、费比例分析是否正常。如发现异常,需进一步检查,直到排除疑虑为止
	重新计算	准确性、发生、完整性	按工资计算流程重新计算工资费用
营业成本	重新计算	准确性、发生、计价与分摊	重新计算已销售商品的成本
	分析性程序	准确性、完整性	利用本量利关系分析、预算与计划分析,与以前年度收入成本比分析、产能分析等
	截止性检查	截止性、合法性、舞弊	与检查营业收入的截止性一样,查看发货日期、发票日期、合同日期等

2) 生产与仓储业务报表项目审计与结果的记录

按照执业准则的要求,报表项目审计情况和审计结论应作为审计证据,记录于审计工作底稿。生产与仓储业务报表项目审计类工作底稿一般也分为三级。

生产与仓储业务涉及的具体账户比较多,下面仅以存货、应付职工薪酬、营业成本分别例示其审计程序及工作底稿。

(1) 存货类常用审计工作底稿。存货是资产类,其审计工作底稿索引号均以 A05 及其分级表示,其中出现 A05-1、A5-02、A5-03 等,则是分别表示存货下的不同类别,如原材料类、成本类等。其下 A05-1-1、A05-2-1 等则均表示细节测试表。其审计工作底稿示例见表 5-59—表 5-70。

表 5-59 存货审计程序表

被审计单位名称:　　　　　　　　索引号:A05　　　　　　　　页次:
　　　　　　　　　　　　　　　　编　制:　　　　　　　　　　日期:
会计期间或截止日:　　　　　　　复　核:　　　　　　　　　　日期:

审计目标与程序	执行情况说明			
	是否适用	底稿索引	执行人	日期
一、审计目标 1. 确定存货是否存在;确定存货是否归被审计单位所有 2. 确定存货增减变动的记录是否完整 3. 确定存货的品质状况,存货跌价准备的计提是否合理 4. 确定存货的计价方法是否恰当;确定存货年末余额是否正确 5. 确定存货在会计报表上的披露是否恰当 二、审计程序 1. 核对各存货项目明细账与总账、报表的余额是否相符				

续表

审计目标与程序	执行情况说明			
	是否适用	底稿索引	执行人	日期
2. 检查资产负债表日存货的实际存在；参与被审计单位存货盘点的事前规划，或向委托人索取存货盘点计划；审计人员亲临现场观察存货盘点，监督盘点计划的执行，并作适当抽点。盘点结束后索取盘点明细表、汇总表副本进行复核，并选择数额较大、收发频繁的存货项目与永续盘存记录进行核对				
3. 如未参与年末盘点，应在审计外勤工作时对存货进行抽查；获取并检查被审计单位期末存货盘点计划及存货盘点明细表、汇总表，评价委托人盘点的可信程度；选择重点的存货项目进行抽查盘点或全额盘点，并倒推计算出资产负债表日的存货数量				
4. 在监盘或抽查被审计单位存货时，要检查有无代他人保存和来料加工的存货，有无未作账务处理而置于(或寄存)他处的存货，这些存货是否正确列示于存货盘点表中				
5. 在监盘或抽查被审计单位存货时，要注意观察存货的品质状况，要征询技术、财务人员的意见，以了解和确定存货中属于残次、毁损、滞销积压的存货及其对当年损益的影响				
6. 获取存货盘点盈亏调整和损失处理记录，检查重大存货盘亏和损失的原因有无充分合理的解释，重大存货盘亏和损失的会计处理是否已经授权审批，是否正确及时地入账				
7. 检查被审计单位存货跌价损失准备计提和结转的依据、方法和会计处理方法是否正确，是否经授权批准，前后期是否一致				
8. 查阅资产负债表日前后若干天的存货增减变动的有关账簿记录和原始凭证，检查有无存货跨期现象，是否存在资产负债表日止已入库的存货应作暂估入账而不作暂估入账，如有，应做出记录，必要时进行适当调整				
9. 根据被审计单位存货计价方法，抽查年末结存量比较大的存货的计价是否正确。若存货以计划成本计价，还应检查"材料成本差异"账户发生额、转销额是否正确，年末余额是否恰当。注意有无任意改变材料差异的分配方法，有无不按月结转材料成本差异或任意多转、少转、不转差异的情况				
10. 抽查材料采购账户，对大额的采购业务，追查自订货至到货验收、入库全过程的合同、凭证、账簿记录，以确定其是否完整、正确。抽查有无购货折让、购货退回、损坏赔偿、调换等事项。抽查若干在途材料项目，追查至相关购货合同及购货发票，并复核采购成本的正确性				
11. 不设"材料采购"科目的，上述检查方法适用于对在途材料和原材料、包装物购进的检查。抽查存货发出的原始凭证是否齐全、内容是否完整、计价是否正确				
12. 抽查委托加工材料发出收回的合同、凭证，核对其计费、计价是否正确，有无长期未收回的货款，必要时对委托加工材料的实际存在进行函证				
13. 抽查大额分期收款发出商品的原始凭证及相关协议、合同，确定其是否按约定时间收回货款；如有逾期或其他异常事项，由被审计单位做出合理解释，必要时进行函证				
14. 低值易耗品与固定资产的划分是否合理，其摊销方法及摊销金额的确定是否正确				

续表

审计目标与程序	执行情况说明			
	是否适用	底稿索引	执行人	日期
15. 对业已进账并纳入资产负债表内的受托代销商品，可参照存货的检查方法进行检查；对未进账、资产负债表外的受托代销商品的检查，可依据"受托代销商品备查簿"进行实物盘点，与"备查簿"及相关记录核对一致，如有差异，查明原因并做出记录				
16. 抽查成品的交库单，核对其品种、数量和实际成本与生产成本的结转数是否相符				
17. 抽查产成品的发出凭证，核对其品种、数量和实际成本与产品销售成本的结转数是否相符				
18. 了解存货的保险情况和存货防护措施的完善程度，并作出相应记录				
19. 验明存货是否已在资产负债表上恰当披露				

表 5-60　存货审定表

被审计单位名称：　　　　　　索引号：A05-1　　　　　　　　页次：
审计项目名称：　　　　　　　编　制：　　　　　　　　　　　日期：
会计期间或截止日：　　　　　复　核：　　　　　　　　　　　日期：

索引号	存货类别	期末账面未审数		存货盘存表存金额	盘存与账面差异金额	差异原因	调整数	审定数
		结存金额	成本差异借(＋)贷(－)					
	1. 库存材料							
	(1)原材料							
	原材料及主要材料							
	辅助材料							
	外购半成品							
	修理用备件							
	(2)包装物							
	(3)低值易耗品							
	2. 在途材料							
	3. 委托加工材料							
	4. 在制品							
	5. 自制半成品							

续表

索引号	存货类别	期末账面未审数		存货盘存表金额	盘存与账面差异金额	差异原因	调整数	审定数
		结存金额	成本差异借(+)贷(-)					
	6. 产成品							
	7. 分期收款发出商品							
	8. 库存商品							
	9. 材料成本差异							
	合计							

审计说明及调整分录：

审计结论：

编制说明：
1. 附存货盘存表。
2. 材料成本差异金额如借方余额在金额前记"+"，如贷方余额在金额前记"-"。
3. 附材料成本差异分配审定表、存货抽盘表、存货计价审定表。

表 5-61 存货抽盘表

被审计单位名称：　　　　　　　索引号：A05-1-1　　　　　　　页次：
审计项目名称：　　　　　　　　编　制：　　　　　　　　　　日期：
截止日：　　　　　　　　　　　复　核：　　　　　　　　　　日期：

序号	品名型号规格	计量单位	盘点实存	加盘前付出量	减盘前收入量	实存数量	账面结存		差异			调整数	审定数
							数量	金额	数量	单价	金额		
1													
2													
…													
合　计													

审计说明及调整分录：

审计结论：

编制说明：
1. 存货抽查应包括材料、产成品等各类存货。
2. "差异"栏盘亏在数量和金额前用"-"号表示。
3. 盘点时应对存货的质量状况予以关注。
4. 存货抽查合计金额占会计报表余额的比重应在审计说明中表明。
5. 行次不足填列，另行加页。

表 5-62　存货抽查情况表

抽查日期：　　　　　　　　　　年　月　日　　　　　　　　　　　索引号：A05-1-2
单位名称：　　　　　　　　　　仓库名称：
陪同人员：　　　　　　　　　　抽查人员：　　　　　　　　　　　　单位：元

存货名称和规格	单位	单价	盘点前账面记录		尚未入账数				应结存		盘点记录		抽查记录		抽查结果差异		品质状况（正常、残次、毁损、滞销等）
					入库		支出										
			数量	金额	数量	金额	数量	金额	数量	金额	数量	金额	数量	金额	数量	金额	
1	2	3	4	5=3×4	6	7=3×6	8	9=3×8	10=4+6−8	11=5+7−9	12	13=3×12	14	15=3×14	16=14−10	17=15−11	18
合　计																	

抽查结果汇总：　　　　　　　　　　　　　　　　　审计说明：

抽查金额：　　　　应存账面金额合计：　　　　抽查比率：
正确金额：　　　　　　　　　　　　　　　　　　抽查正确率：

查验人员：　　　　　　　日期：　　　　　　复核人员：　　　　　　　日期：

注：本表应按每类材料编制一张。原材料（　）库存商品（　）低值易耗品（　）在产品（　）周围材料（　）自制半成品（　）委托加工物资（　）

表 5-63　成本差异分配审定表

被审计单位名称：　　　　　　索引号：A05-1-3　　　　　　　　　页次：
审计项目名称：　　　　　　　编　制：　　　　　　　　　　　　日期：
会计期间或截止日：　　　　　复　核：　　　　　　　　　　　　日期：

项　目	结存−进货−差异			本期发出			核对
	金额	差异	差异率	金额	差异	差异率	
1.							
期初							
本期进货							
合计							
2.							
期初							
本期进货							
合计							

续表

项目	结存-进货-差异			本期发出			核对
	金额	差异	差异率	金额	差异	差异率	
3.							
期初							
本期进货							
合计							
4.							
期初							
本期进货							
合计							

审计说明及调整分录：

审计结论：

编制说明：
1. 本表用于审验实行计划价格核算存货企业材料成本差异的审定。
2. 成本差异如为贷方金额，应在金额前用"－"号表示。
3. 成本差异重点审计成本差异发生额、差异率、差异额转销是否正确，年末余额是否恰当。
4. 材料成本差异按明细核算填列。

表5-64 存货计价审定表

被审计单位名称： 索引号：A05-1-4 页次：
审计项目名称： 编 制： 日期：
截止日： 复 核： 日期：

存货编号	名称规格	计量单位	期初(6月1日)			本期入库			本期发出			期末(6月30日)			计价方法	调整数	审定数
			数量	单价	金额	数量	单价	金额	数量	单价	金额	数量	单价	金额			

续表

存货编号	名称规格	计量单位	期初(6月1日)			本期入库			本期发出			期末(6月30日)			计价方法	调整数	审定数
			数量	单价	金额	数量	单价	金额	数量	单价	金额	数量	单价	金额			

审计说明及调整分录：

审计结论：

编制说明：

1. 本表验证企业发出存货计价方法的执行情况。
2. 存货计价审计，可按重要性原则，采取重点抽查方法，并说明抽查比例。
3. "审计项目名称"中按存货类别填列。

表5-65 存货盘盈、盘亏、报废检查情况表

被审计单位名称： 索引号：A05-1-5 页次：
编　制： 日期：
截止日： 复　核： 日期：

存货类别	金　额		授权审批人	盘盈会计处理贷方科目	盘亏、报废会计处理借方科目	备注
	盘盈	盘亏				
合　计						

审计说明：

表 5-66　采购业务检查情况表

单位名称：　　　　　　　　　查验人员：　　　　　　　日期：　　　　　　　索引号：A05-2-1
所属日期：　　　　　　　　　复核人员：　　　　　　　日期：　　　　　　　单　位：元

序号	合同编号	选定大额的购货合同样本					检查核对															备注
							供货发票						入库单						凭证	过账	付款	
		供应商	货名	规格	数量	金额	日期	发票编号	1	2	3	4	日期	发票编号	1	2	3	4	5	6	7	8	9	10	

核对说明
1. 发票所列货名/型号/规格与合同核对一致
2. 发票所列数量与合同核对一致
3. 发票所列金额(单价)与合同核对一致
4. 发票入账前经主管人员复核批准
5. 入库货名、型号、规格与发票核对一致
6. 入库数量与发票核对一致
7. 入库金额(实际)与发票核对一致
8. 货物已经仓库保管员签收
9. 记账凭证分录核对正确
10. 记账凭证金额核对正确
11. 已计入明细账
12. 已计入总分类账
13. 银行付款与发票核对一致
14. 已经主管人员批准同意

审计说明：

查验人员：　　　　　　　　　日期：　　　　　　　复核人员：　　　　　　　日期：

表 5-67　生产成本和销售成本检查表 1

单位名称：　　　　　　　　　查验人员：　　　　　　　日期：　　　　　　　索引号：A05-3-1(1/3)
所属日期：　　　　　　　　　复核人员：　　　　　　　日期：　　　　　　　单　位：元

程序号	查验过程记录	索引号
	一、抽样检查　　月份生产成本和销售成本的正确性	
	（一）月份生产成本计算单	
		项目	原材料	自制半成品	工资及福利费	制造费用	合计	
		月初在产品成本						
		本月生产费用						
		生产费用合计						
		月末在产品成本						
		本月完工产品成本						
		单位产品成本						
	审计说明：	

表 5-68　生产成本和销售成本检查表 2

单位名称：　　　　　　　　查验人员：　　　　　　日期：　　　　　　索引号：A05-3-1(2/3)
所属日期：　　　　　　　　复核人员：　　　　　　日期：　　　　　　单　位：元

程序号	查验过程记录										索引号
	（二）　　　　　　　　　　　月份产成品明细账										
	日期	摘要	收入			支出			结存		
			数量	单价	金额	数量	单价	金额	数量	单价	金额
		上月结存									
		本月完工									
		本月销售									
	审计说明：										

表 5-69　生产成本和销售成本检查表 3

单位名称：　　　　　　　　查验人员：　　　　　　日期：　　　　　　索引号：A05-3-1(3/3)
所属日期：　　　　　　　　复核人员：　　　　　　日期：　　　　　　单　位：元

程序号	查验过程记录					索引号
	二、部分产品单位成本变化情况					
	产品名称	单位成本检查情况				
		原来	现在	差异	是否正常	
	审计说明：					

表 5-70 存货跌价准备审计程序及确认表

被审计单位名称：　　　　　　　　索引号：A05-4-1　　　　　　　　　页次：
　　　　　　　　　　　　　　　　编　　制：　　　　　　　　　　　　日期：
会计期间或截止日：　　　　　　　复　　核：　　　　　　　　　　　　日期：

目标及程序	执行情况说明			
	是否适用	工作底稿索引	执行人	日期
一、审计目标 1. 确定存货跌价准备的发生是否真实，转销是否合理 2. 确定存货跌价准备发生和转销的记录是否完整 3. 确定存货跌价准备的期末余额是否正确 4. 确定存货跌价准备的披露是否恰当 二、审计程序 1. 获取或编制存货跌价准备明细表，复核加计正确，并与报表数、总账数和明细账合计数核对是否相符 2. 检查存货跌价准备计提和核销的批准程序，取得书面报告等证明文件 3. 评价存货跌价准备所依据的资料、假设及计提方法 4. 检查被审计单位是否于期末对存货作检查分析，对应计提存货跌价准备和应全额计提存货跌价准备的情况划分是否正确，存货跌价准备的计算和会计处理是否正确 5. 比较前期存货跌价准备数与实际发生数 6. 检查存货的期后售价是否低于原始成本 7. 对已计提跌价准备的存货的价值又得以恢复，其冲减跌价准备金额是否以本科目的余额冲减到零为限，依据是否充分 8. 验明存货跌价准备的披露是否恰当				

审计情况及说明：(必须说明本期确认存货跌价准备的依据、金额、调整依据及金额等内容，也可另行设计表格加以说明)

（2）应付职工薪酬常用审计工作底稿。应付职工薪酬是负债类，其审计工作底稿索引号均以 B04 及其分级表示，其审计工作底稿示例见表 5-71—表 5-75。

表 5-71 应付职工薪酬审计程序表

被审计单位名称：　　　　　　　　索引号：B04　　　　　　　　　　　页次：
审计项目名称：应付职工薪酬　　　编　　制：　　　　　　　　　　　　日期：
会计期间或截止日：　　　　　　　批　　准：　　　　　　　　　　　　日期：

可供选择的实质性程序	是否选择	索引号
1. 获取或编制应付职工薪酬明细表，复核加计是否正确，并与报表数、总账数和明细账合计数核对是否相等		
2. 实施实质性分析程序(步骤见"存货"实质性程序)		

续表

可供选择的实质性程序	是否选择	索引号
3. 检查应付职工薪酬的本期发生 （1）对按照职工提供服务情况和工资标准计算的职工薪酬（如工资），获取工资计算表，将工资标准与有关规定进行核对，选取样本进行测试 （2）对国家规定了计提基础和计提比例的职工薪酬（如失业保险金、工伤保险金），检查是否按照规定的计提基础和比例计提		
4. 检查应付职工薪酬的确认，与生产成本、制造费用、在建工程等相关账项进行核对，确定会计处理是否正确		
5. 对本期应付职工薪酬的减少，检查至支持性文件，确定会计处理是否正确		
6. 检查应付职工薪酬的期后付款情况，并关注在资产负债表日至财务报表批准报出日之间，是否有确凿证据表明需要调整资产负债表日原确认的应付职工薪酬事项		
7. 针对评估的舞弊风险等因素增加的审计程序		
8. 检查应付职工薪酬是否按照企业会计准则的规定恰当列报和披露		

表 5-72 应付职工薪酬审定表

被审计单位名称：　　　　　　　　索引号：B04-1　　　　　　　　页次：
审计项目名称：应付职工薪酬　　　编　制：　　　　　　　　　　日期：
会计期间或截止日：　　　　　　　批　准：　　　　　　　　　　　日期：

项目名称	期末未审定数	账项调整		重分类调整		期末审定数	上期审定数	索引号
		借方	贷方	借方	贷方			
1. 工资（包括奖金、津贴、补贴等）								
2. 职工福利								
3. 社会保险费								
（1）医疗保险费								
（2）养老保险费								
（3）失业保险费								
（4）工伤保险费								
（5）生育保险费								
4. 住房公积金								
5. 工会经费								
6. 职工教育经费								
7. 非货币性福利								
8. 辞退福利								
……								
合计								

审计结论：

表 5-73 应付职工薪酬明细表

被审计单位名称：　　　　　　　　　　索引号：B04-1-1　　　　　　　　　　页次：
审计项目名称：应付职工薪酬　　　　　编　制：　　　　　　　　　　　　　　日期：
会计期间或截止日：　　　　　　　　　批　准：　　　　　　　　　　　　　　日期：

项目名称	期初数	本期增加	本期减少	期末数	备注
1. 工资（包括奖金、津贴、补贴等）					
2. 职工福利					
3. 社会福利费					
（1）医疗福利费					
（2）养老保险费					
（3）失业保险费					
（4）工伤保险费					
（5）生育保险费					
4. 住房公积金					
5. 工会经费					
6. 职工教育经费					
7. 非货币性福利					
8. 辞退福利					
……					
合计					

审计说明：

表 5-74 应付职工薪酬计提情况检查表

被审计单位名称：　　　　　　　　　　索引号：B04-1-2　　　　　　　　　　页次：
审计项目名称：应付职工薪酬　　　　　编　制：　　　　　　　　　　　　　　日期：
会计期间或截止日：　　　　　　　　　批　准：　　　　　　　　　　　　　　日期：

项目名称	已计提金额	应计提基数	计提比率	应计提金额	应提与已提的差异	备注
1. 工资（包括奖金、津贴、补贴）						
2. 职工福利						
3. 社会保险费						
（1）医疗保险费						
（2）养老保险费						
（3）失业保险费						
（4）工伤保险费						
（5）生育保险费						

续表

项目名称	已计提金额	应计提基数	计提比率	应计提金额	应提与已提的差异	备注
4. 住房公积金						
5. 工会经费						
6. 职工教育经费						
7. 非货币性福利						
8. 辞退福利						
…						
合计						

审计说明：

表 5-75 应付职工薪酬分配情况检查表

被审计单位名称： 索引号：B04-1-3 页次：
审计项目名称：应付职工薪酬 编 制： 日期：
会计期间或截止日： 批 准： 日期：

项目名称	产品成本	管理费用	在建工程	…	合计	核对是否正确	差异原因
1. 工资(包括奖金、津贴、补贴等)							
2. 辞退福利							
3. 社会保险费							
（1）医疗保险费							
（2）养老保险费							
（3）失业保险费							
（4）工伤保险费							
（5）生育保险费							
4. 住房公积金							
5. 工会经费							
6. 职工教育经费							
7. 非货币性福利							
8. 辞退福利							
…							
合计							

审计说明：

(3) 营业成本常用审计工作底稿。营业成本是损益类，其审计工作底稿索引号均以 D02 及其分级表示，其审计工作底稿示例见表 5-76—表 5-80。

表 5-76 主营业务成本审计程序表

被审计单位名称： 索引号：D02 页次：
审计项目名称： 编 制： 日期：
会计期间或截止日： 批 准： 日期：

目标及程序	执行情况说明			
	是否适用	工作底稿索引	执行人	日期
一、审计目标 1. 确定产品销售成本的记录是否完整 2. 确定产品销售成本的计算是否正确 3. 确定主营业务成本与主营业务收入是否配比 4. 确定产品销售成本在会计报表上的披露是否恰当 二、审计程序 1. 直接材料成本： 抽查产品成本计算单，检查直接材料成本的计算是否正确，材料费用的分配标准与计算方法是否合理和适当，是否与材料费用分配汇总表中该产品分摊的直接材料费用相符；分析比较同一产品前后年度的直接材料成本，如有重大波动应查明原因；抽查材料发出及领用的原始凭证，检查领料单的签发是否经过授权批准，材料发出汇总表是否经过适当的人员复核，材料单位成本计价方法是否适当，是否正确及时地入账；对采用定额成本或标准成本的企业，应检查直接材料成本差异的计算、分配与会计处理是否正确，并查明直接材料的定额成本、标准成本在本年度内有无重大变更 2. 直接人工成本： 抽查产品成本计算单，检查直接人工成本的计算是否正确，人工费用的分配标准与计算方法是否合理和适当，是否与人工费用分配汇总表中该产品分摊的直接人工费用相符；将年度内直接人工成本与前期进行比较，查明其异常变动的原因；结合应付工资的审查，抽查人工费用会计记录及会计处理是否正确；对采用标准成本法的，应抽查直接人工成本差异的计算、分配与会计处理是否正确，并查明直接人工的标准成本在本年度内有无重大变动 3. 制造费用： 获取或编制制造费用汇总表，并与明细账和总账核对相符，抽查制造费用中的重大数额项目及例外项目是否合理；审阅制造费用的明细账，检查其核算内容及范围是否正确，并应注意是否存在异常会计事项，如有，则应追查至记账凭证及原始凭证；必要时，对制造费用实施截止日测试，即检查资产负债表日前后若干天的制造费用明细账及其凭证，确定有无跨期入账的情况；对于采用标准成本法的，应抽查标准制造费用的确定是否合理，计入成本计算单的数额是否正确，制造费用差异的计算、分配与会计处理是否正确，并查明标准制造费用在本年度内有无重大变动				

续表

目标及程序	执行情况说明			
	是否适用	工作底稿索引	执行人	日期
4. 主营业务成本： 获取或编制主营业务成本明细表，与明细账和总账核对相符；编制生产成本及销售成本倒轧表，与总账核对相符；分析比较本年度与上年度的主营业务成本总额，以及本年度各月份产品销售成本金额，如有重大波动和异常情况，应查明原因；结合生产成本的审计，抽查主营业务成本结转数额的正确性，并检查其是否与销售收入配比；检查销售成本账户中重大调整事项(如销售退回、委托代销商品)是否有其充分理由 5. 验明产品销售成本是否已在损益表上恰当披露				

表5-77 主营业务成本审定表

被审计单位名称： 索引号：D02-1 页次：

编　制： 日期：

会计期间或截止日： 复　核： 日期：

索引号	月　份	合　计	其中：主要产品或大类				
	1月						
	2月						
	3月						
	4月						
	5月						
	6月						
	7月						
	8月						
	9月						
	10月						
	11月						
	12月						
	未审数合计						
	调整数						
	审定数						

审计说明及调整分录：

审计结论：

编制说明：

1. 应按主营业务成本的大类品种分别列示。
2. 主营业务成本经各项审计测试后，应将调整事项做出详细说明，附后。
3. 本审定表应与生产成本及销售成本倒轧表相互勾稽。

表 5-78　生产成本及销售成本倒轧表

被审计单位名称：　　　　　　　　索引号：D02-2　　　　　　　　　　页次：
审计项目名称：　　　　　　　　　编　　制：　　　　　　　　　　　　日期：
会计期间：　　　　　　　　　　　复　　核：　　　　　　　　　　　　日期：

索引号	项　　目	未审数	调整数	审定数	备注
	直接材料成本				
	加：直接人工成本				
	制造费用				
	外购动力费用等				
	委托加工费用等				
	生产成本				
	加：在产品期初余额				
	减：在产品期末余额				
	产品生产成本				
	加：产成品期初余额				
	分期收款发出商品期初余额				
	其他增加				
	减：产成品期末余额				
	分期收款发出商品期末余额				
	其他减少				
	产品销售成本				

审计说明及调整分录：

审计结论：

编制说明：

1. 本表用于控制各有关成本计算项目，以倒轧方式计算销售成本。
2. 表列期初余额应与上年度审定数一致，各项目发生额或期末余额应与相关的审定表一致。
3. 凡有出口产品"进项税额"处理，在"项目"栏空行中填列。
4. 索引号按各有关审计工作底稿索引号填列。

表 5-79　生产成本审定表

被审计单位名称：　　　　　　　　索引号：D02-3　　　　　　　　　页次：
　　　　　　　　　　　　　　　　编　制：　　　　　　　　　　　　日期：
会计期间或截止日：　　　　　　　复　核：　　　　　　　　　　　　日期：

索引号	项目及内容	期初数	本期发生数	本期转出数	期末未审数	调整数	审定数
	合计						
	其中：						
	1.						
	2.						
	…						

审计说明及调整分录：

审计结论：

编制说明：
1. "项目及内容"栏，应按被审计单位的核算对象（如：分产品核算的、按车间核算的……）予以列示。
2. 调整事项应作详细说明，附后。
3. 本审定表完成后，应与销售成本倒轧表中的生产成本相互勾稽。

表 5-80　制造费用审定表

被审计单位名称：　　　　　　　　索引号：D02-4　　　　　　　　　页次：
　　　　　　　　　　　　　　　　编　制：　　　　　　　　　　　　日期：
会计期间或截止日：　　　　　　　复　核：　　　　　　　　　　　　日期：

索引号	项目	总账金额	明细(车间)账金额		
	本期发生(未审)数				
	本期转出数				
	调整数				
	审定数				

查证情况(车间不足填列可加页)：

		车　间			车　间		
	明细项目	未审数	调整数	审定数	未审数	调整数	审定数
	工资						
	福利费						
	折旧费						
	修理费						

续表

明细项目	车间			车间		
	未审数	调整数	审定数	未审数	调整数	审定数
保险费						
低值易耗品						
机物料消耗						
水电费						
办公费						
劳动保护费						
…						
合　计						
本期转出数						

审计说明及调整分录：

审计结论：

编制说明：季节性生产企业有期初、期末余额的，可在"项目"栏空行中填列。

5.1.5 投资与筹资业务循环审计

1. 投资与筹资循环业务内部控制测试与评价

1) 投资与筹资循环业务的关键控制环节及控制措施

（1）投资与筹资循环业务的主要活动及风险。投资与筹资循环业务可以划分为投资循环业务和筹资循环业务。投资业务的主要活动包括：提出投资方案、投资方案审批、编制投资计划、实施投资方案及投资资产处置等。筹资业务的主要活动包括：提出筹资方案、筹资方案审批、制订筹资计划、实施筹资及偿还债务等。投资和筹资循环业务具有业务次数少、单次涉及金额大、对企业未来影响大的特点，投资失败风险和企业偿债风险都是企业致命的风险，古今中外的案例数不胜数。正因为事关全局和未来，所以投资与筹资业务一般由股东会（或类似权力机构）决策控制。

（2）投资与筹资业务关键控制环节及管控措施。投资与筹资业务的关键控制环节及控制措施见表5-81。

表 5-81 投资与筹资业务关键控制环节及控制措施表

业务类型	关键控制点	主要控制措施
投资业务	职责分工与授权批准控制	1. 企业应当建立投资业务的岗位责任制,确保办理投资业务的不相容岗位相互分离、制约和监督。其不相容岗位至少应当包括:投资项目的可行性研究与评估;投资的决策与执行;投资处置的审批与执行;投资绩效评估与执行 2. 配备合格的人员办理对外投资业务 3. 建立投资授权制度和审核批准制度,并按照规定的权限和程序办理投资业务 4. 制定投资业务文件档案管理制度
	投资可行性研究、评估与决策控制	1. 应当加强投资可行性研究、评估与决策环节的控制,对投资项目建议书的提出、可行性研究、评估、决策等做出明确规定,确保投资决策合法、科学、合理 2. 应经股东大会(或者企业章程规定的类似权力机构)批准 3. 建立重大项目联签制度
	投资执行控制	1. 应当制定投资实施方案。实施方案的变更,应当重新履行审批程序 2. 对派驻被投资企业的有关人员建立适时报告、业绩考评与轮岗制度 3. 加强投资收益的控制和会计核算 4. 关注减值情况
	投资处置控制	1. 加强投资处置环节的控制,对投资收回、转让、核销等的决策和授权批准程序做出明确规定 2. 认真审核与投资处置有关的审批文件、会议记录、资产回收清单等相关资料,确保资产处置真实、合法 3. 建立投资奖励与责任追究制度
筹资业务	岗位分工与授权批准	1. 建立筹资业务的岗位责任制。确保办理筹资业务的不相容岗位相互分离、制约和监督。筹资业务的不相容岗位至少包括:筹资方案的拟订与决策;筹资合同或协议的审批与订立;与筹资有关的各种款项偿付的审批与执行;筹资业务的执行与相关会计记录 2. 应当配备合格的人员办理筹资业务 3. 建立严格的授权批准制度 4. 制定筹资业务流程,确保筹资全过程得到有效控制 5. 建立筹资决策、审批过程的书面记录制度以及有关合同或协议、收款凭证、支付凭证等资料的存档、保管和调用制度,加强对与筹资业务有关的各种文件和凭据的管理,明确相关人员的职责权限
	筹资决策控制	科学决策筹资数量、筹资时间、筹资方式和筹资渠道
	筹资执行控制	1. 签订筹资合同 2. 及时取得资金并入账 3. 严格按规定用途使用
	筹资偿付控制	1. 建立偿还批准制度 2. 按合同或约定及时偿还 3. 及时核算 4. 定期对账

2) 筹资与投资业务控制有效性测试与评价

投资与筹资循环业务控制有效性常用测试程序及其运用见表5-82，通过相关程序的测试情况，评价是否能达到相关控制目标，得出是否有效的结论。

表5-82 投资与筹资循环业务控制有效性常用测试程序

测试程序	实施方式或要点
询问	询问筹资与投资相关的重大决策过程及实施进展，判断投资的风险；询问企业是否存在投资纠纷或债务纠纷
检查与审阅	检查筹资与投资业务中生成的文件与记录
观察	观察关键控制点的实践
重新描述	通过重新描述制度或业务流程，发现控制是否存在异常

3) 投资与筹资业务内部控制符合性测试与结果的记录

投资与筹资业务控制测试工作底稿索引号以CS4及其分级表示。相关示例见表5-83—表5-85。

表5-83 融资与投资循环符合性测试程序表

单位名称：	测试人员：	日期：	索引号：CS4
截止日：	复核人员：	日期：	页　次：1/1

测试重点	常规测试程序	索引号
	一、融资业务相关内部控制制度的符合性测试 1. 检查融资业务内部控制制度的遵循情况，并作出相应记录 2. 公司债券和股票交易是否均经董事会授权的人员办理，属巨额交易的，是否对被授权者规定明确的限额，超过限额是否获得董事会的批准 3. 融资借款是否均签订借款合同，抵押担保是否获得授权批准 4. 利息支出是否按期入账，是否划清资本性支出和收益性支出 5. 实收资本是否经注册会计师验证并经会计处理 二、投资业务相关内部控制制度的符合性测试 1. 投资项目是否均经授权批准，投资金额是否及时入账 2. 是否与被投资单位签订投资合同、协议，是否获得被投资单位出具的投资证明 3. 长期投资的核算方法是否符合有关财务会计制度的规定，相应的投资收益会计处理是否正确，手续是否齐全 4. 有价证券的买卖是否经适当授权，是否妥善保管并定期盘点核对	

测试说明：

测试结论：

表5-84 融资与投资循环符合性测试工作底稿

单位名称：　　　　　测试人员：　　　　　日期：　　　　　索引号：CS4-1
截 止 日：　　　　　复核人员：　　　　　日期：　　　　　页　次：

程序号	查验过程记录	索引号
	测试情况： 测试结论：	

表5-85 融资循环符合性测试检查表

被审计单位名称：　　　　　索引号：CS4-1-1　　　　　页次：
　　　　　　　　　　　　　编　制：　　　　　　　　　日期：
会计期间或截止日：　　　　复　核：　　　　　　　　　日期：

样本名称

序号	样本主要内容				测试内容												备注
	日期	凭证号	内容	金额	1	2	3	4	5	6	7	8	9	10	11	12	

测试内容：1.
　　　　　2.

测试结论：

编制说明：

1. 本表用于测试某项业务内部控制制度的实际执行情况。

2. 样本可以根据审计项目、程序或业务循环抽取。

3. 测试内容应根据该项业务相关内部控制的关键控制点设置。

4. 结论为对该项业务相关内部控制制度执行情况做出评价，应明确是否可以信赖，并说明对实质性测试的影响。

5. 测试内容执行情况中，执行打√，未执行打×，不适用记○。

2. 投资与筹资业务循环主要报表项目审计

1) 投资与筹资业务循环报表项目常用审计程序

投资与筹资循环涉及的主要报表项目(含账户)包括：交易性金融资产、应收股利、应收利息、可供出售金融资产、持有至到期投资、长期股权投资、投资性房地产、短期借款、应付利息、应付股利、长期借款、应付债券、长期应付款、实收资本(或股本)、资本公积、盈余公积、财务费用、公允价值变动损益、投资收益等。这些报表项目(含账户)可以划分为投资资产类、负债类(筹资负债)、权益类和相关损益类。其涉及的主要报表项目审计常用程序见表5-86。有些报表项目(含账户)分配到这个循环是基于审计工作的组织安排。

表5-86 投资与筹资循环主要报表项目常用审计程序表

资产类别	常用审计程序	审计目标	实施方法
投资类资产	函证	发生、准确性	对在外保管的投资性资产，则应发询证函确证
	重新计算	准确性、计价与分摊	对投资类资产的入账价值正确与否执行重新计算程序
	询问与复核	存在、分类、计价与分摊、准确性、完整性	询问相关资产的核算方法，复核相关会计记录与凭证。检查产权合同或产权证，复核会计记录。检查一年内到期的各种长期投资的列报是否正确，是否存在重分类错误。询问并复核公允价值变动、减值计提方式和金额
	分析性程序	舞弊风险	通过资金结构比率、资金投入产出比率、预算安排等多方面分析投资的合理性。如发现异常，需进一步检查，直到排除疑虑为止
投资、筹资相关的负债	重新计算	计价与分摊、准确性	对应付利息、应付股利等执行重新计算程序
	查阅	发生、存在、准确性、分类	查阅筹资相关文件、原始凭证和会计记录，检查会计记录是否正确。检查董事会的决议、股利支付方式及支付情况等
	分析性程序	舞弊风险及偿债风险	通过资金结构比率、资金投入产出比、现金比率、流动比率、资产比率等多方面分析筹资的合理性。如发现异常，需进一步检查，直到排除疑虑为止
投资、筹资相关的损益	询问与复核	发生、准确性、舞弊	复核本期利息、投资收益的相关原始凭证
	分析性程序	准确性、发生、舞弊	利用料、工、费比例分析是否正常。如发现异常，需进一步检查，直到排除疑虑为止
	重新计算	准确性、发生、完整性	对利息费用、投资收益、公允价值变动损益和应付股利等均可重新计算
所有者权类	查阅	准确性、发生、存在、分类	查阅投资协议、验资报告及相关凭证和会计记录

2) 投资与筹资业务报表项目审计与结果的记录

按照执业准则的要求，报表项目审计情况和审计结论应作为审计证据，记录于审计工作底稿。投资与筹资业务涉及的具体账户比较多，下面以长期投资类、借款例示其审计程序及工作底稿。

（1）长期投资类常用审计工作底稿。长期投资类的审计工作底稿索引号均以 A06 及其分级表示，其中出现 A06-1、A06-2 等，分别表示不同类别的长期投资，如股权类、债权类等。其下 A06-1-1、A06-2-1 等则均表示细节测试表。其审计工作底稿示例见表5-87至表5-93。

表 5-87　长期投资类审计程序表

被审计单位名称：　　　　　　　　索引号：A06　　　　　　　　页次：
　　　　　　　　　　　　　　　　编　制：　　　　　　　　　　日期：
资产负债表日：　　　　　　　　　批　准：　　　　　　　　　　日期：

审计目标与程序	执行情况说明			
	是否适用	工作底稿索引	执行人	日期
一、审计目标 1. 确定长期投资是否存在 2. 确定长期投资是否归被审计单位所有 3. 确定长期投资增减变动及其收益(或损失)的记录是否完整 4. 确定长期投资的核算方法(成本法或权益法)是否恰当 5. 确定长期投资年末余额是否正确 6. 确定长期投资的披露是否恰当 二、审计程序 1. 获取或编制长期投资明细表(按股票投资、其他股权投资分别列示)和长期债权投资明细表(按债券投资、可转换公司债券投资分别列示)，复核加计数是否正确，并与明细账和总账的余额核对相符 2. 检查各类长期投资的初始投资成本的确定是否符合有关会计制度的规定，会计处理是否正确，重大投资项目，应查阅董事会有关决议并取证 3. 检查投资收益、应收股利和应计利息的核算是否正确，股权投资差额和债券溢、折价的摊销是否正确 4. 检查年度内重大长期投资增减变动的原始凭证，并查明其变动原因及是否经过授权批准 5. 检查长期投资是否选用了正确的核算方法(成本法或权益法)，对于采用权益法的，应获取被投资单位业经注册会计师审计的年度会计报表，如果未经注册会计师审计，则应考虑对被投资单位的会计报表实施适当的审计或审阅程序 6. 检查长期投资和短期投资在分类上相互划转的会计处理是否正确 7. 检查可转换公司债券购入及转换为股份时的会计处理是否正确 8. 对被审计单位长期投资的可变现净值进行估计，检查长期投资减值准备的计提是否恰当 9. 检查长期投资金额占净资产的比例是否符合国家的有关限制性规定 10. 验明长期投资的披露是否符合会计准则、会计制度的规定和有关监管部门的要求				

表 5-88 长期投资类审定表

被审计单位名称： 索引号：A06-1 页次：
 编 制： 日期：
资产负债表日： 复 核： 日期：

索引号	投资类别	未审数	调整数	审定数
	长期股权投资			
	其中：股票投资			
	其他股权投资			
	长期债权投资			
	其中：债券投资			
	可转换公司债券			
	其他债权投资			
	合　计			

审计说明及调整分录： 审计结论：

表 5-89 长期股权投资明细账户——股票投资审定表

被审计单位名称：
审计项目名称：股票投资　　　编制人：　　　日期：　　　索引号：A06-1-1
资产负债表日：　　　　　　　复核人：　　　日期：　　　页　次：

索引号	被投资单位	股票类别	投资比例	核算方法	原始投资额	期初余额	本期增加	本期减少	期末未审余额	调整数	审定数
合　计											

审计说明及调整分录： 审计结论：

表 5-90 长期股权投资明细账户——其他股权投资审定表

被审计单位名称：
审计项目名称：其他股权投资　　编制人：　　　日期：　　　索引号：A06-1-2
资产负债表日：　　　　　　　　复核人：　　　日期：　　　页　次：

索引号	被投资单位	是否有合同或协议	投资方式	投资比例	核算方法	原始投资额	期初余额	本期增加	本期减少	期末未审余额	调整数	审定数	是否按核算方法决算

审计说明及调整分录： 审计结论：

表 5-91 长期债权投资明细账户——债券投资审定表

被审计单位名称：
审计项目名称：债券投资　　　　编制人：　　　　日期：　　　　索引号：A06-02-1
资产负债表日：　　　　　　　　　复核人：　　　　日期：　　　　页　次：

索引号	被投资单位	投资期间	付息方式	数量	年利率	票面价值	购入价值	期初余额		本期增加		本期减少		期末余额		调整数		审定数	
								本金	利息	本金	利息	本金	利息	本金	利息	本金	利息	本金	利息

审计说明及调整分录：　　　　　　　　　　　　　审计结论：

表 5-92 长期债权投资明细账户——其他债权投资审定表

被审计单位名称：
审计项目名称：其他债权投资　　　编制人：　　　　日期：　　　　索引号：A06-2-2
资产负债表日：　　　　　　　　　复核人：　　　　日期：　　　　页　次：

索引号	被投资单位	投资期间	年利率	期初余额		本期增加		本期减少		期末余额		调整数		审定数	
				本金	利息	本金	利息	本金	利息	本金	利息	本金	利息	本金	利息

审计说明及调整分录：　　　　　　　　　　　　　审计结论：

表 5-93 长期投资减值准备审核表

被审计单位名称：
审计项目名称：长期投资　　　　编制人：　　　　日期：　　　　索引号：A06-3
资产负债表日：　　　　　　　　复核人：　　　　日期：　　　　页　次：

投资项目	账面余额	已提减值准备	账面价值	减值因素	可变现净值	本期应计提（或应转回）数	实提数	调整数	审定数
合　计									

审计说明及调整分录：　　　　　　　　　　　　　审计结论：

(2) 短期借款与长期借款常用审计工作底稿。该类索引号均以 B 为类别标识,根据各表之间的关系依次编号。具体详见表 5-94—表 5-99。

表 5-94 短期借款审计程序表

被审计单位名称: 索引号:B01(1/2) 页次:
编　制: 日期:
资产负债表日: 批　准: 日期:

一、审计目标	执行情况说明	索引号
1. 确定短期借款借入、偿还及计息的记录是否完整		
2. 确定短期借款的期末余额是否正确		
3. 确定短期借款在会计报表上的披露是否充分		
二、审计程序		
1. 获取或编制短期借款明细表,复核其加计数是否正确,并与明细账和总账核对相符		
2. 向银行或其他债权人函证重大的短期借款		
3. 对本期内增加的短期借款,检查借款合同和授权批准,了解借款数额、贷款条件、借款日期、还款期限、贷款利率,并与相关会计记录进行核对		
4. 对本期内减少的短期借款,检查相关会计记录和原始凭证,核实还款数额		
5. 检查期末有无到期未偿还的贷款,逾期借款是否办理了延期手续		
6. 检查非记账本位币折合记账本位币采用的折算汇率,折算差额是否按规定进行会计处理		
7. 验明短期借款是否已在资产负债表上充分披露		

表 5-95 短期借款审定表

被审计单位名称:
编制人: 日期: 索引号:B01(1/2)-1
资产负债表日: 复核人: 日期: 页　次:

索引号	单位名称	未审数	调整数	审计数

审计说明及调整分录: 审计结论:

编制说明:根据本表验算利息支出,并与财务费用——利息支出相互勾稽。

表 5-96　短期借款明细账户审定表

被审计单位名称：　　　　　编制人：　　　　日期：　　　　索引号：B01(1/2)-1-1
资产负债表日：　　　　　　复核人：　　　　日期：　　　　页　次：

索引号	贷款银行	借款期间	借款条件	月利率	期初余额	本期增加	本期减少	期末余额	调整数	审定数
合　计										

审计说明及调整分录：	审计结论：

表 5-97　短期借款本期利息测算表

被审计单位名称：　　　　　编制人：　　　　日期：　　　　索引号：B02(1/2)-1-2
会计期间：　　　　　　　　复核人：　　　　日期：　　　　页　次：

索引号	贷款银行	借款起止时间	月利率	计算时间	本期应计利息		本期实计利息	差异	备注
					正常利息	逾期罚息			
合　计									

审计说明及调整分录：	审计结论：

表 5-98　长期借款审计程序表

被审计单位名称：　　　　　索引号：B01(2/2)-1　　　　　　页次：
审计项目名称：长期借款　　编　制：　　　　　　　　　　　日期：
会计期间：　　　　　　　　批　准：　　　　　　　　　　　日期：

目标与程序	执行情况说明			
	是否适用	工作底稿索引	执行人	日期
一、审计目标 1. 确定长期借款的真实性及借入、偿还和计息的记录是否完整 2. 确定长期借款的年末余额是否正确 3. 确定长期借款在会计报表上的披露是否充分 二、审计程序 1. 获取或编制长期借款明细表，复核加计数是否正确，并与明细账和总账核对相符 2. 对年度内增加的长期借款，检查借款合同和授权批准，了解借款数额、借款条件、借款日期、还款期限、借款利率，并与相关会计记录进行核对				

续表

目标与程序	执行情况说明			
	是否适用	工作底稿索引	执行人	日期
3. 向银行或其他债权人函证重大的长期借款 4. 对年度内减少的长期借款，检查相关会计记录和原始凭证，核实还款数额 5. 检查年末有无到期未偿还的借款，逾期借款是否办理了延期手续，一年内到期长期借款是否已转列流动负债 6. 复核已计借款利息是否正确，如有未计利息应做出记录，必要时进行适当调整，长期借款利息资本化的会计处理是否正确 7. 检查非记账本位币采用的折算汇率、折算差额是否按规定进行会计处理 8. 验明长期借款是否已在资产负债表上充分披露				

表5-99 长期借款审定表

被审计单位名称：　　　　　　　　索引号：B01(2/2)-1　　　　　　　　页次：
　　　　　　　　　　　　　　　　编　制：　　　　　　　　　　　　　日期：
资产负债表日：　　　　　　　　　复　核：　　　　　　　　　　　　　日期：

索引号	单位名称	实际借款用途	借款期间	借款条件	年利率	期初余额		本期增加		本期减少		期末余额		调整数	审定数	
						本金	利息	本金	利息	本金	利息	本金	利息		本金	利息
合计																

审计说明及调整分录：	审计结论：
审定数中一年内到期的长期借款＿＿＿元，与报表核对相符。	

5.1.6 货币资金审计

1. 货币资金控制活动的特点及其关键控制措施

1) 货币资金循环的特点及关键控制环节

(1) 货币资金循环不是业务循环而是资金循环。货币资金是企业的血液，它与企业的业务活动紧密相关。没有货币资金，企业的一切活动都会停滞不前。货币资金循环不是业务循环，而是资金循环，因此该循环的控制测试不是从业务活动的角度考虑，而是在业务活动中考虑了资金流控制的同时，对货币资金的收支活动实施控制的措施，确保资金收付业务符合有关资金管理政策和资金的安全完整。

(2) 货币资金循环控制的主要活动是货币收支活动和货币保管。循环业务控制的测试，解决了业务循环控制有效性的问题，在此基础上对货币资金收支及保管活动进行控制，确保资金流的顺利畅通，资金的安全完整。

2）货币资金循环控制涉及的主要政策和要求

（1）现金管理的政策和要求。

① 企业应当加强现金库存限额的管理，超过库存限额的现金应当及时存入开户银行。根据《现金管理暂行条例》的规定，结合企业的实际情况，确定企业的现金开支范围和现金支付限额。不属于现金开支范围或超过现金开支限额的业务应当通过银行办理转账结算。企业现金收入应当及时存入银行，不得坐支现金。借出款项必须执行严格的审核批准程序，严禁擅自挪用、借出货币资金。

② 对取得的货币资金收入必须及时入账，不得账外设账，严禁收款不入账。有条件的企业，可以实行收支两条线和集中收付制度，加强对货币资金的集中统一管理。对现金进行定期和不定期地盘点，确保现金账面余额与实际库存相符。发现不符，及时查明原因，作出处理。

（2）银行存款的政策和要求。

① 企业应当严格按照《支付结算办法》等国家有关规定，加强对银行账户的管理，严格按照规定开立账户，办理存款、取款和结算业务。银行账户的开立应当符合企业经营管理实际需要，不得随意开立多个账户，禁止企业内设管理部门自行开立银行账户。

② 企业应当定期检查、清理银行账户的开立及使用情况，发现未经审批擅自开立银行账户或者不按规定及时清理、撤销银行账户等问题，应当及时处理并追究有关责任人的责任。加强对银行结算凭证的填制、传递及保管等环节的管理与控制。

③ 严格遵守银行结算纪律，不准签发没有资金保证的票据或远期支票套取银行信用；不准签发、取得和转让没有真实交易和债权债务的票据套取银行和他人资金；不准无理拒绝付款，任意占用他人资金；不准违反规定开立和使用银行账户。

④ 财务中心指定专人定期核对银行账户，每月至少核对一次，编制银行存款余额调节表，并指派对账人员以外的其他人员进行审核，确定银行存款账面余额与银行对账单余额是否调节相符。如调节不符，应当查明原因，及时处理。

⑤ 企业应当加强对银行对账单的稽核和管理。出纳人员一般不得同时从事银行对账单的获取、银行存款余额调节表的编制等工作。确需出纳人员办理上述工作的，应当指定其他人员定期进行审核、监督。

⑥ 实行网上交易、电子支付等方式办理资金支付业务的企业，应当与承办银行签订网上银行操作协议，明确双方在资金安全方面的责任与义务、交易范围等。操作人员应当根据操作授权和密码进行规范操作。使用网上交易、电子支付方式的企业办理资金支付业务，不应因支付方式的改变而随意简化、变更支付货币资金所必需的授权批准程序。企业在严格实行网上交易、电子支付操作人员不相容岗位相互分离控制的同时，应当配备专人加强对交易和支付行为的审核。

此外，企业还应当按照国家统一会计准则制度的规定对现金、银行存款和其他货币资金进行核算和报告。

（3）票据及有关印章的管理政策与要求。

① 企业应当加强与资金相关的票据的管理，明确各种票据的购买、保管、领用、背书转让、注销等环节的职责权限和处理程序，并专设登记簿进行记录，防止空白票据的遗失和被

盗用。企业因填写、开具失误或者其他原因导致作废的法定票据，应当按规定予以保存，不得随意处置或销毁。对超过法定保管期限、可以销毁的票据，在履行审核批准手续后进行销毁，但应当建立销毁清册并由授权人员监销。

企业应当设立专门的账簿对票据的转交进行登记；对收取的重要票据，应留有复印件并妥善保管；不得跳号开具票据；不得随意开具印章齐全的空白支票。

② 企业应当加强银行预留印鉴的管理。财务专用章应当由专人保管，个人名章应当由本人或其授权人员保管，不得由一个人保管支付款项所需的全部印章。按规定需要由有关负责人签字或盖章的经济业务与事项，必须严格履行签字或盖章手续，用章必须履行相关的审批手续并进行登记。

(4) 监督检查制度。企业还应建立对货币资金业务的监督检查制度，明确监督检查机构或人员的职责权限，定期和不定期地进行检查。货币资金监督检查的内容主要包括：

① 货币资金业务相关岗位及人员的设置情况。重点检查是否存在货币资金业务不相容职务混岗的现象。

② 货币资金授权批准制度的执行情况。重点检查货币资金支出的授权批准手续是否健全，是否存在越权审批行为。

③ 支付款项印章的保管情况。重点检查是否存在办理付款业务所需的全部印章交由一人保管的现象。

④ 票据的保管情况。重点检查票据的购买、领用、保管手续是否健全，票据保管是否存在漏洞。

对监督检查过程中发现的货币资金内部控制中的薄弱环节，及时采取措施，加以纠正和完善。

3) 货币资金控制有效性测试与评价

货币资金循环的风险控制点、控制目标及控制措施测试内容示例见表 5-100。

表 5-100　货币资金循环的风险控制点、控制目标及控制措施测试

风险控制点	控制目标	控制措施测试
审批	合法性	检查是否严格执行审批制度，未经授权不得办理资金收付业务
复核	真实性与合法性	对相关凭证应认真检查复核
收付	合法与安全	及时收付及保管资产或凭证
记账与对账	职责分工	会计人员的不相容岗位安排，是否及时记账和对账
保管	财产安全完整	是否执行现金盘点和银行对账规定
开户管理	防止小金库	检查账户开设的合法性，是否存在小金库
票据和印章管理	确保财产安全	检查执行相关规定情况，特别是不相容职务的控制情况。包括票据的印制和购买；票据专人管理，空白支票与印章分开管理；财务专用章与企业法人章分开管理等

4) 货币资金控制有效性测试的记录

货币资金控制测试底稿索引号是以 CS5 及其分级表示的，常用测试底稿见表 5-101—表 5-104。

表 5-101　现金和银行存款符合性测试程序表

单位名称：	测试人员：	日期：	索引号：CS5
截 止 日：	复核人员：	日期：	页　次：1/1

测试重点	常规测试程序	索引号
	由于现金和银行存款分散于各个循环，且其记录错误有时难以通过上述业务循环的符合性测试发现，因此，一般应单独对现金和银行存款的内部控制进行测试 1. 检查货币资金内部控制是否建立并严格执行 （1）款项的收支是否按规定的程序和权限办理 （2）是否存在与本单位经营无关的款项收支情况 （3）是否存在出租、出借银行账户的情况 （4）出纳与会计的职责是否严格分离 （5）货币资金和有价证券是否妥善保管，是否定期盘点、核对 （6）拨付所属资金、公司拨入资金的核算内容是否与内部往来混淆 2. 抽取收款凭证 （1）核对收款凭证与存入银行账户存款单的日期和金额是否相符 （2）核对现金、银行存款日记账的收入金额是否正确 （3）核对收款凭证与银行对账单是否相符 （4）核对收款凭证与应收账款明细账的有关记录是否相符 （5）核对实收金额与销售发票是否一致 3. 抽取付款凭证 （1）检查付款的授权批准手续是否符合规定 （2）核对现金、银行存款日记账的付出金额是否正确 （3）核对付款凭证与银行存款对账单是否相符 （4）核对付款凭证与应收账款明细账的记录是否一致 （5）核对实付金额与购货发票是否相符 4. 抽取一定期间的现金日记账、银行存款日记账与总账核对是否一致 5. 抽取一定期间的银行存款日记账与银行对账单核对是否一致 6. 抽取一定期间的银行存款余额调节表，查验其是否按月正确编制并复核 7. 长期未达账款是否追查原因并及时处理 8. 检查外币资金的折算方法是否符合有关规定，是否与上年度一致	

测试说明：

测试结论：

表 5-102　现金和银行存款循环符合性测试工作底稿

单位名称：	测试人员：	日期：	索引号：CS5-1
截 止 日：	复核人员：	日期：	页　次：

程序号	查验过程记录	索引号
	测试情况： 测试结论：	

项目五　主要业务循环审计

表 5-103 现金和银行存款收入凭证内控测试记录

被审计单位名称： 索引号：CS5-1-1 页次：
审计项目名称： 编　制： 日期：
会计期间： 复　核： 日期：

序号	日期	凭证编号	业务内容	收款方式		收入金额	核对							备注
				现金	银行		1	2	3	4	5	6	7	

核对说明
1. 收款凭证与存入银行账户的借款单日期和金额相符
2. 收款凭证金额已计入现金日记账、银行存款日记账
3. 银行收款凭证与银行对账单核对相符
4. 收款凭证与销售发票、收据核对相符
5. 收款凭证的对应科目与付款单位的户名一致
6. 收款凭证账务处理正确
7. 收款凭证与对应科目(如销售或应收账款)明细账的记录一致

有关测试说明及结论：

表 5-104 现金和银行存款支出凭证内控测试记录

被审计单位名称： 索引号：CS5-1-2 页次：
审计项目名称： 编　制： 日期：
会计期间： 复　核： 日期：

序号	日期	凭证编号	业务内容	付款方式		付出金额	核对								备注
				现金	银行		1	2	3	4	5	6	7	8	

核对说明
1. 原始凭证付款具有核准人名称
2. 原始凭证为合法的发票或收据
3. 原始凭证的内容和金额与付款凭证摘要核对一致
4. 付款凭证的授权批准手续齐全
5. 付款凭证与计入现金、银行存款日记账金额一致
6. 付款凭证与银行对账单核对一致
7. 付款凭证与对应科目(如应付账款)明细账的记录一致
8. 付款凭证账务处理正确

有关测试说明及结论：

2. 货币资金项目审计

1) 货币资金项目常用审计程序

货币资金项目常用审计程序见表 5-105。

表 5-105 货币资金项目常用审计程序表

常用审计程序	审计目标	实 施 方 法
盘点	存在、完整性	现金监盘与倒轧。票据清点核实
查阅	发生、准确性、安全完整	查阅盘点表、各月银行对账单及余额表
现场察看	合法性	印章管理现场察看
分析性程序	准确性、完整性、舞弊风险	与收支预算、现金流量表对比检查其合理性。如发现异常，需进一步检查，直到排除疑虑为止
函证	存在、准确性	银行存款余额函证、其他货币资金函证等

2）货币资金项目审计与结果的记录

货币资金属于资产类，其细节测试底稿索引号均以 A01 及其分级表示。详见表 5-106—表 5-111。

表 5-106 货币资金审计程序表

被审计单位名称：　　　　　　　　　索引号：A 01　　　　　　　　　页次：
审计项目名称：　　　　　　　　　　编　制：　　　　　　　　　　　日期：
会计期间：　　　　　　　　　　　　复　核：　　　　　　　　　　　日期：

审计目标及程序	执行情况说明			
	是否适用	工作底稿索引	执行人	日期
一、审计目标 1. 确定货币资金是否存在 2. 确定货币资金的收支记录是否完整 3. 确定库存现金、银行存款以及其他货币资金的余额是否正确 4. 确定货币资金在会计报表上的披露是否恰当 二、审计程序 1. 核对现金日记账、银行存款日记账与总账的余额是否相符 2. 会同被审计单位主管会计人员盘点库存现金，编制"库存现金盘点核对表"，分币种、面值列示盘点金额 3. 资产负债表日后进行盘点时，应调整至资产负债表日的金额 4. 盘点金额与现金日记账余额进行核对，如有差异，应查明原因并做出记录或作适当调整。若有充抵库存现金的借条、未提现支票、未作报销的原始凭证，需在"盘点表"中注明或做出必要的调整 5. 获取资产负债表日的"银行存款余额调节表"。经调节后的银行存款余额若有差异，应查明原因，做出记录或作适当的调整 6. 检查"银行存款余额调节表"中未达账项的真实性，以及资产负债表日后的进账情况，如存在应于资产负债表日前进账的，应作相应调整 7. 向所有的银行存款户（含外埠存款、银行汇票存款、银行本票存款、信用卡存款）函证年末余额				

续表

审计目标及程序	执行情况说明			
	是否适用	工作底稿索引	执行人	日期
8. 银行存款中，如有一年以上的定期存款或限定用途的存款，要查明情况，做出记录				
9. 抽查大额现金收支、银行存款（含外埠存款、银行汇票存款、银行本票存款、信用卡存款）支出的原始凭证内容是否完整，有无授权批准，并核对相关账户的进账情况。如有与委托人生产经营业务无关的收支事项，应查明原因，并作出相应的记录				
10. 抽查资产负债表日前后若干天的大额现金、银行存款收支凭证，如有跨期收支事项，应做适当调整				
11. 检查非记账本位币折合记账本位币所采用的折算汇率是否正确，折算差额是否已按规定进行会计处理				
12. 验明货币资金是否已在资产负债表上恰当披露				

表 5-107 货币资金审定表

被审计单位名称：　　　　　　　编制：　　　　　　日期：　　　　　　索引号：A01-1
资产负债表日：　　　　　　　　复核：　　　　　　日期：　　　　　　页　次：

项　目	未审数	调整数	审定数	索引号
	金额	金额		
现金				
银行存款				
其他货币资金				
…				
合　计				

审计说明及调整分录：　　　　　　　　　　　　　审计结论：

表 5-108 库存现金审定表

被审计单位名称：　　　　　　　编制：　　　　　　日期：　　　　　　索引号：A01-1-1
资产负债表日：　　　　　　　　复核：　　　　　　日期：　　　　　　页　次：

索引号	项　目	金额	备注
	现金盘点日调整后现金余额		
	加：审计截止日现金盘点日之间的现金支出		
	盘点日的支出		
	减：审计截止日现金盘点日之间的现金收入		
	盘点日的收入		
	期末账面余额		

续表

索引号	项 目	金额	备注
	调整：(1)		
	(2)		
	(3)		
	(4)		
	审定数		
审计说明及调整分录：		审计结论：	

表 5-109 现金盘点表

被审计单位名称： 索引号：A01-1-11 页次：
审计项目名称： 编 制： 日期：
资产负债表日： 复 核： 日期：

实有现金盘点记录			项 目	金额
货币面额	张数	金额	现金盘点日账面余额	
100元			加：未记账收入凭证（ 张）	
50元				
20元				
10元				
5元			减：未记账付出凭证（ 张）	
2元				
1元				
5角			盘点日调整后现金余额	
2角				
1角			实点现金	
5分			长款	
2分			短款	
1分				
合 计				

说明：

表 5-110 银行存款审定表

被审计单位名称：　　　　　　　　索引号：A01-1-2　　　　　　　　页次：1/1
审计项目名称：银行存款　　　　　编　制：　　　　　　　　　　　　日期：
会计期间或截止日：　　　　　　　复　核：　　　　　　　　　　　　日期：

索引号	开户银行名称及账号	银行存款账面余额			银行对账单余额	调节相符	调整数	审定数
		原币	汇率	记账本位币				
	合　计							

审计调整及说明：

_____

审计结论：

_____

编制说明：
1. 银行存款包括其他货币资金存款，即外埠存款、银行汇票存款、银行本票存款、信用卡存款等。
2. 银行存款是人民币可直接计入记账本位币栏；如是外币应在原币金额前表明外币符号。
3. 调节相符打"√"；调节后不相符打"×"，并作说明。
4. 核对账面余额与银行对账单余额，并将银行存款余额调节表及对账单或询证函附后。
5. 银行存款余额调节表可由企业编制，但应对未达账项的内容及期后企业入账、银行收支情况予以审核，如有跨期收支事项，应作适当调整。

表 5-111 银行存款余额调节表

被审计单位名称：　　　　　　编　制：　　　　　　日期：　　　　　　索引号：A01-1-21
资产负债表日：　　　　　　　复核：　　　　　　　日期：　　　　　　页　次：

开户银行及账号：						(币种：　　　)					
企业银行存款日记账余额：						银行对账单余额：					
加：银收企未收			减：银付企未付			加：企收银未收			减：企付银未付		
日期	内容	金额	日期	内容	金额	日期	内容	金额	日期	内容	金额

续表

调整后余额：					调整后余额：					

注：此表一个银行账户填制一张，编号依次为 A01-1-21、A01-1-22、A01-1-23 等。

 5.2 主要业务循环审计·操作指南

5.2.1 测试类和业务类工作底稿的构成及使用说明

审计工作底稿的相关知识要点在项目二中已作简要介绍。其中控制测试类和报表项目类（又称业务类）的业务底稿的表现形式在本项目中有所提及，本处做进一步的总结和说明。

1. 循环控制类工作底稿类型及其功能

每一类循环业务的审计工作底稿一般由三类构成：第一类是导引表，也叫程序表，提示该类循环业务控制可以实施的测试程序，审计人员在该导引表的引导下实施相应的测试程序以获取审计证据材料，根据材料做出控制有效性的结论；第二类是测试情况及评价结果表，用以说明测试情况和得出测试结论；第三类是符合性测试情况记录表，用以记录测试活动，获取控制有效性的直接证据。这一类底稿有的已有比较成熟的格式，有的是观察资料，有的是审计中复印的资料，不能拘泥于本书的示例，甚至也不能拘泥于审计业务底稿工作指南的资料。

2. 业务类工作底稿类型及其功能

每一报表项目或账户的审计工作底稿一般也由三类构成：第一类是导引表，也叫程序表，说明报表项目审计的目标和应实施的审计程序，审计人员在该导引表的引导下实施相应的审计程序；第二类是审定表，也叫汇总表，用以归纳审计中发现的问题及做出该业务的总结；第三类是审计记录及审计直接证据，用以记录审计活动及审计细节问题。这一类底稿有的已有比较成熟的格式，有的是分析程序形成的资料，有的是审计中复印的资料。有的业务可能极少，这时可能使用导引表就足以明确表明审计程序和得出结论，有的业务可能三种表格均须齐备。对于特殊行业所涉及的特殊业务，可能还须自行设计适用的表格。

3. 审计工作底稿的使用说明

（1）第一类底稿的注意事项。程序表的功能是提示和引导审计人员开展相关的测试或审计活动，但表中的提示综合了各种可能的程序，有些程序实施的目标是一致的，并不要求所有的提示程序都要逐一实施。

（2）第二类底稿的注意事项。第二类底稿不管在形式上如何表示，都必须具备，因为它是对测试或项目审计的结论表，测试必须得出有效性的结论，报表项目或账户的数据必须得出审定数。

（3）第三类底稿尽量要填写指南中的底稿，但不要拘泥于形式。

（4）记录的顺序。审计过程中，对审计活动取得的审计证据必须形成工作底稿。一般先填写或取得第三类底稿，即取得审计直接证据，记录细节测试情况，填写分析表等。其次填写第二类表。如没异常情况，则简短记录"有效"或"正常"即可；如存在异常情况，则应详细记录异常情况，并分析对报表的影响；如需调整，则应记录调整的思路，编制审计调整分录，作为与委托单位沟通调整事项的依据。最后填写导引表，只需填写已实施的程序是否实施、实施人、交叉索引号等即可。

（5）底稿的整理。在整理底稿时，每一循环或每一报表项目的底稿均按第一类、第二类、第三类的先后顺序进行整理。业务终结后，再按审计底稿目录进行整理。循环业务审计的工作底稿可以按测试类底稿在前，业务类底稿在后的顺序整理。在目录中将这两部分底稿合并。

5.2.2 审计调整分录与会计调整分录的辨析

1. 审计调整与会计调整的联系

审计调整是注册会计师按照独立审计准则的要求，立足于企业委托审计的会计报表，对审计过程中已确认的差错，在征得被审计单位同意的情况下，对委托单位会计报表所做的调整；而会计调整则是依据会计法律法规、企业会计准则及相关指南，对审计过程中所发现的会计差错的调整。因此它们具有一定的联系。

（1）调整的对象相同。两种调整均是针对企业的已确认错弊的调整，企业会计错弊行为导致了企业会计报表及账簿的记载不实，审计后的会计报表需要对外提供，注册会计师就有责任将已发现的错弊影响的会计报表项目和金额调整过来，以降低审计风险；企业对已确认的会计错弊也必须更正过来，否则就违反了会计政策。

（2）调整的思路相同。两种调整均是为了消除已确认错弊行为对相关账表的影响。审计是对企业会计报表的公允性和合法性发表意见，其调整思路是消除错弊行为对会计报表的影响，编制调整分录，根据分录调整所审的会计报表各项目金额即可，在实际操作中，甚至有些项目可以直接根据计算调整报表项目，不用编制调整分录；企业会计核算要求符合账、证、表之间的逻辑关系，对于发现的错弊，必须编制会计分录，根据分录登记账簿，将账簿调整过来，同时以前年度影响报表的当期期初数应得到调整。

2. 审计调整与会计调整的区别

尽管两种调整存在着一定的联系，但两种调整的性质不同，一个是审计调整，一个是会计调整，必然存在着很大区别。

（1）两者调整的目的不同。审计调整的目的是将审计风险降低到可接受的范围；会计调整的目的是保证会计资料的真实、合法、完整性。

（2）两者调整的责任人及其责任不同。审计调整是注册会计师按照独立审计准则的要求，在征得委托单位同意的情况下，对委托单位的会计错弊所做的调整，审计人员只对发现错弊的真实可靠性负责，这种错弊调不调整，需要征得委托单位的同意。这表明调整的责任由委托单位负责，对已发现的错弊，委托单位如果拒绝调整，审计人员就无权进行调整，但审计人员可以根据情节的轻重，出具保留意见、无法表示意见的审计报告或中止审计工作，以此方式来降低自己所承担的审计风险。调整后的会计报表经委托单位签章确认后，成为委托单位的年度会计报表对外提供，其责任也是由委托单位承担。此外，在实际工作中，审计调整业务也可以在审计人员的指导下，由委托单位自行调整。会计调整则是根据审计调整的情况，由企业会计人员调整相应的会计账簿和报表，使会计资料保持一致，责任也是由委托单位承担。

（3）两者针对的期间不同。审计调整是针对所审计期间会计报表发表意见的，对发现的错弊行为按所审计期间会计差错调整其对报表项目的影响，站在企业的角度，这个"所审计期间"是企业的上年度。企业年报审计是在下年度进行的，上年度已结账，调整审计过程中的错弊，是在次年的法定时间内进行的，因此只能作为资产负债表日后事项对待。

（4）两者调整的范围不同。审计调整只调整所审计年度会计报表；会计调整为了保证全套会计资料的一致性，要根据审计调整情况，调整委托审计当月的账簿和报表，调整报表的栏目是委托审计当月的会计报表期初数，调整的账簿是委托审计当月的账簿。

（5）两者调整的分录不同。首先，使用的"会计科目"不同。因为审计调整只针对上年度会计报表进行调整，因此，其调整会计分录所使用的"会计科目"可以直接用报表项目，而不使用企业设置的会计科目。如"原材料"要调增时，可以直接借记"存货——原材料"，"坏账准备"，要调增时，可以直接贷记"应收账款——坏账准备"，这是因为"原材料"和"坏账准备"不是报表项目。当然，也可以直接使用会计上设置的会计科目，如果是这样，在调表时，要按照该会计科目对应的报表项目调整会计报表的对应项目金额。会计调整分录是用来调整上年度会计错弊的，应按会计记账规则和资产负债表日后事项进行会计处理，使用的会计科目必须是企业开设账簿的会计科目，对调整涉及的上年度利润，通过"以前年度损益调整"账户核算，所做的全部会计分录均应计入当月的会计账簿，使账簿资料与报表资料保持一致。其次，两者调整的分录分类不同。审计调整的分录分为会计核算差错调整分录和重分类会计分录。对重分类会计分录，企业可以不进行调账和调表处理，如"预收账款"明细账户的借方余额需要调整到报表应收账款项目时，审计调整分录为借记"应收账款"，贷记"预收账款"，而会计上无须调整该事项，不作调整分录。会计调整只对多计、少计、漏计、重计等会计错弊，按照资产负债表日后事项进行错账更正。

（6）两者的操作程序不同。审计调整首先是审计人员对所发现的企业会计差错和重分类错误，征得企业同意后，编制审计调整分录；再根据调整分录编制会计报表调整表；最后将调整报表中的审定数列示到企业报表中，成为企业年审后的年度会计报表。会计调整是在审计调整之后，首先根据审计调整的情况，调整委托审计当月的会计报表的期初数，即调表；其次，针对审计中发现的问题，根据资产负债表日后事项会计处理的办法，编制错账更正分录，登记到相应账簿中，将错账更正过来。

5.3 主要业务循环审计·操作任务

吴立至及其助手小王和小李对该公司委托审计的报表，按照审计计划，结合审计抽样技术，在实施测试的同时，单独对报表项目实施了检查和分析。现将其报表项目及所涉及账户审计的情况汇报如下。

（1）货币资金项目经审计后，没有发现差错，确认金额为 311 200 元。

（2）对交易性金融资产实施审计时发现，该账户反映的是公司投入股票市场买股票的成本价，且该股票账户为公司老总李源掌握。经查阅，所购买股票在 12 月 31 日的价值为 26 万元。吴立至建议调整，公司管理层同意调整。

（3）在检查应收账款项目时，发现预收账款一明细账户有借方余额 2 万元，直接冲减了预收账款，未将其列入应收账款中。该应收账款发生在 10 月，时间不长，不计提坏账准备。与该公司沟通，同意重分类审计调整。

（4）应收票据 51 万元已在下年度元月 15 日收回，可以确认。

（5）存货经监盘、复核、抽样检查，无发现差错，不存在质量问题，可以确认。

（6）其他应收款为上海销售点定额备用金，已检查相关凭证，可以确认。

（7）持有至到期投资为购买 5 年期国库券，本年已按利率计算收益和入账，可以确认。利息收入 9 万列入了投资收益的贷方。

（8）长期股权投资为该公司为稳定原材料而向供应商 B 公司投入的资本，只占其股份的 10%，不具备控投能力，也不能实施重大影响，按成本法核算，经复核，其账务处理正确，可以确认。

（9）固定资产与累计折旧检查中，除项目四所说的出租房产未计提折旧外，没有发现其他问题。

（10）在建工程和工程物资均与公司扩建厂房相关，拟扩建厂房尚在施工中，未投入使用，工程物资与该公司的其他存货分开管理，不存在混淆，已单独监盘。该两项资产可以确认。

（11）该公司的无形资产为土地 200 万元，按 25 年的使用期摊销，本期摊销 8 万元的土地使用费。经检查，该土地使用权证上显示，该土地使用权为 50 年，认为该公司多计提了 4 万元，该公司同意调整。

（12）该公司的流动负债项目除预收账款、应交税费应作调整外，其他项目可以确认。

（13）该公司长期借款中有 300 万元于 9 月到期，但未将其列入一年内到期的长期负债。且该 300 万元借款是用于在建工程和工程物资，其利息费用 18 万元，列入了财务费用，吴立至认为应列入在建工程成本和工程物资成本，假设分别列 8 万和 10 万元，该公司同意分别作重分类调整和核算差错调整。其他长期借款的利息计算确认为财务费用，经审核，没有问题，符合会计准则规定。

（14）应付债券 23 万于 10 月到期，未列入一年内到期的长期负债，该公司同意重分类调整。

（15）长期应付款期初 30 万元本年已到期支付完毕，另本期新增融资租凭设备，约定分两期付款，设备到位时付 7.8 万元，设备已到位，该款已付，10 年到期时再支付余款 14.8 万元，经审核合同、会议记录、函证等，可以确认。

(16) 实收资本、资本公积本年无变化，实施审计程序后，可以确认。

(17) 盈余公积和未分配利润受其他涉及损益的事项的影响，再做调整。

(18) 主营业务收入实行抽样控制测试、分析性程序和细节测试程序后，可以确认。

(19) 主营业务成本在对存货监盘、生产成本和已售产品成本的计算进行复核和分析后，可以确认。

(20) 对销售费用进行检查时，发现外地专设销售部门的费用实行定额备用金管理制度，报销的费用列入了管理费用，假设有 20 万，吴立至认为应作重分类调整，对方同意调整。销售费用较大的原因是本年投入广告费用 50 万及零售部门人员的薪酬直接列入销售费用所致，广告费用按新会计准则，不能分摊。故除上述一项调整外，销售费用没有其他调整项目。

(21) 营业税金及附加经检查，可以确认。

(22) 管理费用与前面所发现问题相联系，相应调整。

(23) 公允价值变动损益与前面发现交易性金融资产的问题相联系，做相应调整。

(24) 投资收益、资产减值损失与前面发现的问题相联系，如果没有联系，则可以确认。

(25) 营业外收入、营业外支出经逐一检查相关事项，可以确认。

(26) 所得税费用受前面发现的与损益有关的项目的影响，应重新计算发现问题中的损益金额，并按 25% 所得税率计算调整所得税费用。其中公允价值变动损益应考虑作为暂时性差异，列入递延所得税资产或负债，国库券产生的投资收益可以抵扣应纳税所得额。

(27) 营业利润、利润总额和净利润项目按相应损益类项目调整后的金额重新计算。

(28) 新增净利润中 10% 转作盈余公积，其余作为未分配利润，计入资产负债表的相关项目。

要求：

(1) 根据审计情况，填写好相关报表项目的工作底稿，选一项试填（如短期借款）。

(2) 做出需调整项目的审计调整分录，填写到相应的工作底稿中。

(3) 选出一个报表项目及其所涉及账户（如固定资产和累计折旧），说一说应实施的全部审计程序（包括控制测试和细节测试），列出程序清单。

项目六

特殊项目审计

TESHU XIANGMU SHENJI

内容环节	学 习 目 标
相关知识	1. 掌握关联方及关联方交易审计关注的重点 2. 掌握期初余额审计关注的重点 3. 掌握期后事项审计关注的重点 4. 掌握或有事项审计关注的重点 5. 掌握持续经营能力审计关注的重点 6. 掌握现金流量表审计重点关注的内容 7. 掌握管理当局声明书的作用
操作指南	1. 能够进行关联方及关联方交易审计及编制常用底稿 2. 能够进行期初余额审计及编制常用底稿 3. 能够进行期后事项审计及编制常用底稿 4. 能够进行或有事项审计及编制常用底稿 5. 能够进行持续经营能力审计及编制常用底稿 6. 能够编写管理当局声明书 7. 能够撰写会计报表附注
操作任务	1. 能分析期初余额和期后事项 2. 能审计或有事项、持续经营能力 3. 能描述现金流量表审计的特点和程序 4. 能描述管理当局声明书的内容 5. 能撰写会计报表附注

6.1 特殊项目审计·相关知识

6.1.1 关联方及关联方交易审计

关联方及关联方交易审计包括两部分内容：一是确认企业的关联方；二是审计关联方发生的往来业务，这一审计内容，在进行控制测试和报表项目审计时已涉及。在审计结束之前，注册会计师应收集有关审计证据，有针对性地汇总和检查，防止重大错弊的发生。

（1）对关联方关系进行调查，并做出记录。

（2）对关联方交易进行调查，了解其实质。

（3）对关联方披露的完整性、充分性、恰当性等进行审核。

相关操作底稿详见表 6-1—表 6-3。

表 6-1 关联交易审核程序表

被审计单位名称：　　　　　　　　索引号：E01　　　　　　　　页次：
审计项目名称：关联交易　　　　　编　制：　　　　　　　　　　日期：
会计期间或截止日：　　　　　　　批　准：　　　　　　　　　　日期：

目标与程序	执行情况说明			
	是否适用	工作底稿索引	执行人	日期
一、审计目标 1. 确定被审计单位提供的关联方清单是否齐全 2. 确定关联交易在会计报表附注中的披露是否恰当 二、审计程序 （一）识别关联方及关联交易 1. 识别关联方 （1）查阅以前年度的审计工作底稿 （2）了解、评价被审计单位识别和处理关联方及其交易的程序 （3）查阅主要投资者、关键管理人员名单 （4）了解与主要投资者个人、关键管理人员和与其相关的其他单位的关系 （5）了解与主要投资者个人、关键管理人员关系密切的家庭成员和与其相关的其他单位的关系 （6）查阅股东大会、董事会会议以及其他重要会议记录 （7）询问其他注册会计师以及前任注册会计师 （8）审核所审计会计期间的重大投资业务以及资产重组方案 （9）审核所得税申报资料及报送政府机构、交易所等的其他相关资料 （10）审核其他可能存在关联方的交易 2. 识别关联交易 （1）查阅股东大会、董事会会议及其他重要会议记录 （2）询问管理当局有关重大交易的授权情况 （3）审阅被审计单位管理当局声明书				

续表

目标与程序	执行情况说明			
	是否适用	工作底稿索引	执行人	日期
（4）了解被审计单位与其主要顾客、供应商和债权人的交易性质与范围 （5）了解是否存在已经发生但未进行会计处理的交易 （6）查阅会计记录中数额较大的、异常的及不经常发生的交易或余额，尤其是资产负债表日前后确认的交易 （7）审阅有关存款、借款的询证函，检查是否存在担保关系 （8）关注可能存在的其他关联交易 （二）确定关联方交易是否已充分披露 1. 询问管理当局，以了解关联方交易的目的及定价政策 2. 确定有关交易是否已获股东大会、董事会或相关机构管理人员批准 3. 检查会计报表中关联方交易的披露 4. 核对关联方之间同一时点的账户余额，必要时与审计关联方的注册会计师沟通，核实某些特殊的、重要的、有代表性的关联方交易 5. 检查有关抵押、质押物的价值及可转让性 6. 对重大关联交易应追查审计程序 （三）向管理当局索取关联交易声明书				

表 6-2 关联交易审核表（一）

被审计单位名称：　　　　　　　　索引号：E01-1　　　　　　　　　页次：
　　　　　　　　　　　　　　　　编　　制：　　　　　　　　　　　日期：
会计期间或截止日：　　　　　　　复　　核：　　　　　　　　　　　日期：

（一）存在控制关系的关联方												（二）不存在控制关系的关联方	
企业名称	与本企业关系	注册资本及其变化				所持股份及其变化								企业名称	与本企业关系
		年初数	本年增加	本年减少	年末数	年初数		本年增加		本年减少		年末数			
						金额	%	金额	%	金额	%	金额	%		
注册会计师审核意见																注册会计师审核意见

表 6-3 关联交易审核表(二)

被审计单位名称：　　　　　　　　索引号：E01-2　　　　　　　　页次：
审计项目名称：关联交易　　　　　编　制：　　　　　　　　　　　日期：
会计期间或截止日：　　　　　　　批　准：　　　　　　　　　　　日期：

项 目	被审计单位提供				注册会计师审核意见
	关联企业名称	金额(或余额)	或占期间购(销)货金(余)额的百分比	价格执行情况或款项内容	
采购货物					
销售货物					
往来款项					
其他事项					

6.1.2 期初余额审计

1. 期初余额审计应关注的事项

（1）首次接受委托对委托方财务报表期初余额认定的问题。
（2）连续审计业务对委托方财务报表期初余额认定的问题。

2. 首次接受委托对期初余额审计应关注的事项

（1）要遵循适度的原则和重要性原则。
（2）期初余额关注的目标主要有以下几个：
① 确定期初余额不存在对本期财务报表产生重大影响的错报。
② 确定上期期末余额已正确结转至本期，或在适当的情况下已做出重新表述。
③ 确定被审计单位一贯运用恰当的会计政策或对会计政策的变更做出正确的会计处理和恰当的列报。
（3）重点审计的内容包括下列几个方面：
① 考虑被审计单位运用会计政策的恰当性和一贯性，如果被审计单位上期适用的会计政策不恰当或与本期不一致，注册会计师在实施期初余额审计时应提请被审计单位进行调整或予以披露。
② 与前任注册会计师进行沟通，考虑前任注册会计师的胜任能力，必要时应查阅前任注册会计师的工作底稿。
③ 考虑账户的性质和本期财务报表中的重大错报风险。
④ 考虑期初余额对于本期财务报表的重要程度，期初余额对于本期财务报表的影响如果不重要，则无须对其予以特别关注。只有当期初余额对于本期财务报表存在重要影响时，才予以特别关注并实施专门的审计程序。
（4）出具本期审计报告时应考虑下列问题：
① 审计后无法获取有关期初余额的充分、适当的审计证据时，注册会计师应当出具保留意见或无法表示意见的审计报告。

② 如果期初余额存在对本期财务报表产生重大影响的错报，注册会计师应当告知管理层，提请更正。如果错报的影响未能得到正确的会计处理和恰当的列报，应当出具保留意见或否定意见的审计报告。

③ 如果与期初余额相关的会计政策未能在本期得到一贯运用，且会计政策的变更未能得到正确的会计处理和恰当的列报，注册会计师应当出具保留意见或否定意见的审计报告。

④ 如果前任注册会计师对上期财务报表出具了非无保留意见审计报告，注册会计师应当考虑该审计报告对本期财务报表的影响。如果导致出具非无保留意见审计报告的事项对本期财务报表仍然影响重大，应当对本期财务报表出具非无保留意见审计报告。如果已消除，则可出具无保留意见的审计报告。

相关操作详见表 6-4。

表 6-4　首次接受委托期初余额审核程序表

被审计单位名称：　　　　　　　　　索引号：E02　　　　　　　　　　　　　页次：
审计项目名称：期初余额　　　　　　编　制：　　　　　　　　　　　　　　日期：
会计期间或截止日：　　　　　　　　批　准：　　　　　　　　　　　　　　日期：

目标与程序	执行情况说明			
	是否适用	工作底稿索引	执行人	日期
一、审计目标 1. 期初余额不存在对本期财务报表产生重大影响的错报 2. 上期余额已正确结转至本期，或在适当的情况下做出重新表述 3. 委托单位会计政策的一贯性 4. 是否已恰当列报 二、审计程序 1. 审查上期会计政策是否在本期得到一贯运用，如果变更，考虑变更是否恰当，会计处理是否正确，列报是否恰当 2. 考虑上任注册会计师是否具备独立性和专业胜任能力 3. 与前任注册会计师沟通，查阅前任注册会计师的工作底稿，了解前任注册会计师实施的审计程序，评价重要账户期初余额的合理性，复核前任注册会计师调整分录及未更正错报，评价其对当期的影响 4. 如果前期会计报表未经审计或对前任注册会计师的工作检查后不能得出满意结论，则需实施下列程序 （1）对于流动资产和流动负债，通过本期的审计程序获取部分审计证据 （2）对于存货，应追加复核上期存货盘点记录及文件，检查上期存货交易记录，运用毛利百分比等方式进行分析 （3）对于非流动资产和非流动负债，检查形成期初余额的会计记录和其他信息，还可考虑向第三方函证期初余额或实施追加的审计程序				

6.1.3 期后事项审计

1. 期后事项及其种类

期后事项是指资产负债表日至审计报告日之间发生的事项以及审计报告日后发现的事实。

(1) 资产负债表日至审计报告日之间发生的事项。对这一阶段的期后事项，注册会计师应当实施必要的审计程序，获取充分、适当的审计证据，以确定截至审计报告日发生的、需要在财务报表中调整或披露的事项是否均已得到识别。

(2) 审计报告日至资产负债表报出日之间获悉的事实。这一阶段知悉可能对财务报表产生重大影响的事实，注册会计师应当考虑是否需要修改财务报表，并与管理层讨论，同时根据具体情况采取适当措施。

2. 期后调整事项及其表现

期后调整事项是指在审计中，注册会计师对报表中一些会计估计、或有事项或未完结业务得到确证，认为对审计报表有影响，需要征得委托单位同意进行调整的事项。这些事项委托单位也应进行相应的调账调表。这类事项主要表现为下列几个方面：

(1) 期后诉讼案件结案，法院判决证实了企业在资产负债表日已经存在现时义务，需要调整原先确认的与该诉讼案件相关的预计负债，或确认一项新负债。

(2) 期后取得确凿证据，表明某项资产在资产负债表日发生了减值或者需要调整该项资产原先确认的减值金额。

(3) 期后进一步证实的资产负债表日前购入资产的成本或售出资产的收入。

(4) 期后得到证实的错弊。

3. 期后非调整事项及其表现

期后非调整事项是指不影响资产负债表日财务状况，不需调整委托单位本期财务报表但一般需在本期报表附注中披露的事项，主要包括下列几个方面：

(1) 期后发生重大诉讼、仲裁、承诺。
(2) 期后资产价格、税收政策、外汇汇率发生重大变化。
(3) 期后因自然灾害导致资产发生重大损失。
(4) 期后发行股票和债券以及其他巨额举债。
(5) 期后资本公积转增资本。
(6) 期后发生巨额亏损。
(7) 期后发生企业合并或处置子公司。
(8) 期后企业利润分配方案中拟分配的以及经审议批准宣告发放的股利或利润。

4. 重点审计的内容

(1) 针对第一阶段的重点审计内容。
① 审阅或查阅股东会、董事会和管理层的相关文件及会议纪要。
② 有针对性地查阅涉及会计职业判断的或有事项资料，如预计事项、购销合同和诉讼事件等。
③ 询问委托单位法律顾问有关诉讼情况等。

(2) 针对第二阶段的关注。如果从委托单位或相关媒介获悉对财务报表有重大影响的事项，则根据情况，提请委托单位修改审计报告或提请委托单位不向第三方提交未修改的审计报告。

资产负债表报出后，注册会计师对之后发生的事项不再具有法定审计义务，但要注意其暴露问题的性质及对已出具报告产生的审计风险影响,并尽力采取措施弥补,同时关注其与下一期审计业务承接的风险。

相关操作详见表6-5和表6-6。

表6-5 期后事项审计程序表

被审计单位名称: 索引号:E03 页次:
审计项目名称:期后事项 编 制: 日期:
会计报表日: 批 准: 日期:

目标与程序	执行情况说明			
	是否适用	工作底稿索引	执行人	日期
一、审计目标 1. 确定期后事项是否存在 2. 确定期后事项的类型和重要性 3. 确定期后事项的处理是否恰当 二、审计程序 1. 向被审计单位管理当局询问其已知的期后事项,了解管理当局确认期后项目的程序 2. 通过执行以下程序,检查是否还存在其他重大期后事项 (1) 审阅被审计单位资产负债表日后编制的内部报表及其他相关管理报告 (2) 审阅被审计单位在资产负债表日后的会计记录 (3) 取得并审阅被审计单位在资产负债表日后的有关会议记录,以查明截止日后是否有重大的建设项目、自然灾害、重大的融资和投资活动、企业合并与分立、重大经济纠纷、重大购销合同、主要顾客破产等事项 (4) 结合报表项目的审计底稿,对期后事项进行审核,关注期后的重大购销业务和重大的收付款业务 3. 取得被审计单位管理当局和其律师关于期后事项的声明书 4. 查明非调整期后事项的内容,合理估计其对财务状况的影响 5. 审核被审计单位对两类期后事项的处理和披露是否恰当				

表6-6 期后事项审核表

被审计单位名称: 编制人: 日期: 索引号:E03-1
审计时间: 复核人: 日期: 页次:

索引号	时 间	期后事项摘要	是否调整	资料、证据及来源	结论
	资产负债表日至审计报告日				
	审计报告日至会计报表公布日				

6.1.4 或有事项审计

或有事项是指过去的交易或事项形成的,其结果需由某些未来事项的发生或不发生才能决定的不确定事项。常见的或有事项有:未决诉讼或仲裁、债务担保、产品质量保证(含产品安全保证)、承诺、亏损合同、重组义务、环境污染整治等。这些事项隐含的风险较大，需特别关注。在审计时，应重点关注下列几个方面：

（1）审阅截至审计工作完成日止委托单位历次董事会纪要和股东大会会议记录，确定是否存在未决诉讼或仲裁、未决索赔、税务纠纷、债务担保、产品质量保证、财务承诺等方面的记录，判断或有事项的存在性。

（2）查阅借款及票据、合同及相关函件，看是否存在未到期担保。

（3）检查与税务征管机构之间的往来函件和税收结算报告，以确定是否存在税务纠纷。

（4）向委托单位律师或法律顾问函证是否存在未决诉讼等事项。

（5）获取管理层的书面声明。

相关操作详见表6-7和表6-8。

表6-7 或有事项审计程序表

被审计单位名称：　　　　　　　　　索引号：E04　　　　　　　　　页次：
审计项目名称：或有事项　　　　　　编　制：　　　　　　　　　　日期：
会计报表日：　　　　　　　　　　　复　核：　　　　　　　　　　日期：

目标与程序	执行情况说明			
	是否适用	工作底稿索引	执行人	日期
一、审计目标 1. 确定或有事项是否存在 2. 确定或有事项的确认和计量是否符合规定 3. 确定或有事项的披露是否恰当 二、审计程序 1. 向被审计单位管理当局询问可能存在的或有事项，了解其对或有事项进行评价和确认的有关方针政策和工作程序 2. 向被审计单位管理当局索取管理当局声明书、现存的有关或有事项的全部文件和凭证，被审计单位与银行之间的往来函件、债务说明书等资料，进行必要的审核和评价 3. 审阅资产负债表日至审计外勤工作完成日期间的历次董事会和股东大会会议纪要，确定是否存在未披露的未决诉讼、未决索赔、税务纠纷、债务担保等或有事项 4. 向被审计单位管理当局询问是否有对未来事项和相关协议的财务承诺 5. 向被审计单位的法律顾问或律师了解在结账日就已存在的，以及结账日后发生的重大诉讼 6. 复核上期和被审计期间税务机构的税收结算报告及税务机构不定期的税务稽查报告 7. 向与被审计单位有业务往来的银行寄发含有要求银行提供被审计单位或有事项的函证书 8. 复核现存的审计工作底稿，寻找任何可以说明潜在或有事项的资料 9. 检查本期内确认的或有事项是否符合或有负债和或有资产的确认条件，金额估计是否恰当 10. 检查或有事项在会计报表上的披露是否恰当				

表 6-8 或有事项审核表

被审计单位名称：　　　　　　　　　索引号：E04-1　　　　　　　　　页次：
　　　　　　　　　　　　　　　　　　编　制：　　　　　　　　　　　　日期：
会计期间或截止日：　　　　　　　　　复　核：　　　　　　　　　　　　日期：

程序号	查验过程记录	索引号

审核结论：

6.1.5 持续经营能力审计

注册会计师关注持续经营能力时的责任是考虑管理层运用持续经营假设的适当性和披露的充分性。有资料表明，注册会计师的法律纠纷 75％ 以上来自即将破产清算企业的审计业务，这一点应高度重视。但财务报表审计的目标是注册会计师对被审计单位财务报表的合法性和公允性发表意见，注册会计师的审计意见旨在提高财务报表的可信赖程度。因此未提及持续经营能力存在重大不确定性的审计报告，不应视为注册会计师对被审计单位能够持续经营做出的保证。关注持续经营能力是整个审计过程中的一个重要工作，主要包括下列几项内容。

（1）承接业务和制订计划，实施风险评估程序时，应注意以下几个方面：

① 财务方面。是否存在债务违约、有无无法继续履行重大借款的合同；是否累计经营性亏损数额巨大；是否资不抵债；大股东是否长期占用巨额资金；有无重要子公司无法持续经营且未进行处理；是否存在因对外巨额担保等或有事项引发的或有负债等。

② 经营方面。是否存在关键管理人员离职且无人替代；有无主导产品不符合国家产业政策；有无失去主要市场；特许权或主要供应商及人力资源与重要原材料是否存在隐忧等。

③ 其他方面。关注异常停工现象；检查是否有严重违反法规政策或法规政策发生重大变化产生的不利影响；有无投资者未履行相关义务等。

（2）评价委托单位对持续经营能力做出的评估。如果没有对持续经营能力做出初步评估，注册会计师应当与管理层讨论运用持续经营假设的理由，询问是否存在导致对持续经营能力产生重大疑虑的事项或情况，并提请管理层对持续经营能力做出评估。无论怎样，均应获取管理层相关问题的声明。

（3）实施进一步审计程序。

① 复核管理层提出的应对计划。

② 实施相关审计程序，包括与管理层分析和讨论现金流量预测、盈利预测以及其他相关预测；与管理层分析和讨论最近的中期财务报表；复核债券和借款协议条款并确定是否存在违约情况；阅读股东会会议、董事会会议以及相关委员会会议有关财务困境的记录；向被审

计单位的律师询问是否存在针对被审计单位的诉讼或索赔，并向其询问管理层对诉讼或索赔结果及其财务影响的估计是否合理；确认财务支持协议的存在性、合法性和可行性，并对提供财务支持的关联方或第三方的财务能力做出评价；考虑被审计单位准备如何处理尚未履行的客户订单；复核期后事项并考虑其是否可能改善或影响持续经营能力等。

③ 取得管理层声明书，在操作指南中提供管理层声明书式样。

（4）出具报告时的考虑。

① 被审计单位在编制财务报表时运用持续经营假设是适当的，但注册会计师存在疑虑时应当根据情况注意：一是财务报表是否已充分描述导致对持续经营能力产生重大疑虑的主要事项或情况，以及管理层针对这些事项或情况提出的应对计划；二是财务报表是否已清楚指明可能导致对持续经营能力产生重大疑虑的事项或情况存在重大不确定性，被审计单位可能无法在正常的经营过程中变现资产、清偿债务。

a. 如果财务报表已做出充分披露，注册会计师应当出具无保留意见的审计报告，并在审计意见段之后增加强调事项段，强调可能导致对持续经营能力产生重大疑虑的事项或情况存在重大不确定性的事实，并提醒财务报表使用者注意财务报表附注中对有关事项的披露。例如，

> 五、强调事项
> 我们提醒财务报表使用者关注，如财务报表附注×所述，ABC公司在20××年发生亏损××万元，在20××年12月31日，流动负债高于资产总额××万元。ABC公司已在财务报表附注××中充分披露了拟采取的改善措施，但其持续经营能力仍然存在重大不确定性，可能无法在正常的经营过程中变现资产、清偿债务。本段内容不影响已发表的审计意见。

b. 在极端情况下，如同时存在多项重大不确定性，注册会计师应当考虑出具无法表示意见的审计报告，而不是在审计意见段之后增加强调事项段。当被审计单位存在多项可能导致对其持续经营能力产生重大疑虑的事项或情况存在重大不确定性时，如果注册会计师难以判断财务报表的编制基础是否适合继续采用持续经营假设，应将其视为对注册会计师的审计范围构成重大限制。在这种情况下，如果财务报表已做出充分披露，注册会计师应当考虑出具无法表示意见的审计报告，而不是在意见段之后增加强调事项段。例如，

> 三、导致无法表示意见的事项
> ABC公司已连续3个会计年度发生巨额亏损，主要财务指标显示其财务状况严重恶化，巨额逾期债务无法偿还，且存在巨额对外担保。截至审计报告日，ABC公司管理层在其书面评价中表示已开始采取包括债务重组、资产置换在内的多项措施。但由于该等措施正处于实施初期，我们无法获取充分、适当的审计证据以确证其能否有效改善ABC公司的持续经营能力，因此无法判断ABC公司继续按照持续经营假设编制20××年度财务报表是否适当。
>
> 四、无法表示意见
> 由于"三、导致无法表示意见的事项"段所述事项的重要性，我们无法获取充分、适当的审计证据以为发表审计意见提供基础，因此，我们不对ABC公司财务报表发表审计意见。

c. 如果财务报表未能做出充分披露，注册会计师应当出具保留意见或否定意见的审计报告。审计报告应当具体提及可能导致对持续经营能力产生重大疑虑的事项或情况存在重大不确定性的事实，并指明财务报表未对该事实做出披露。例如，

> 三、导致保留意见的事项
> ABC公司的借款合同已经到期，按照合同规定，应于20××年3月20日偿还借款××万元。截至审计报告日，ABC公司尚未偿还该笔借款，也未获得该笔借款的展期协议或取得新的借款。这一情况表明ABC公司的持续经营能力存在重大不确定性，可能无法在正常的经营过程中变现资产、清偿债务。ABC公司20××年度财务报表未充分披露上述情况。
>
> 四、保留意见
> 我们认为，除"三、导致保留意见的事项"段所述事项产生的影响外，ABC公司财务报表在所有重大方面按照企业会计准则的规定编制，公允反映了ABC公司20××年12月31日的财务状况以及20××年度的经营成果和现金流量。

② 被审计单位将不能持续经营，但财务报表仍然按持续经营假设编制，注册会计师应当出具否定意见的审计报告。例如，

> 三、导致否定意见的事项
> ABC公司已连续3个会计年度发生巨额亏损，主要财务指标显示其财务状况严重恶化，巨额逾期债务无法偿还，且存在巨额对外担保。截至审计报告日，无任何证据表明ABC公司采取的各项措施能够有效改善公司的财务和经营状况。根据我们的判断，ABC公司不具有持续经营能力。因此，ABC公司继续按照持续经营假设编制20××年度财务报表是不适当的。
>
> 四、否定意见
> 我们认为，由于"三、导致否定意见的事项"段所述事项的重要性，ABC公司财务报表没有在所有重大方面按照企业会计准则的规定编制，未能公允反映ABC公司20××年12月31日的财务状况以及20××年度的经营成果和现金流量。

③ 被审计单位将不能持续经营，以其他基础编制财务报表。在这种情况下，注册会计师应当实施补充的审计程序。如果认为管理层选用的其他编制基础是适当的且财务报表已作出充分披露，注册会计师可以出具无保留意见的审计报告，并考虑在审计意见段之后增加强调事项段，提醒财务报表使用者关注管理层选用的其他编制基础。

④ 管理层拒绝对持续经营能力做出评估或评估期间未能涵盖自资产负债表日起的12个月。对持续经营能力做出适当评估是管理层的责任。当存在以下情况时，注册会计师应当提请管理层对持续经营能力做出评估或将评估期间延伸至自资产负债表日起的12个月：一是管理层没有对持续经营能力做出评估；二是管理层未就超出评估期间的事项或情况对持续经营能力的影响做出评估；三是管理层评估持续经营能力涵盖的期间少于自资产负债表日起的12个月。

如果管理层拒绝注册会计师的要求，注册会计师应评价在管理层拒绝评估或延伸评估期间的情况下所取得的审计证据的充分性和适当性，判断审计范围受到限制的程度，并考虑出具审计报告的意见类型。例如，

三、导致无法表示意见的事项

ABC 公司已连续两年亏损，巨额逾期债务无法偿还，管理层拒绝对公司的持续经营能力做出书面评价，且我们也无法通过其他程序就管理层运用持续经营假设编制财务报表的合理性获取充分、适当的审计证据。

四、无法表示意见

由于"三、导致无法表示意见的事项"段所述事项的重要性，我们无法获取充分、适当的审计证据以为发表审计意见提供基础。因此，我们不对 ABC 公司财务报表发表审计意见。

相关操作详见表 6-9 和表 6-10。

表 6-9 持续经营审计程序表

被审计单位名称：　　　　　　　　索引号：E05　　　　　　　　页次：
审计项目名称：持续经营　　　　　编　制：　　　　　　　　　日期：
会计期间或截止日：　　　　　　　批　准：　　　　　　　　　日期：

目标与程序	执行情况说明			
	是否适用	工作底稿索引	执行人	日期
一、审计目标 1. 确定被审计单位的持续经营假设是否合理 2. 确定应予披露的事项，及披露是否恰当 二、审计程序 1. 根据会计报表的审计结果及其期后事项、或有损失的检查、企业财务状况和对被审计单位经营环境的了解，关注被审计单位在财务、经营等方面存在的持续经营假设不再合理的各种迹象 2. 与管理当局分析、讨论最近的会计报表，分析最近的财务状况、经营成果和现金流量 3. 与管理当局分析、讨论未来现金流量预测、盈利预测和其他预测 4. 结合对期后事项和或有事项审核结果，判断其对持续经营假设合理性的影响 5. 检查借款合同和债务契约条件的履行情况 6. 查阅股东大会、董事会等重要会议有关财务困境的记录 7. 向被审计单位的法律顾问和律师询问有关诉讼、索赔情况 8. 询问被审计单位管理当局有无改善措施及财务求助计划，并评价其合法性及可行性，判断其能否缓解对持续经营假设的影响 9. 索取管理当局关于持续经营假设的书面声明 10. 对于应予披露的持续经营事项，检查是否已作恰当披露				

表 6-10 持续经营审核表

被审计单位名称：　　　　　　　　　索引号：E05-1　　　　　　　　　　　页次：
　　　　　　　　　　　　　　　　　　编　　制：　　　　　　　　　　　　日期：
会计期间或截止日：　　　　　　　　批　　准：　　　　　　　　　　　　日期：

事　项	是	否	事　项	是	否
一、企业的财务状况			三、其他情况		
(1)资不抵债			(1)严重违反有关法律、法规要求		
(2)营运资金出现负数			(2)数额巨大的或有损失		
(3)无法偿还到期债务			(3)异常原因导致停工、停产		
(4)无法偿还即将到期且无法展期的借款			(4)国家法规、政策变化可能造成重大影响		
(5)过度依赖短期借款筹资			(5)营业期限即将到期，无法继续经营		
(6)主要财务指标恶化			(6)投资者未履行协议、合同、章程规定的义务，并有可能造成重大不利影响		
(7)发生巨额经营性亏损			(7)因自然灾害、战争、不可抗力因素遭受严重损失		
(8)存在大额逾期未付利润			(8)其他导致企业无法持续经营的迹象		
(9)无法继续履行借款合同中有关条款			四、管理当局采取的措施		
(10)无法获得供应商正常商业信用			(1)资产处置		
(11)无法获得开发必要新产品或进行必要投资所需资金			(2)资产借后租回		
(12)存在着大量不良资产且长期未作处理			(3)取得担保借款		
(13)重要子公司无法持续经营且未进行处理			(4)实施资产重组		
(14)其他显示财务状况恶化的迹象			(5)获得新的投资		
二、经营活动情况			(6)削减或延缓营业开支		
(1)关键管理人员离职，且无人替代			(7)获得重要原材料的替代品		
(2)主导产品不符合国家产业政策或没有市场销路，产品严重积压			(8)开拓新的市场		
(3)失去主要市场、特许权或主要供应商			(9)其他措施		
(4)人力资源或重要原材料短缺					
(5)未达到预期经营目标					
(6)其他导致恶化的迹象					

审核结论：

6.1.6 现金流量表审计

注册会计师审计现金流量表的主要目的在于：确定现金流量表的内容、性质和数额是否正确、合理、完整；确定现金流量表有关项目数额与其他报表及附注的勾稽关系是否合理；确定现金流量表各项目的披露是否恰当。应实施的程序如下所述：

（1）获取编制现金流量表的基础资料并加计、复核、调整。

（2）检查对现金及现金等价物的界定是否符合规定，界定范围在前后会计期间是否保持一致。

（3）检查现金流量表编制方法：①了解现金流量表编制方法；②检查合并现金流量表编制方法，关注集团内部往来及购销业务是否已作抵销，对本期存在收购子公司或部门以及出售子公司或部门的情况，检查是否已作正确处理；③关注现金流量表编制过程中，对有关特殊事项的处理是否正确，如以净资产或非货币性资产对外投资、收购其他公司、处置子公司、债务重组、非货币性交易、新设改制公司及股份公司上市年度现金流量表的特殊处理等业务处理是否正确。

（4）对现金流量表进行分析性复核，并检查：①主表与补充资料之"现金及现金等价物净增加额"是否一致。②主表与补充资料之"经营活动产生的现金流量净额"的勾稽关系是否合理。③补充资料之"货币资金期末、期初余额"与资产负债表的勾稽关系是否合理。④现金流量表有关数据与审计后财务报表及附注的勾稽关系是否合理。⑤是否存在金额异常的现金流量表项目，并作追查调整。如若以净额为基础分析经营性其他应收款、其他应付款时，其本期增减变动金额是否已正确列入"收到的其他与经营活动有关的现金"或"支付的其他与经营活动有关的现金"；是否出现金额异常的项目，如"支付的其他与经营活动有关的现金"金额大大低于本期管理费用和营业费用的合计数；是否存在某项现金流量未发生，而现金流量表对应项目却有发生额的情形，或某项现金流量有发生额，而现金流量表对应项目却无发生额的情形；比较个别现金流量表和合并现金流量表相同项目金额，分析是否存在异常。

（5）检查现金流量表补充资料中不涉及现金收支的投资和筹资活动各项目金额是否正确、合理、完整。

（6）检查现金流量表各项目的披露是否恰当。

另外，《企业会计准则》规定，对于不涉及当期现金收支，但影响企业财务状况或可能在未来影响企业现金流量的重大投资、筹资活动，应在财务报表附注中加以说明，如企业以承担债务形式购置资产等，审计时应予以关注。

6.1.7 获取管理层声明书

管理层声明书是指委托单位管理层（含治理层，如适用）向注册会计师提供的书面陈述，用以确认某些事项或支持其他审计证据。管理层声明书具有两个基本作用：一是明确管理层对财务报表的责任；二是提供审计证据，管理层的书面声明本身即是一种审计证据。注册会计师应将对声明事项重要性的理解告知管理层。

1. 对管理层声明书的理解

(1) 收集审计证据以支持管理层声明，包括：①从被审计单位内部或外部获取佐证证据；②评价管理层声明是否合理并与获取的其他审计证据（包括其他声明）一致；③考虑做出声明的人员是否熟知所声明的事项。

(2) 管理层声明不能替代其他审计证据。例如，注册会计师不能以管理层承诺应收账款可以全部收回的声明，替代其他应当实施的审计程序；而是应当通过检查应收账款期后回收情况、分析应收账款的账龄和债务人的信用等级等因素，评价其可收回性。

(3) 管理层声明与其他审计证据相矛盾时的处理。如果管理层的某项声明与其他审计证据相矛盾，注册会计师应当调查这种情况。必要时，重新考虑管理层做出的其他声明的可靠性。

(4) 管理层声明包括书面声明和口头声明。书面声明作为审计证据通常比口头声明可靠。书面声明可采取下列形式：①管理层声明书，即列示管理层所作声明的书面文件；②注册会计师提供的列示其对管理层声明的理解并经管理层确认的函件；③董事会及类似机构的相关会议纪要，或已签署的财务报表副本。事务所一般采取编好声明书，再让管理层签字确认的形式，即第二种形式。

2. 管理层声明书的内容

管理层声明主要包括两个方面的内容：

(1) 关于财务报表。

① 管理层认可其对财务报表的编制责任。

② 管理层认可其设计、实施和维护内部控制以防止或发现并纠正错报的责任。

③ 管理层认可注册会计师在审计过程中发现的未更正错报，无论是单独还是汇总起来考虑，对财务报表整体均不具有重大影响。

(2) 关于信息的完整性。

① 所有财务信息和其他数据的可获得性。

② 所有股东会和董事会会议记录的完整性和可获得性。

③ 就违反法规行为事项，被审计单位与监管机构沟通的书面文件的可获得性。

④ 与未记录交易相关的资料的可获得性。

⑤ 涉及下列人员舞弊行为或舞弊嫌疑的信息的可获得性：管理层；对内部控制具有重大影响的雇员；对财务报表的编制具有重大影响的其他人员。

上述事项，因其复杂程度和重要程度的不同，注册会计师可以将其全部列入管理层声明书中，也可以就其中某个事项向管理层获取专项声明。

3. 管理层拒绝提供声明时的措施

如果管理层拒绝提供注册会计师认为必要的声明，注册会计师应当将其视为审计范围受到限制，出具保留意见或无法表示意见的审计报告。例如，将自用房地产转换为投资性房地产并采用公允价值模式计量，停止对其计提折旧，这一事项对本期财务报表的损益影响重大，如管理层拒绝提供声明，则注册会计师应将其视为审计范围受到限制，根据具体情况考虑出具保留意见或无法表示意见的审计报告。同时，在这种情况下，注册会计师应当评价审计过程中获取的管理层其他声明的可靠性，并考虑管理层拒绝提供声明是否可能对审计报告产生其他影响。

 6.2 特殊项目审计·操作指南

6.2.1 管理当局声明书示例

管理当局声明书

索引号：E06
页　次：

××会计师事务所（或注册会计师）：

本声明书是针对你们审计我公司截止20××年12月31日的年度财务报表而提供的。审计的目的是对财务报表发表意见，以确定财务报表是否在所有重大方面已按照企业会计准则（本处假设该公司适用的财务编制基础是企业会计准则）的规定编制，并实现公允反映。

尽我们所知，并在做出了必要的查询和了解后，我们确认：

一、财务报表

1. 我们已履行20××年×月×日签署的审计业务约定书中提及的责任，即根据企业会计准则的规定编制财务报表，并对财务报表进行公允反映。

2. 在做出会计估计时使用的重大假设（包括与公允价值计量相关的假设）是合理的。

3. 已按照企业会计准则的规定对关联方关系及其交易做出了恰当的会计处理和披露。

4. 根据企业会计准则的规定，所有需要调整和披露的资产负债表日后事项都已得到调整和披露。

5. 未更正错报，无论是单独还是汇总起来，对财务报表整体的影响均不重大。未更正错报汇总数附在本声明书后。

6. ……

二、提供的信息

7. 我们已向你们提供下列工作条件：

（1）允许接触我们注意到的、与财务报表编制相关的所有信息（如记录、文件和其他事项）。

（2）提供你们基于审计目的要求我们提供的其他信息。

（3）允许在获取证据时不受限制地接触你们认为必要的本公司的内部人员和其他相关人员。

8. 所有交易均已记录并反映在财务报表中。

9. 我们已向你们披露了由于舞弊可能导致的财务报表重大错报风险的评估结果。

10. 我们已向你们披露了我们注意到的、可能影响本公司的与舞弊或舞弊嫌疑相关的所有信息，这些主要涉及本公司的：

(1) 管理层。
(2) 在内部控制中承担重要职责的员工。
(3) 其他人员(在舞弊行为导致财务报表重大错报的情况下)。

11. 我们已向你们披露了从现任和前任员工、分析师、监管机构等方面获知的、影响财务报表的舞弊指控或舞弊嫌疑的所有信息。

12. 我们已向你们披露了所有已知的、在编制财务报表时应当考虑其影响的违反或涉嫌违反法律、法规的行为。

13. 我们已向你们披露了我们注意到的关联方的名称和特征、所有关联方关系及其交易。

……

附：未更正错报汇总表(略，参见表7-3审计差异调整表——未调理不符事项汇总表)

公司(盖章)　　　　　　　　　法定代表人(签章)

中国××市　　　　　　　　　总会计师或财务负责人(签章)

年　月　日

6.2.2 会计报表附注示例

会计报表附注

(审定后公司盖章)

一、公司的一般情况及业务活动

××有限公司(以下称"本公司")为一家于××年××月××日在中华人民共和国××省××市成立的××公司，最初注册资本××万元，2007变更注册资本为××万元，变更后经营期限为××年。本公司于××年××月××日取得变更后企业法人营业执照。本公司成立时的投资方均为自然人，他们分别为××、××，他们的投资比例分别为×%和×%。注册资本人民币××万元，法人代表是××，公司注册地址：××省××市。

本公司的营业范围为：××。

二、会计报表编制基准

本会计报表按照中华人民共和国财政部颁发的《企业会计准则》《企业会计制度》及相关补充规定编制。

三、主要会计政策

1. 会计年度

本公司会计年度为公历1月1日起至12月31日止。

2. 记账本位币

本公司以人民币为记账本位币。

3. 现金及现金等价物

列示于现金流量表中的现金是指库存现金及可随时用于支付的银行存款。现金等价物是指持有的期限短、流动性强、易于转换为已知金额的现金及价值变动风险很小的投资。

4. 存货

本公司存货主要是库存商品、包装物及低值易耗品。库存商品按售价金额法核算，设置"商品进销差价"核算含税售价与不含税进价之间的差额。

5. 固定资产和折旧

本公司外购或自建固定资产按实际成本入账。固定资产折旧年限在固定资产形成时，按单项固定资产结合税务部门对固定资产折旧年限的规定据以确定，一经确定不得随意更改。

6. 无形资产及其他资产

自制专利技术的研制成本在发生时计入管理费用，成功后的开发成本列作无形资产。外购无形资产以购入的实际成本入账。土地使用权按购入成本入账，按使用权证上的使用期限分期摊销。产品销售许可权按购买年限确定分摊期限，没有期限规定的，按不少于5年进行分摊。

7. 收入成本确认

销售收入于产品发出且取得收取货款的权利时确认。受托代销商品均为买断方式，在向委托方开具已销商品清单后，视同本企业商品销售，计入营业收入。

本公司产品销售成本主要是进价成本，进、销、存过程中发生的职工薪酬、广告费、保管费、日常零星开支等，列入销售费用。

8. 盈余公积和未分配利润

本公司根据《中华人民共和国公司法》、本公司章程及董事会的决议，按上年度净利润的10%计提法定盈余公积，不计提任意盈余公积。盈余公积和未分配利润用于扩大再生产和转增资本。

四、主要税项

1. 企业所得税

企业所得税费用的会计处理采用应付税款法。收入总额减除可税前扣除的成本、费用及损失后的余额为应纳税所得额。企业所得税按照本年度应纳税所得额和适用税率25%（上年度：25%）计算确认。

2. 增值税

本公司产品销售业务适用增值税，税率为17%。本公司购买商品等支付的增值税进项税额可以抵扣销项税。本公司的增值税应纳税额为当期销项税额抵减可以抵扣的进项税额后的余额。

五、本单位重要财务指标

速动比率＝速动资产/流动负债＝××

流动比率＝流动资产/流动负债＝××

资产负债率＝负债/资产＝××

存货周转率＝成本/平均存货＝××

应收账款周转率＝收入/平均应收款＝××

收入利润率＝净利润/收入＝×%

已获利息倍数＝息税前利润/利息费用＝××

六、本单位重要业务情况说明

1. 应收账款、其他应收款、坏账准备及其构成

可列表(略)

2. 存货及其构成

可列表(略)

3. 固定资产、累计折旧及其构成

可列表(略)

4. 应付职工薪酬及其构成

可列表(略)

5. 长期负债及其构成

可列表(略)

七、其他重大事项说明

1. 重大关联方交易

(略)

2. 持续经营能力

(略)

3. 本公司长期借款均为抵押贷款,共计本息××万。

4. 现金流量情况

本公司本年经营活动产生的现金净流入量为××元,投资活动产生的现金净流入量为××元,筹资活动产生的净现金流入量为××元。

5. 所有者权益变动情况

本公司所有者权益合计为××元。本年增加××元。该金额扣除了本年预分配利润××万元。

××年12月31日

6.2.3 分析性程序在现金流量表审计中的应用

现金流量表审计一般在资产负债表和利润表的审计活动结束后进行,通过对资产负债表和利润表的审计活动,完成了对被审计单位风险评估的分析性程序和针对各类交易、账户余额和列报的细节测试,对被审计单位的经营活动、投资活动和筹资活动情况也有大致掌握。此时,结合现金流量表的编制基础和结构特点,运用分析性程序对现金流量表及其报表项目进行实质性分析程序和总体性复核,能够大大提高审计效率。

1. 现金流量表实质性分析程序的运用

在资产负债表和利润表审计过程中,对现金流量表各项目涉及的各类交易和账户余额进行了细节测试,而现金流量表各项目列报的数据,无论是现金流量表正表还是附注各项目列报的数据,均具有一种相对稳定的预期关系,这种预期关系与现金流量表的编制基础紧密相关,为现金流量表各项目的列报运用实质性分析程序进行审计提供了基础。

1) 正表中各项目列报数据的预期关系分析

(1) 项目一"经营活动中产生的现金流量"。该项目的结果,通过分析经营活动中的现金流入量和现金流出量各明细项目数据的预期关系即可得到。下面对各明细项目的预期关系用公式表示出来。

① "经营活动产生的现金流入量"有3个明细项目，其中：

销售商品、提供劳务收到的现金＝主营业务收入＋销项税额＋应收账款(期初－期末)＋
应收票据(期初－期末)＋预收账款(期末－期初)－
当期计提坏账准备

收到税费返还＝企业收到的税费返还

收到其他与经营活动有关的现金＝其他应收款(期初－期末)－
本年为其他应收款计提的坏账准备

上述3个明细项目列报数字相加即得到经营活动中产生的现金流入量小计。

② "经营活动产生的现金流出量"有4个明细项目，其中：

购买商品、接受劳务支付的现金＝主营业务成本＋进项税额＋存货(期末－期初)＋
应付账款(年初－年末)＋应付票据(年初－年末)＋
预付账款(年末－年初)

注意，此项不应包括短期借款、应付利息、应付股利、应交税费、应付职工薪酬、其他应付款等项目，因为前三项属于筹资和投资范畴，后三项将列示于后面的项目中。

支付给职工以及为职工支付的现金＝职工薪酬应发数合计＋应付职工薪酬(期初－期末)

支付的各项税费＝付现的营业税金及附加＋付现的增值税＋付现的所得税＋
应交税费(期初－期末)＋付现的其他各项税费

支付其他与经营活动有关的现金＝其他付现销售费用＋其他付现管理费用＋
其他应付款(期初－期末)等

此处的其他付现销售费用和管理费用是指扣除了列入其中的职工薪酬、应交税费及不付现的折旧费用、累计摊销费用等之后的数据，需具体分析，但具有稳定预期关系。

上述4个明细项目列报数字相加即得到经营活动中产生的现金流出量小计。

③ 以现金流入量小计减去现金流出量小计，即得到项目一"经营活动中产生的现金流量"的结果。

(2) 项目二"投资活动中产生的现金流量"。该项目的结果，通过分析投资活动中的现金流入量和现金流出量各明细项目数据的预期关系即可得到。

① "投资活动产生的现金流入量"有5个明细项目，其中：

收回投资收到的现金＝本期收回各项投资的本金及利息

取得投资收益收到的现金＝收到的股息收入等

处置固定资产等收回的现金净额＝处置中的现金收入－现金付出

处置子公司及其他营业单位收到的现金净额＝处置中的现金收入－现金付出

收到的其他与投资活动有关的现金＝未列入上述项目的其他投资活动中收到的现金

上述5个明细项目列报数字相加即得到投资活动中产生的现金流入量小计。

② "投资活动产生的现金流出量"有4个明细项目，其中：

购建固定资产、无形资产和
　其他长期资产支付的现金 ＝本期固定资产、无形资产、长期待摊资产增加数－
资本化利息增加的固定资产价值－其他未付现价值部分

投资支付的现金＝对外投资中付现投资额

取得子公司及其他营业单位支付的现金＝购买子公司及其他营业单位中支付的现金
支付的其他与投资活动有关的现金＝未列入上述三项之中的其他投资付现支出
上述 4 个明细项目列报数字相加即得到投资活动中产生的现金流出量小计。

③ 以现金流入量小计减去现金流出量小计，即得到项目二"投资活动中产生的现金流量"的结果。

（3）项目三"筹资活动中产生的现金流量"。该项目的结果，通过分析筹资活动中的现金流入量和现金流出量各明细项目数据的预期关系即可得到。

① "筹资活动产生的现金流入量"有 3 个明细项目，其中：
吸收投资收到的现金＝本期收到的现金实收资本和资本公积
取得借款收到的现金＝本年长期借款＋本年短期借款＋发行债券收到的现金
收到的其他与筹资活动有关的现金＝筹资活动中未列入上述两项目的现金收入
上述 3 个明细项目列报数字相加即得到筹资活动中产生的现金流入量小计。

② "筹资活动中产生的现金流出量"有 3 个明细项目，其中：
偿还债务支付的现金＝本期偿还的短期借款和长期借款本金
分配股利、利润或偿付利息支付的现金＝本期支付的现金股利＋
本期现金支付的长、短期借款利息＋
现金支付的债券利息等
支付其他与筹资活动有关的现金＝银行结算的手续费等未列入上述两项目的现金支出

值得注意的是，本期列支的利息有预提利息和付现利息，本期预提的利息在分析现金流量表时应剔除，因为它不涉及现金及现金等价物增减；以前预提本期支付的利息和本期付现的利息，才能列入"偿付利息支付的现金"中。本项目不能直接按"财务费用""利息支出"或资本化利息的数字填列，分析应立足编制基础，直接从付现业务中找出相关付现凭据加总填列。

上述 3 个明细项目列报数字相加即得到筹资活动中产生的现金流出量小计。

③ 以现金流入量小计减去现金流出量小计，即得到项目三"筹资活动中产生的现金流量"的结果。

（4）项目四"汇率变动对现金及现金等价物产生的影响"直接分析外币业务产生的影响即可。

（5）项目五和项目六应该与资产负债表中的货币资金期初数和期末数相等。

2）附注中各项目列报数据的预期关系分析

附注是采用间接法编制的，附注中将净利润调整为经营活动中的现金净流量的过程中，各项目所列数据同样具有一种稳定的预期关系：

（1）净利润为利润表的净利润。

（2）资产减值损失、固定资产折旧、无形资产摊销、处置固定资产净损失等项均为不付现费用，直接从坏账准备等资产准备、累计折旧、累计摊销及固定资产清理等账户中取得。

（3）财务费用直接按利润表列示的财务费用。

（4）投资损失按本期对外的各项投资的损失（收益填"—"）列报。

（5）存货的减少按存货的期初数减期末数列报。

（6）经营性应收项目的减少按资产负债表中应收票据、应收账款、预付账款、其他应收款等项目的期初合计数减期末合计数，再减去本期计提的坏账准备数列报。本项目不能包括应收利息和应收股利两项目，它们属投资业务范畴。

（7）经营性应付项目的增加是按资产负债表中应付票据、应付账款、预收账款、应付职工薪酬、应交税费、其他应付款等项目的期末合计数减期初合计数列报。因短期借款、交易性金融负债、应付股利属筹资范畴，故这3个项目的数据不应包括在内。

将现金流量表正表及其附注中涉及的各项目所具有的预期的稳定关系作为进行现金流量表实质性分析程序的标准，有针对性地实施重新计算、对比分析等程序，能够避免审计的盲目性，大大提高审计的效率。

2. 现金流量表总体性复核时分析程序的运用

分析程序在现金流量表总体复核阶段的运用主要集中在报表层次，用于证实表中所列报的信息与对被审计单位及其环境的了解一致，与所取得的审计证据一致。因此其分析过程可以从以下两方面展开：

1）利用现金流量表正表和附注的结构关系进行分析

现金流量表正表和附注之间的关系主要体现在"经营活动中产生的现金净流量"这一项目上，正表采用直接法编制，附表采用间接法编制。两种编制方法得出的结果应核对相符。这为其总体性复核程序的运用提供了一个分析标准。

正表采用直接法填列时，"经营活动中产生的现金净流量"的计算分两步进行：先分别计算出经营活动中产生的现金流入量和现金流出量，再用现金流入量减去现金流出量，计算出经营活动中的净现金流量。附注采用间接法填列时，从企业的净利润出发，将经营活动中发生的影响利润但未影响现金流入和流出的因素考虑进来后，同样计算出经营活动的现金净流量。因为正表和附注是对同一事项用不同的方法进行计算，所以两者计算的结果应该一致；如果不一致，则表明现金流量表的编制不正确，需要采用追加程序进行进一步审计。

在运用分析性程序时，首先检查正表和附注中得出的经营活动中产生的现金净流量是否相等。如果相等，则联系实质性程序的审计情况，评估审计的风险，确定是否可以接受；如果不相等，则表明企业的现金流量表编制存在错误，需要进行进一步审计程序。

2）利用现金流量表正表内各项目之间的关系进行分析

正表内有6个项目，它们的关系是：

（1）项目一至项目四是并列关系，前三个项目分别对经营活动、投资活动、筹资活动产生的现金流量加以计算汇总，第四个项目对汇率变动对现金及现金等价物的影响加以计算汇总。

（2）项目一至项目四的现金净流量合计数应与项目五相等。

（3）项目五加期初现金及现金等价物余额即得到项目六，或者说项目六减去期初现金及现金等价物余额即得到项目五。

（4）项目一至项目三中现金流量净额均以各项目的现金流入减现金流出计算求得。

现金流量表正表的结构特点构成了总体性复核的又一分析标准。

通过重新计算等分析性复核程序，检查项目一至项目三中现金净流量的计算是否正确，检查项目五所列数据是否等于项目一至项目四中所列示现金净流量的合计数，检查项目五的数据加上期初现金及现金等价物余额后是否与项目六所列数据保持一致。如果与检查标准保持一致，并与所评估的风险及实质性程序实施中得到的结论相符，则可以有限保证现金流量表的真实性和公允性；否则，必须追加审计程序，以降低审计风险。

注意，如果对现金流量表仅仅进行总体性复核，即使复核的结果与所采取的标准相符，也不能得出现金流量表的编制是真实和公允的结论。这是因为会计人员一般对现金流量表的这种结构关系都熟悉，在编制时可能存在拼凑数据的现象。因此该程序必须结合风险评估程序和实质性程序使用。也正因为如此，该程序往往与风险评估程序和实质性程序同时进行，只有在二级复核和三级复核中才单独实施。

6.3 特殊项目审计·操作任务

吴立至的项目组在对该公司特殊项目进行审计时，发现了下列情况：

（1）吴立至认为许多重要交易事项属于单位应作披露的事项，即应在会计报表附注中加以披露的，而吴立至注意到该公司的会计报表并未包括会计报表附注，故拟指导该公司作一份会计报表附注。这个会计报表附注应该是怎样的呢？请为该公司编写一份会计报表附注。

（2）该公司对外投资占被投资企业的10％股份，不存在重大控制或控制，也不对被投资企业产生重大影响。该公司与重要供应商和经销商的交易价格与市场价格比较，没有明显异常。

（3）该公司上年度会计报表亦是本事务所审计，经查阅底稿和询问上任注册会计师，没有需要追溯调整事项和追加披露的事项。

（4）该公司下年度将面临到期的债务，一年内到期的长期负债较多，吴立至希望对方披露其采取的还款对策，对方还未明确表态。作为二级复核人，你认为这个要求对于该公司来说是否合理？

（5）该公司的债务问题是否影响其持续经营能力？应如何进行分析判断？

（6）该公司不存在担保债务、未决诉讼等经济纠纷。

（7）吴立至获悉本市将进行环境治理，该公司已被列入名单，吴立至希望对方披露为此采取的对策，对方还未明确表态。作为二级复核人，你认为这个要求对于该公司来说是否合理？

（8）对于现金流量表，根据前两章发现的问题，需要调整就调整。你认为应调整的现金流量表的项目有哪些？如何调整？

（9）该公司尚未写出管理层书面声明书，吴立至拟指导对方写出书面声明。你认为管理层书面声明书应该是怎样的？

项目七

审计复核与沟通

SHENJI FUHE YU GOUTONG

内容环节	学习目标
相关知识	1. 掌握审计差异调整与草拟报告等重点整理事项 2. 掌握与委托方不同层面沟通的内容和方式 3. 掌握复核的分类及各类复核的要点
操作指南	1. 能够编制审计差异调整表 2. 能够编制资产负债表和利润表的试算平衡表 3. 能够开展项目级内部复核和独立的质量控制复核 4. 能够理解审计调整分录与会计调整分录
操作任务	1. 能编制审计差异调整表 2. 能编制资产负债表和利润表的试算平衡表 3. 能根据审计情况提出报告意见类型并草拟报告 4. 能模拟与委托方沟通 5. 能模拟二级复核和三级复核

7.1 审计复核与沟通·相关知识

7.1.1 编制审计差异调整表和试算平衡表

1. 编制审计差异调整表

审计差异可分为核算错误和重分类错误。核算错误是因企业对经济业务进行了不正确的会计核算而引起的错误；重分类错误是因企业未按企业会计准则列报财务报表而引起的错误。无论是核算错误或是重分类错误，在审计工作底稿中通常都是以会计分录的形式反映的。由于审计中发现的错误往往已在报表项目底稿中注明，到审计结尾时，通常需要将这些建议调整的重分类错误、核算错误和未调整不符事项分别汇总至重分类分录汇总表、核算差错分录汇总表和未调整不符事项汇总表。经委托单位同意后，根据分录汇总表编制试算平衡表。

（1）重分类分录汇总表。详见表7-1。

表7-1 审计差异调整表
——重分类分录汇总表

被审计单位名称：　　　　　　索引号：HZ01(1/3)　　　　　　页次：
　　　　　　　　　　　　　　编　制：　　　　　　　　　　　　日期：
会计期间：　　　　　　　　　复　核：　　　　　　　　　　　　日期：

序号	索引号	调整分录及说明	资产负债表		损益(利润)表		被审计单位调整情况及未调整原因
			借方	贷方	借方	贷方	
		合　计					

交换意见情况：
　　被审计单位代表：　　　　　　　　　　　　参加人员：
　　项目负责人：　　　　　　　　　　　　　　审计人员：
　　双方签字：　　　　　　　　　　　　　　　签字日期：

编制说明：

1. 本表用于汇总审计过程中发现的应调整事项。
2. 根据调整分录借、贷方归属资产负债类或损益类，将其对应金额分别填入"资产负债表""损益表"的借方、贷方。
3. 索引号根据该调整分录所在审计工作底稿索引号填列。
4. 必须将调整原因列于调整分录之后。

(2) 核算差错分录汇总表。详见表 7-2。

表 7-2 审计差异调整表
——核算差错分录汇总表

被审计单位名称：　　　　　　索引号：HZ01(2/3)　　　　　　页次：
　　　　　　　　　　　　　　编　制：　　　　　　　　　　　日期：
会计期间：　　　　　　　　　复　核：　　　　　　　　　　　日期：

序号	索引号	调整分录及说明	资产负债表		损益(利润)表		被审计单位调整情况及未调整原因
			借方	贷方	借方	贷方	
		合　计					

交换意见情况：
　　被审计单位代表：　　　　　　　　　　　　参加人员：
　　项目负责人：　　　　　　　　　　　　　　审计人员：
　　双方签字：　　　　　　　　　　　　　　　签字日期：

编制说明：

1. 本表用于汇总审计过程中发现的应调整事项。
2. 根据调整分录借、贷方归属资产负债类或损益类，将其对应金额分别填入"资产负债表""损益表"的借方、贷方。
3. 索引号根据该调整分录所在审计工作底稿索引号填列。
4. 必须将调整原因列于调整分录之后。

(3) 未调整不符事项汇总表。详见表 7-3。

表 7-3 审计差异调整表
——未调整不符事项汇总表

被审计单位名称：　　　　　　索引号：HZ01(3/3)　　　　　　页次：
　　　　　　　　　　　　　　编　制：　　　　　　　　　　　日期：
会计期间：　　　　　　　　　复　核：　　　　　　　　　　　日期：

序号	索引号	调整分录及说明	资产类	负债类	损益类	备注
			借/贷	借/贷	借/贷	

续表

序号	索引号	调整分录及说明	资产类 借/贷	负债类 借/贷	损益类 借/贷	备注
		合　计				

未予调整的影响　　　　　　　金额　　　　　　　　　百分比

　　1. 净利润　　　　　　　_____　　　　　　　　_____

　　2. 营业收入　　　　　　_____　　　　　　　　_____

　　3. 净资产　　　　　　　_____　　　　　　　　_____

　　4. 总资产　　　　　　　_____　　　　　　　　_____

审计结论：

编制说明：

1. 本表用于汇总审计过程中发现的注册会计师认为可不作调整的所有不符事项的审计差异。

2. 不符事项影响归属资产、负债类或损益类，将其对应金额分别填入"资产负债表""损益表"的借方、贷方。

3. 如汇总后对净利润、营业收入、净资产、总资产等影响超过重要性水平，则需作为调整事项处理。但可在审计结论中表述，不需再转入审计差异调整表。

4. 索引号根据该事项所在审计工作底稿索引号填列。

5. 未予调整的影响中，"金额"栏即为审定后净资产、营业收入、净利润、总资产的金额，百分比栏根据合计不作调整的"资产类""损益类"金额除以上述金额计算。

6. 结论应表明不作调整的影响是否超过重要性水平，并说明其对审计意见的影响。

2. 编制试算平衡表

(1) 资产负债表试算平衡表。详见表 7-4。

表 7-4 资产负债表试算平衡表

被审计单位名称：　　　　　　　　索引号：HZ02　　　　　　　　页次：
　　　　　　　　　　　　　　　　编　制：　　　　　　　　　　　日期：
会计期间或截止日：　　　　　　　批　准：　　　　　　　　　　　日期：

项 目	未审数	账项调整 借方	账项调整 贷方	审定数	项 目	未审数	账项调整 借方	账项调整 贷方	审定数
货币资金					短期借款				
交易性金融资产					交易性金融负债				
应收票据					应付票据				
应收账款					应付账款				
预付款项					预收款项				
应收利息					应付职工薪酬				
应收股利					应交税费				
其他应收款					应付利息				
存货					应付股利				
一年内到期的非流动资产					其他应付款				
其他流动资产					一年内到期的非流动负债				
可供出售金融资产					其他流动负债				
持有至到期投资					长期借款				
长期应收款					应付债券				
长期股权投资					长期应付款				
投资性房地产					专项应付款				
固定资产					预计负债				
在建工程					递延所得税负债				
工程物资					其他非流动负债				
固定资产清理					实收资本（或股本）				
无形资产					资本公积				
开发支出					盈余公积				
商誉					未分配利润				
长期待摊费用									
递延所得税资产									
其他非流动资产									
合　计					合　计				

注：此表将重分类调整与核算差错调整均作一样对待，也可分别对待。

(2) 利润表试算平衡表。详见表 7-5。

表 7-5 利润表试算平衡表

被审计单位名称： 索引号：HZ03 页次：
编　制： 日期：
会计期间或截止日： 批　准： 日期：

项 目		未审数	调整金额		审定数	索引号
			借方	贷方		
一	营业收入					
	减：营业成本					
	营业税金及附加					
	销售费用					
	管理费用					
	财务费用					
	资产减值损失					
	加：公允价值变动损益					
	投资收益					
二	营业利润					
	加：营业外收入					
	减：营业外支出					
三	利润总额					
	减：所得税费用					
四	净利润					

7.1.2　执行分析程序和形成审计意见

1. 执行分析程序

在审计结束或临近结束时，注册会计师运用分析程序的目的是确定审计调整后的财务报表整体是否与其对被审计单位的了解一致，注册会计师应当围绕这一目的运用分析程序。这时运用分析程序是强制要求，注册会计师在这个阶段应当运用分析程序。

在运用分析程序进行总体复核时，如果识别出以前未识别的重大错报风险，注册会计师应当重新考虑对全部或部分各类交易、账户余额、列报评估的风险是否恰当，并在此基础上重新评价之前计划的审计程序是否充分，是否有必要追加审计程序。

这一阶段的分析性程序可以与编制重要审计事项表同时进行。重要审计事项完成核对表详见表 7-6。

表 7-6　重要审计事项完成核对表

被审计单位名称：　　　　　　　　索引号：ZH　　　　　　　　页次：
　　　　　　　　　　　　　　　　编　制：　　　　　　　　　日期：
会计期间：　　　　　　　　　　　复　核：　　　　　　　　　日期：

项　目	完成情况		说　明
	完成	未完成	
审计业务约定			
审计总体计划和具体计划编制			
内部控制制度调查			
确定的符合性测试项目			
确定的截止性测试项目			
存货监盘或抽盘			
固定资产抽盘			
应收账款函证			
上年审计调整事项处理核查			
期后事项财务影响评价			
或有事项财务影响评价			
会计政策、重要会计估计变更影响评价			
获取被审计单位声明书			
关注持续经营假设的合理性			
审阅重要的董事会记录			
审计工作总结			
审计工作底稿复核			

主任会计师：　　　　　　　　部门经理：　　　　　　　　项目负责人：

说明：1. 核对项目可以根据实际情况增加。
2. "审计工作底稿复核"栏仅指项目负责人的复核。
3. 如未完成某事项，应在"说明"栏中详细阐述原因，并分析该事项对审计意见的影响。

2. 形成审计意见

注册会计师在形成审计意见时，首先要对重要性和审计风险进行最终的评价，其次才提出审计意见并草拟审计报告。

(1) 对重要性和审计风险进行最终的评价。对重要性和审计风险进行最终评价，是注册会计师决定发表何种类型审计意见的必要过程。该过程可通过以下两个步骤来完成：

① 确定可能错报金额。可能错报金额包括已经识别的具体错报和推断误差。

② 根据财务报表层次重要性水平，确定可能的错报金额的汇总数（即可能错报总额）对财务报表的影响程度。这里的财务报表层次的重要性水平是指审计计划阶段确定的或修正的重要性水平。这里的可能错报总额一般是指各财务报表项目可能的错报金额的汇总数，但也可能包括上一期间的任何未更正可能错报对本期财务报表的影响。

如果注册会计师认为审计风险处在一个可接受的水平，则可以直接提出审计结果所支持的意见；如果注册会计师认为审计风险不能接受，则应追加测试或者说服被审计单位作必要调整，以便将重要错报的风险降低到一个可接受的水平。否则，注册会计师应慎重考虑该审计风险对审计报告的影响。

(2) 形成审计意见并草拟审计报告。在审计过程中，要实施各种测试。这些测试通常是由参与本次审计工作的审计项目组成员来执行的，而每个成员所执行的测试可能只限于某几个领域或账项。因此，在每个功能领域或报表项目的测试都完成之后，审计项目经理应汇总所有成员的审计结果。

在完成审计工作阶段，为了对财务报表整体发表适当的意见，必须将这些分散的审计结果加以汇总和评价，综合考虑在审计过程中所收集到的全部证据。负责该审计项目的主任会计师对这些工作负有最终的责任。在有些情况下，这些工作可以先由审计项目经理初步完成，然后再逐级交给部门经理和主任会计师复核。

7.1.3 质量控制复核

审计工作底稿的复核可分为两个层次：项目组内部复核和独立的项目质量控制复核。

1. 项目组内部复核

项目组内部复核又分为审计项目经理的现场复核和项目合伙人的复核。

(1) 审计项目经理的现场复核。审计项目经理对审计工作底稿的复核属于第一级复核。该级复核通常在审计现场完成，以便及时发现和解决问题，争取审计工作的主动。

(2) 项目合伙人的复核。项目合伙人对审计工作底稿实施复核是项目组内部最高级别的复核。该复核既是对审计项目经理复核的再监督，也是对重要审计事项的重点把关。

2. 独立的项目质量控制复核

项目质量控制复核是指在出具报告前，对项目组做出的重大判断和在准备报告时形成的结论做出客观评价的过程。项目质量控制复核也称独立复核。

《会计师事务所质量控制准则第5101号——会计师事务所对执行财务报表审计和审阅、其他鉴证和相关服务业务实施的质量控制》中，要求对包括上市公司财务报表审计在内的特定业务实施项目质量控制复核，并在出具报告前完成。

对审计工作底稿进行独立复核的目的有以下几个：

(1) 对审计工作结果进行最后质量把关。对签发审计报告前的审计工作底稿进行独立复核,是实施对审计工作结果的最后质量控制,能避免对重大审计问题的遗留或对具体审计工作理解不透彻等情况,从而形成与审计工作结果相一致的审计意见。

(2) 确认审计工作已达到会计师事务所的工作标准。会计师事务所对开展各项审计工作都应有明确、统一的标准。进行独立复核是为了严格保持整体审计工作质量的一致性,确认该审计工作已达到会计师事务所的工作标准。

(3) 消除妨碍注册会计师判断的偏见。进行独立复核可以消除妨碍注册会计师正确判断的偏见,做出符合事实的审计结论。

项目复核可以通过填列"业务执行复核工作核对表"的方式来进行。复核工作核对表不仅可对那些容易被忽视的审计工作起到提醒作用,还有利于检查审计证据的充分性和适当性。在操作指南中将提供有关业务执行复核工作核对表的范例,用于参考。

3. 独立的项目质量控制复核工作底稿

(1) 二级复核。详见表7-7和表7-8。

表7-7 部门经理质量控制(二级)复核程序

客　　户:	编制人:	日期:	索引号:FH01
审计期间:	复核人:	日期:	页　次:

	执行情况说明	索引号
一、复核目的 1. 加强质量控制 2. 避免发生判断错误和重大遗漏,降低审计风险		
二、复核要点 1. 审核审计计划所确定的审计范围和重要程序是否适当,是否实现了审计目标 2. 审阅审计计划和内控制度调查记录,审核《重大问题请示报告》和审计报告底稿,并对重点科目的工作底稿进行详细复核,复核内容包括: (1) 是否根据审计计划要求的审计重点和审计方法对重要会计科目的风险大的审计领域进行了审计 (2) 通过审计计划、内控调查和审计测试所发现的重大问题(包括去年审计中提请今年注意的问题),是否事实清楚、取证充分 (3) 项目经理对上述问题的处理是否恰当,拟调整分录是否得到客户认可,未调整事项的处理是否符合对重要事项进行会计披露的要求 (4) 是否已将上述审核过程、审核依据和审核结论完整地反映在工作底稿上 (5) 重要的或易存在问题的报表项目,是否还存在未被发现的重大问题 3. 是否对金融性交易、关联交易、持续经营、期后事项和或有事项等重大事项进行过审核并做出结论 4. 复核审计工作底稿中重要的勾稽关系是否正确;审核审计报告的内容、类型和披露的问题是否符合中注协和证监会(此处针对股份制企业)的有关规定 5. 复核已审计会计报表总体上是否合理、可信 6. 审核审计报告是否规范,问题的披露是否充分		

表 7-8　部门经理质量控制(二级)复核记录

客　　户：　　　　　　　编制人：　　　　　日期：　　　　　　索引号：FH01-1
审计期间：　　　　　　　复核人：　　　　　日期：　　　　　　页　次：

索引号	复核要点	项目负责人执行结果	复核人意见

(2) 三级复核。详见表 7-9 和表 7-10。

表 7-9　事务所负责人质量控制(三级)复核程序

客　　户：　　　　　　　编制人：　　　　　日期：　　　　　　索引号：FH02
审计期间：　　　　　　　复核人：　　　　　日期：　　　　　　页　次：

	执行情况说明	索引号
一、复核目的 1. 加强质量控制 2. 避免发生判断错误和重大遗漏，降低审计风险		
二、复核要点 1. 复核审计计划是否经过部门经理核准，《重大问题请示报告》是否完备，并经逐级审批 2. 复核《重大问题请示报告》和审计报告底稿，必要时抽查支持总体评价的工作底稿 3. 审核重大问题的处理是否恰当 4. 分析审定后的会计报表是否还存在重大错误的可能性 5. 分析判断被审计单位是否具备持续经营能力 6. 以应有的职业谨慎，考虑对重大事项的处理，最终审定结论与报告类型；重大问题揭示与文字表达是否符合独立审计准则的规定		

表 7-10　事务所负责人质量控制(三级)复核记录

客　　户：　　　　　　　编制人：　　　　　日期：　　　　　　索引号：FH02-1
审计期间：　　　　　　　复核人：　　　　　日期：　　　　　　页　次：

索引号	复核要点	执行结果	复核人意见

续表

索引号	复核要点	执行结果	复核人意见

7.1.4 与委托单位沟通

1. 与管理层沟通

在对审计意见形成最后决定之前，会计师事务所通常要与委托单位沟通，形式上可以采用沟通会议。在会议上，注册会计师可口头报告本次审计所发现的问题，并说明建议被审计单位做必要调整或表外披露的理由。当然，管理层也可以在会上申辩其立场。最后，通常会对需要委托单位做出的改变达成协议。如达成了协议，一般即可签发标准审计报告；否则，注册会计师则可能不得不发表其他类型的审计意见。注册会计师的审计意见是通过审计报告来反映的，本书将在项目八介绍不同类型的审计报告。

2. 与治理层沟通

（1）注册会计师的责任。即注册会计师、被审计单位治理层对财务报表各自所承担的责任，以及注册会计师与治理层沟通的责任。

（2）计划的审计范围和时间。包括注册会计师拟如何应对由于舞弊或错误导致的重大错报风险；审计采取的方案；重要性的概念，但不宜涉及重要性的具体底线或金额；审计业务受到的限制或法律法规对审计业务的特定要求等。

（3）审计工作中发现的问题。包括注册会计师对被审计单位会计处理质量的看法；审计工作中遇到的重大困难；尚未更正的错报，除非注册会计师认为这些错报明显不重要；审计中发现的、根据职业判断认为重大且与治理层履行财务报告过程监督责任直接相关的其他事项。

（4）注册会计师的独立性。包括就审计项目组成员、会计师事务所其他相关人员以及会计师事务所按照法律法规和职业道德规范的规定保持了独立性做出声明；根据职业判断，注册会计师认为会计师事务所与被审计单位之间存在的可能影响独立性的所有关系和其他事项，其中包括会计师事务所在财务报表涵盖期间为被审计单位和受被审计单位控制的组成部分提供审计、非审计服务的收费总额；为消除对独立性的威胁或将其降至可接受的水平，已经采取的相关防护措施。

7.2 审计复核与沟通·操作指南

7.2.1 案例资料

某事务所于20××年2月20日接受委托单位年报审计,该企业委托审计的会计报表(涉及调整部分)及相关调整事项列示如下:

(1)委托审计的资产负债表(表7-11)。

表7-11 资产负债表　　　　　　　　　　　会企01表

编制单位:××委托单位　　20××年12月31日　　　　　　　单位:元

资产	期末余额	年初余额	负债和所有者权益	期末余额	年初余额
流动资产:			流动负债:		
货币资金	311 200	500 000	短期借款	1 600 000	2 100 000
交易性金融资产	300 000	0	交易性金融负债		
应收票据	510 000	1 700 000	应付票据	740 000	500 000
应收账款	2 465 600	3 000 000	应付账款	5 000 000	4 100 000
预付款项		500 000	预收款项	10 000	1 000 000
应收利息			应付职工薪酬	16 000	0
应收股利			应交税费	-14 300	0
其他应收款	22 000	100 000	应付利息	25 000	10 000
存货	8 384 400	6 850 000	应付股利		
1年内到期非流动资产			其他应付款	320 000	0
其他流动资产			1年内到期非流动负债		
流动资产合计	11 993 200	12 650 000	其他流动负债		
非流动资产:			流动负债合计	7 696 700	7 710 000
可供出售金融资产			非流动负债:		
持有至到期投资	3 120 000	3 120 000	长期借款	6 600 000	7 600 000
长期应收款			应付债券	230 000	500 000
长期股权投资	3 100 000	3 100 000	长期应付款	148 000	300 000
投资性房地产			专项应付款		
固定资产	11 800 000	12 100 000	预计负债		
在建工程	1 540 000	2 020 000	递延所得税负债		
工程物资	1 800 000	1 120 000	其他非流动负债		

续表

资　　产	期末余额	年初余额	负债和所有者权益	期末余额	年初余额
固定资产清理	5 000	0	非流动负债合计	6 978 000	8 400 000
生产性生物资产			负债合计	14 674 700	16 110 000
油气资产			所有者权益：		
无形资产	1 920 000	2 000 000	实收资本	20 000 000	20 000 000
开发支出	30 000	0	资本公积	600 000	600 000
商誉			减：库存股		
长期待摊费用	1 079 000	1 300 000	盈余公积	600 000	400 000
递延所得税资产			未分配利润	512 500	300 000
其他非流动资产			所有者权益合计	21 712 500	21 300 000
非流动资产合计	24 394 000	24 760 000			
资产总计	36 387 200	37 410 000	负债和所有者权益总计	36 387 200	37 410 000

(2) 委托审计的利润表(表 7-12)。

表 7-12 利润表　　　　　　　　　　企会 02 表

编制单位：××委托单位　　　20××年 12 月　　　　　　单位：元

项　　目	本期金额	上期金额
一、营业收入	12 420 000	11 850 000
减：营业成本	8 418 000	7 836 000
营业税金及附加	381 600	364 800
销售费用	1 423 000	1 170 000
管理费用	480 000	400 000
财务费用	1 800 000	1 680 000
资产减值损失	0	
加：公允价值变动收益(损失以"—"号填列)	0	
投资收益(损失以"—"号填列)	320 000	300 000
其中：对联营企业和合营企业投资收益	160 000	150 000
二、营业利润(亏损以"—"号填列)	237 400	699 200
加：营业外收入	20 000	0
减：营业外支出	30 000	0
其中：非流动资产处置损失	30 000	0
三、利润总额(亏损总额以"—"号填列)	227 400	699 200
减：所得税费用	56 850	174 800
四、净利润(净亏损以"—"号填列)	170 550	524 400

(3) 审计中发现的问题。

① 出租固定资产收入 200 000 元，未列作其他业务收入，其分录为

借：银行存款　　　　　　　　　　　　　　　　　　　　　　　　　200 000
　　贷：其他应付款　　　　　　　　　　　　　　　　　　　　　　　200 000

② 年后 1 月 18 日入账的未付款固定资产，经查系委托审计年度 12 月 5 日购入的汽车 1 辆，且于当月投入运营，金额为 180 000 元，其分录为

借：固定资产　　　　　　　　　　　　　　　　　　　　　　　　　180 000
　　贷：应付账款　　　　　　　　　　　　　　　　　　　　　　　　180 000

③ 预收账款明细账中有借方余额 10 000 元在编制报表时未并入应收账款并计坏账准备，假设计提比例 5%。

7.2.2 审计调整

(1) 审计调整分录。针对以上审计差错，注册会计师所做的审计调整分录如下：

① 多计了其他应付款，少计其他业务收入。

借：其他应付款　　　　　　　　　　　　　　　　　　　　　　　　200 000
　　贷：其他业务收入　　　　　　　　　　　　　　　　　　　　　　200 000

② 导致委托审计年度的报表少计了固定资产和负债，调整分录。

借：固定资产　　　　　　　　　　　　　　　　　　　　　　　　　180 000
　　贷：应付账款　　　　　　　　　　　　　　　　　　　　　　　　180 000

③ 进行重分类调整并计提坏账准备。

借：应收账款——××公司　　　　　　　　　　　　　　　　　　　10 000
　　贷：预收账款——××公司　　　　　　　　　　　　　　　　　　10 000

并补提坏账准备：

借：资产减值损失——坏账损失　　　　　　　　　　　　　　　　　　　500
　　贷：应收账款——坏账准备　　　　　　　　　　　　　　　　　　　　500

④ 假设只有上述调整分录，考虑其影响的所得税 49 875 元(199 500×25%)。

借：所得税　　　　　　　　　　　　　　　　　　　　　　　　　　49 875
　　贷：应交税费——应交所得税　　　　　　　　　　　　　　　　　49 875

⑤ 将增加的净利润 149 625 元的 10% 转增法定盈余公积，90% 转增未分配利润。此处属调表，可以不作分录，直接调整。应付投资者利润及转增资本等属于期后非调整事项，此处不用调整。

(2) 编制审计差异调整表。重分类分录汇总见表 7-13，核算差错分录汇总见表 7-14。本例没有未调整不符事项。

表 7-13　审计差异调整表
——重分类分录汇总表

序号	索引号	调整分录及说明	资产负债表		损益(利润)表		被审计单位调整情况及未调整原因
			借方	贷方	借方	贷方	
1	××	应收账款	10 000				同意调整
	××	预收账款		10 000			同意调整

续表

序号	索引号	调整分录及说明	资产负债表		损益(利润)表		被审计单位调整情况及未调整原因
			借方	贷方	借方	贷方	
		合　计	10 000	10 000			

交换意见情况：
　　被审计单位代表：　　　　　　　　　　参加人员：
　　项目负责人：　　　　　　　　　　　　审计人员：
　　双方签字：　　　　　　　　　　　　　签字日期：

表 7-14　审计差异调整表
——核算差错分录汇总表

序号	索引号	调整分录及说明	资产负债表		损益(利润)表		被审计单位调整情况及未调整原因
			借方	贷方	借方	贷方	
1	××	其他应付款	200 000				同意调整
	××	其他业务收入				200 000	同意调整
2	××	固定资产	180 000				同意调整
	××	应付账款		180 000			同意调整
3	××	资产减值损失			500		同意调整
	××	应收账款——坏账准备		500			同意调整
4	××	所得税费用			49 875		同意调整
	××	应交税费——应交所得税		49 875			同意调整
		合　计	380 000	230 375	50 375	200 000	同意调整

交换意见情况：
　　被审计单位代表：　　　　　　　　　　参加人员：
　　项目负责人：　　　　　　　　　　　　审计人员：
　　双方签字：　　　　　　　　　　　　　签字日期：

(3) 会计报表调整表。

① 资产负债表调整表(表 7-15)。

② 利润表调整表(表 7-16)。

本案例未涉及委托审计年度期初数的变动，则期初数直接按未审会计报表的期初列示，期末数按审计调整表的审定数填列，经委托单位确认签章后，即可对外提供。

表 7-15 资产负债表调整表

编制单位：××委托单位　　　20××年12月31日　　　　　　　　单位：元

资产	未审数	调整数	审定数	负债和所有者权益	未审数	调整数	审定数
流动资产：				流动负债：			
货币资金	311 200		311 200	短期借款	1 600 000		1 600 000
交易性金融资产	300 000		300 000	交易性金融负债			
应收票据	510 000		510 000	应付票据	740 000		740 000
应收账款	2 465 600	+10 000 -500	2 475 100	应付账款	5 000 000	+180 000	5 180 000
预付款项				预收款项	10 000	+10 000	20 000
应收利息				应付职工薪酬	16 000		16 000
应收股利				应交税费	-14 300	+49 875	35 575
其他应收款	22 000		22 000	应付利息	25 000		25 000
存货	8 384 400		8 384 400	应付股利			
1年内到期非流动资产				其他应付款	320 000	-200 000	120 000
其他流动资产				1年内到期非流动负债			
流动资产合计	11 993 200	+9 500	12 002 700	其他流动负债			
非流动资产：				流动负债合计	7 696 700	+39 875	7 736 575
可供出售金融资产				非流动负债：			
持有至到期投资	3 120 000		3 120 000	长期借款	6 600 000		6 600 000
长期应收款				应付债券	230 000		230 000
长期股权投资	3 100 000		3 100 000	长期应付款	148 000		148 000
投资性房地产				专项应付款			
固定资产	11 800 000	+180 000	11 980 000	预计负债			
在建工程	1 540 000		1 540 000	递延所得税负债			
工程物资	1 800 000		1 800 000	其他非流动负债			
固定资产清理	5 000		5 000	非流动负债合计	6 978 000		6 978 000
生产性生物资产				负债合计	14 674 700	+39 875	14 714 575
油气资产				所有者权益：			
无形资产	1 920 000		1 920 000	实收资本	20 000 000		20 000 000
开发支出	30 000		30 000	资本公积	600 000		600 000
商誉				减：库存股			

续表

资　产	未审数	调整数	审定数	负债和所有者权益	未审数	调整数	审定数
长期待摊费用	1 079 000		1 079 000	盈余公积	600 000	+14 962.5	614 962.5
递延所得税资产				未分配利润	512 500	+134 662.5	647 162.5
其他非流动资产				所有者权益合计	21 712 500	+149 625	21 862 125
非流动资产合计	24 394 000	+180 000	24 574 000				
资产总计	36 387 200	+189 500	36 576 700	权益总计	36 387 200		36 576 700

表 7-16　利润表调整表

编制单位：××委托单位　　　　　　　20××年12月　　　　　　　　　　　　单位：元

项　目	未审数	调整数	审定数
一、营业收入	12 420 000	+200 000	12 620 000
减：营业成本	8 418 000		8 418 000
营业税金及附加	381 600		381 600
销售费用	1 423 000		1 423 000
管理费用	380 000		380 000
财务费用	1 800 000		1 800 000
资产减值损失	100 000	+500	100 500
加：公允价值变动收益（损失以"－"号填列）	0		0
投资收益（损失以"－"号填列）	320 000		320 000
其中：对联营企业和合营企业投资收益	160 000		160 000
二、营业利润（亏损以"－"号填列）	237 400	+199 500	436 900
加：营业外收入	20 000		20 000
减：营业外支出	30 000		30 000
其中：非流动资产处置损失	30 000		30 000
三、利润总额（亏损总额以"－"号填列）	227 400	+199 500	426 900
减：所得税费用	56 850	+49 875	106 725
四、净利润（净亏损以"－"号填列）	170 550	+149 625	320 175

7.2.3　会计调整

（1）调表。调整当月资产负债表期初数，假设该企业下年度2月份资产负债表期初余额见表7-17，根据审计调整情况调整2月份会计报表的期初数，也反映在表7-17中。

对于损益表，当需要填列上年数时，该上年数按调整后报表数填列即可，其余部分不作调整。

表 7–17 资产负债表期初数调整

编制单位：××委托单位　　　　　　20××年2月　　　　　　　　　　　　单位：元

资 产	期初数	调整数	调整后期初数	负债和所有者权益	期初数	调整数	调整后期初数
流动资产：				流动负债：			
货币资金	511 200		511 200	短期借款	1 290 000		1 290 000
交易性金融资产	300 000		300 000	交易性金融负债			
应收票据	410 000		410 000	应付票据	740 000		740 000
应收账款	2 300 000	+10 000 −500	2 309 500	应付账款	4 000 000	+180 000	4 180 000
预付款项				预收款项	10 000	+10 000	20 000
应收利息				应付职工薪酬	16 000		16 000
应收股利				应交税费	−14 300	+49 875	35 575
其他应收款	2 000		2 000	应付利息	25 000		25 000
存货	6 384 400		6 384 400	应付股利			
1年内到期非流动资产				其他应付款	320 000	−200 000	120 000
其他流动资产				1年内到期非流动负债			
流动资产合计	11 073 200	+9 500	11 082 700	其他流动负债			
非流动资产：				流动负债合计	6 386 700	+39 875	6 426 575
可出售金融资产				非流动负债：			
持有至到期投资	3 120 000		3 120 000	长期借款	6 600 000		6 600 000
长期应收款				应付债券	230 000		230 000
长期股权投资	3 100 000		3 100 000	长期应付款	148 000		148 000
投资性房地产				专项应付款			
固定资产	13 340 000	+180 000	13 520 000	预计负债			
在建工程				递延所得税负债			
工程物资	2 000 000		2 000 000	其他非流动负债			
固定资产清理	15 000		15 000	非流动负债合计	6 978 000		6 978 000
生产性生物资产				负债合计	13 364 700	+39 875	13 404 575
油气资产				所有者权益：			
无形资产	1 920 000		1 920 000	实收资本	20 000 000		20 000 000
开发支出	130 000		130 000	资本公积	600 000		600 000
商誉				减：库存股			
长期待摊费用	1 079 000		1 079 000	盈余公积	600 000	+14 962.5	614 962.5

续表

资产	期初数	调整数	调整后期初数	负债和所有者权益	期初数	调整数	调整后期初数
递延所得税资产				未分配利润	512 500	+134 662.5	647 162.5
其他非流动资产				所有者权益合计	21 712 500	+149 625	21 862 125
非流动资产合计	24 704 000	+180 000	24 884 000				
资产总计	35 077 200	+189 500	35 266 700	权益总计	35 077 200	189 500	35 266 700

(2) 调账。调账的目的是将错账更正过来。通过编制如下会计调整分录，并及时登记入账，就可以将账本上的记载调整过来，到2月份期末时，可以直接按账户余额和发生额编制资产负债表和损益表。

① 多计了其他应付款，少计其他业务收入，涉及损益。

借：其他应付款　　　　　　　　　　　　　　　　　　　　　　　　200 000
　　贷：以前年度损益调整　　　　　　　　　　　　　　　　　　　200 000

② 调整固定资产和负债，不涉及损益，由于该笔业务元月份错误地入账了，故处理有两种办法。一是不调整1月份的错账，2月份的报表中期初数也不调整。另一种办法是1月份登记的错账和报表按本年会计差错更正，然后再调表和调账，调账时会计分录为：

借：固定资产　　　　　　　　　　　　　　　　　　　　　　　　180 000
　　贷：应付账款　　　　　　　　　　　　　　　　　　　　　　180 000

③ 进行重分类调整并计提坏账准备。

借：应收账款——××公司　　　　　　　　　　　　　　　　　　10 000
　　贷：预收账款——××公司　　　　　　　　　　　　　　　　10 000

（此处该笔分录也可不做，不调账）

并补提坏账准备：

借：以前年度损益调整　　　　　　　　　　　　　　　　　　　　500
　　贷：坏账准备　　　　　　　　　　　　　　　　　　　　　　500

④ 调整所得税49 875元(199 500×25%)。

借：以前年度损益调整　　　　　　　　　　　　　　　　　　　　49 875
　　贷：应交税费——应交所得税　　　　　　　　　　　　　　　49 875

⑤ 假设增加的净利润149 625元全部转为未分配利润。

借：以前年度损益调整　　　　　　　　　　　　　　　　　　　　149 625
　　贷：利润分配——未分配利润　　　　　　　　　　　　　　　149 625

⑥ 按增加利润的10%计提和结转盈余公积。

借：利润分配——提取盈余公积　　　　　　　　　　　　　　　　14 962.50
　　贷：盈余公积——法定盈余公积　　　　　　　　　　　　　　14 962.50

同时：

借：利润分配——未分配利润　　　　　　　　　　　　　　　　　14 962.50
　　贷：利润分配——提取盈余公积　　　　　　　　　　　　　　14 962.50

7.3 审计复核与沟通·操作任务

吴立至项目组及事务所质量控制人在审计复核与沟通阶段,应完成下列任务:

(1) 根据前4个项目在四季情床单有限责任公司年报审计过程中发现的核算差错和重分类差错,编制审计差异调整汇总表——核算错误、审计差异调整汇总表——重分类错误。

(2) 根据审计差异调整汇总表,编制资产负债表试算平衡表和利润表试算平衡表。

(3) 假设该公司对所提出的调整与披露事项均同意,说明你出具的审计报告类型和理由。

(4) 列出你拟与该公司管理层、治理层沟通的内容清单。

(5) 假设你是事务所的部门经理,请你进行二级复核,说明复核的重点并作记录。

(6) 假设你是事务所负责人,请你进行三级复核,说明复核的重点并作记录。

项目八

出具审计报告

CHUJU SHENJI BAOGAO

内容环节	学习目标
相关知识	1. 掌握出具无保留意见审计报告的条件及格式 2. 掌握出具保留意见审计报告的条件及格式 3. 掌握出具否定意见审计报告的条件及格式 4. 掌握出具无法表示意见审计报告的条件及格式 5. 掌握审计报告中强调事项段和其他事项段的运用
操作指南	1. 能够出具无保留意见审计报告 2. 能够出具保留意见审计报告 3. 能够出具否定意见审计报告 4. 能够出具无法表示意见审计报告 5. 能够出具带强调事项无保留意见审计报告
操作任务	1. 能(模拟)出具无保留意见审计报告 2. 能(模拟)出具保留意见审计报告 3. 能(模拟)出具否定意见审计报告 4. 能(模拟)出具无法表示意见审计报告 5. 能(模拟)使用强调事项段和其他事项段

8.1 出具审计报告·相关知识

8.1.1 出具无保留意见的审计报告

1. 无保留意见审计报告应具备的条件

（1）财务报表已经按照适用的会计准则和相关会计制度的规定编制，在所有重大方面公允反映了被审计单位的财务状况、经营成果和现金流量。

（2）注册会计师已经按照中国注册会计师审计准则的规定计划和实施审计工作，在审计过程中未受到限制。

2. 无保留意见审计报告的内容

审计报告应当包括下列要素：①标题；②收件人；③引言段；④管理层对财务报表的责任段；⑤注册会计师的责任段；⑥审计意见段；⑦注册会计师的签名和盖章；⑧会计师事务所的名称、地址及盖章；⑨报告日期。无论何种意见的审计报告，引言段、管理层责任段、注册会计师责任段是一样的，都有标准的表述格式和内容。

（1）引言段表述。

"我们审计了后附的 ABC 股份有限公司（以下简称 ABC 公司）财务报表，包括20××年12月31日的资产负债表，20××年度的利润表、股东权益变动表和现金流量表以及财务报表附注。"

（2）管理层责任段表述。

"编制和公允列报财务报表是 ABC 公司管理层的责任。这种责任包括：①按照企业会计准则的规定编制财务报表，并使其实现公允反映；②设计、执行和维护必要的内部控制，以使财务报表不存在由于舞弊或错误导致的重大错报。"

（3）注册会计师的责任段表述。

"我们的责任是在实施审计工作的基础上对财务报表发表审计意见。我们按照中国注册会计师审计准则的规定执行了审计工作。中国注册会计师审计准则要求我们遵守职业道德规范，计划和实施审计工作以对财务报表是否不存在重大错报获取合理保证。

审计工作涉及实施审计程序，以获取有关财务报表金额和披露的审计证据。选择的审计程序取决于注册会计师的判断，包括对由于舞弊或错误导致的财务报表重大错报风险的评估。在进行风险评估时，我们考虑与财务报表编制相关的内部控制，以设计恰当的审计程序，但目的并非对内部控制的有效性发表意见。审计工作还包括评价管理层选用会计政策的恰当性和做出会计估计的合理性，以及评价财务报表的总体列报。

我们相信，我们获取的审计证据是充分、适当的，为发表审计意见提供了基础。"

(4) 无保留审计意见表述。

> "我们认为，ABC 公司财务报表在所有重大方面按照企业会计准则的规定编制，公允反映了 ABC 公司 20××年 12 月 31 日的财务状况以及 20××年度的经营成果和现金流量。"

完整的格式和内容详见操作指南。

8.1.2 出具保留意见的审计报告

1. 出具保留意见审计报告的条件

如果认为财务报表整体是公允的，但还存在下列情形之一，注册会计师应当出具保留意见的审计报告：

（1）会计政策的选用、会计估计的做出或财务报表的披露不符合适用的会计准则和相关会计制度的规定，虽影响重大，但不至于出具否定意见的审计报告。

（2）因审计范围受到限制，不能获取充分、适当的审计证据，虽影响重大，但不至于出具无法表示意见的审计报告。

2. 导致出具保留意见审计报告的情形

（1）注册会计师与管理层在会计政策、会计估计和信息披露方面的分歧未得到解决。

① 注册会计师与管理层在会计政策选用方面的分歧，主要体现在以下方面：一是管理层选用的会计政策不符合适用的会计准则和相关会计制度的规定；二是管理层选用的会计政策不符合具体情况的需要（相应地，财务报表整体列报与注册会计师获得的对被审计单位及其环境的了解不一致）；三是由于管理层选用了不适当的会计政策，导致财务报表在所有重大方面未能公允反映被审计单位的财务状况、经营成果和现金流量；四是管理层选用的会计政策没有按照适用的会计准则和相关会计制度的要求得到一贯运用，即没有一贯地运用于不同期间相同的或者相似的交易和事项。

② 注册会计师与管理层在会计估计方面的分歧，主要体现在以下方面：一是管理层没有对所有应当进行会计估计的项目做出会计估计；二是管理层没有识别出可能影响做出会计估计的相关因素；三是管理层没有充分收集做出会计估计所依赖的相关数据；四是没有正确提出会计估计依据的假设；五是管理层没有依据数据、假设和其他因素对事项的金额做出正确的估计；六是管理层没有按照适用的会计准则和相关会计制度的规定做出充分披露。

③ 注册会计师与管理层在财务报表披露方面的分歧，主要体现在：管理层没有按照适用的会计准则和相关会计制度的要求披露所有的信息，或者没有充分、清晰地披露所有信息，使财务报表使用者不能了解重大交易和事项对被审计单位财务状况、经营成果和现金流量的影响。

（2）审计范围受到限制。审计范围可能来自下列两个方面的限制：

① 客观环境造成的限制。例如，由于被审计单位存货的性质或位置特殊等原因导致注册会计师无法实施存货监盘等。在客观环境造成限制的情况下，注册会计师应当考虑是否可能实施替代审计程序，以获取充分、适当的审计证据。

② 管理层造成的限制。例如，管理层不允许注册会计师观察存货盘点，或者不允许对特

定账户余额实施函证等。在管理层造成限制的情况下，注册会计师应当提请管理层放弃限制。如果管理层不配合，注册会计师应当考虑这一事项对风险评估的影响以及是否可能实施替代审计程序，以获取充分、适当的审计证据。

8.1.3 出具否定意见的审计报告

如果认为财务报表没有按照适用的会计准则和相关会计制度的规定编制，未能在所有重大方面公允反映被审计单位的财务状况、经营成果和现金流量，注册会计师应当出具否定意见的审计报告。

当出具否定意见的审计报告时，注册会计师应当在审计意见段中使用"由于'三、导致否定意见的事项'段所述事项的重要性"等术语。

应当指出的是，只有当注册会计师认为财务报表存在重大错报会误导使用者，以至财务报表的编制不符合适用的会计准则和相关会计制度的规定，未能从整体上公允反映被审计单位的财务状况、经营成果和现金流量时，才出具否定意见的审计报告。

8.1.4 出具无法表示意见的审计报告

如果审计范围受到限制可能产生的影响非常重大和广泛，不能获取充分、适当的审计证据，以至于无法对财务报表发表审计意见，注册会计师应当出具无法表示意见的审计报告。

当出具无法表示意见的审计报告时，表述为："由于'三、导致无法表示意见的事项'段所述事项的重要性，我们无法获取充分、适当的审计证据以为发表审计意见提供基础，因此，我们不对 ABC 公司财务报表发表审计意见。"

只有当审计范围受到限制可能产生的影响非常重大和广泛，不能获取充分、适当的审计证据，以至于无法确定财务报表的合法性与公允性时，注册会计师才应当出具无法表示意见的审计报告。无法表示意见不同于否定意见，它通常仅仅适用于注册会计师不能获取充分、适当的审计证据。如果注册会计师发表否定意见，必须获得充分、适当的审计证据。无论是无法表示意见还是否定意见，都只有在非常严重的情形下采用。可以根据审计意见决策表（表 8-1）判断出具报告的类型。

表 8-1 审计意见决策表

导致非无保留意见事项	对财务报表的影响程度	
	重要	重要且广泛
错报金额	保留意见	否定意见
审计范围受到限制	保留意见	无法表示意见

8.1.5 审计报告的强调事项段和其他事项段

1. 审计报告的强调事项段

无论是无保留意见的审计报告还是非无保留意见的审计报告均可在审计意见后增加强调事项段，但应注意，必须同时符合下列条件：

(1) 被审计单位进行了恰当的会计处理,且在财务报表中已列报或披露的事项。
(2) 不影响注册会计师发表的审计意见。

一般情况下,出现了下列情形时,应该增加强调事项段:
(1) 异常诉讼或监管行动的未来结果存在不确定性。
(2) 提前应用(在允许的情况下)对财务报表有广泛影响的新会计准则。
(3) 存在已经或持续对被审计单位财务状况产生重大影响的特大灾难。

过多使用强调事项段或任何解释性段落,容易使财务报表使用者产生误解。因此,新准则对其使用的情形做出限制。强调事项段的表述示例如下:

> (五) 强调事项
> "我们提醒财务报表使用者关注,如财务报表附注×所述,ABC公司在20××年发生亏损×万元,在20××年12月31日,流动负债高于资产总额×万元。ABC公司已在财务报表附注×中充分披露了拟采取的改善措施,但其持续经营能力仍然存在重大不确定性,可能无法在正常的经营过程中变现资产、清偿债务。本段内容不影响已发表的审计意见。"

2. 审计报告的其他事项段

无论是无保留意见的审计报告还是非无保留意见的审计报告均可在审计意见后增加其他事项段,但应注意,必须同时符合下列条件:
(1) 该事项未在财务报表中列报或披露。
(2) 该事项有助于报表使用者正确理解审计工作、注册会计师的责任或审计报告相关且不被有关法律法规禁止的事项。

一般情况下,出现了下列情形时,应该增加其他事项段:
(1) 审计范围受到限制导致无法获取充分、适当的审计证据可能产生的影响具有广泛性,注册会计师又不能解除业务约定,可以增加其他事项段解释不能解除约定的原因。
(2) 法律、法规或惯例要求或允许注册会计师详细说明有助于报告使用者理解注册会计师在审计中的责任或有助于其正确理解审计报告的事项。
(3) 对同一单位按不同编制基础编制的两套以上财务报表出具审计报告,可以在所出具的各审计报告后以其他事项段的形式说明其他审计报告的存在。
(4) 为特定目的出具的审计报告不管其编制基础如何,均可以在其他事项中说明该审计报告限制分发和使用的情形。

审计报告的其他事项段有别于审计报告的其他报告责任,其他报告责任是审计报告中按有关法律、法规要求报告的事项,或业务约定时要求对额外事项履行额外审计程序并发表审计意见的事项。

其他事项段一般置于审计意见或强调事项段之后。当该事项与其他报告责任相关时,可以置于"按照法律、法规的要求报告的事项"的部分内。当其他事项段与注册会计师的责任或使用者理解审计报告相关时,可以单独作为一部分,置于"按照法律、法规的要求报告的事项"之后。其他事项段的表述示例如下:

(六) 其他事项

"我们提醒财务报表使用者关注，本审计报告为委托单位办理银行贷款卡年检业务出具，因使用不当而造成的损失，与出具报告的事务所及注册会计师无关。"

无论是强调事项段还是其他事项段，其内容均应与被审计单位治理层或管理层沟通，让他们了解该事项的性质和增加该事项段的原因。

8.2 出具审计报告·操作指南

8.2.1 无保留意见审计报告示例

1. 正文

审 计 报 告

ABC 股份有限公司全体股东：

我们审计了后附的 ABC 股份有限公司(以下简称 ABC 公司)财务报表，包括 20××年 12 月 31 日的资产负债表，20××年度的利润表、股东权益变动表和现金流量表以及财务报表附注。

一、管理层对财务报表的责任

编制和公允列报财务报表是 ABC 公司管理层的责任。这种责任包括：①按照企业会计准则的规定编制财务报表，并使其实现公允反映；②设计、执行和维护必要的内部控制，以使财务报表不存在由于舞弊或错误导致的重大错报。

二、注册会计师的责任

我们的责任是在实施审计工作的基础上对财务报表发表审计意见。我们按照中国注册会计师审计准则的规定执行了审计工作。中国注册会计师审计准则要求我们遵守职业道德规范，计划和实施审计工作以对财务报表是否不存在重大错报获取合理保证。

审计工作涉及实施审计程序，以获取有关财务报表金额和披露的审计证据。选择的审计程序取决于注册会计师的判断，包括对由于舞弊或错误导致的财务报表重大错报风险的评估。在进行风险评估时，我们考虑与财务报表编制相关的内部控制，以设计恰当的审计程序，但目的并非对内部控制的有效性发表意见。审计工作还包括评价管理层选用会计政策的恰当性和做出会计估计的合理性，以及评价财务报表的总体列报。

我们相信，我们获取的审计证据是充分、适当的，为发表审计意见提供了基础。

三、审计意见

我们认为，ABC 公司财务报表在所有重大方面按照企业会计准则的规定编制，公允反映了 ABC 公司 20××年 12 月 31 日的财务状况以及 20××年度的经营成果和现金流量。

××会计师事务所　　　　　　　　　　　　中国注册会计师：×××
　　（盖章）　　　　　　　　　　　　　　　　（签名并盖章）
　　　　　　　　　　　　　　　　　　　　中国注册会计师：×××
　　　　　　　　　　　　　　　　　　　　　　（签名并盖章）
中国××市　　　　　　　　　　　　　　二○××年×月×日

2. 后附会计报表及附注

后附已审会计报表，该报表表头被审计单位盖章确认，表后主任注册会计师或副主任注册会计师签名盖章。本例附资产负债表（表8-2）和利润表（表8-3），其他事项略。

表8-2　资产负债表　　　　　　　　会企01表

编制单位：四季情床单有限公司（盖章）　20××年12月31日　　　单位：元

资　产	期末余额	年初余额	负债和所有者权益	期末余额	年初余额
流动资产：			流动负债：		
货币资金		500 000	短期借款		2 100 000
交易性金融资产		0	交易性金融负债		
应收票据		1 700 000	应付票据		500 000
应收账款		3 000 000	应付账款		4 100 000
预付款项		500 000	预收款项		1 000 000
应收利息			应付职工薪酬		0
应收股利			应交税费		0
其他应收款		100 000	应付利息		10 000
存货		6 850 000	应付股利		
1年内到期非流动资产			其他应付款		0
其他流动资产			1年内到期非流动负债		
流动资产合计		12 650 000	其他流动负债		
非流动资产：			流动负债合计		7 710 000
可供出售金融资产			非流动负债：		
持有至到期投资		3 120 000	长期借款		7 600 000
长期应收款			应付债券		500 000
长期股权投资		3 100 000	长期应付款		300 000
投资性房地产			专项应付款		
固定资产		12 100 000	预计负债		
在建工程		2 020 000	递延所得税负债		
工程物资		1 120 000	其他非流动负债		
固定资产清理		0	非流动负债合计		8 400 000

续表

资产	期末余额	年初余额	负债和所有者权益	期末余额	年初余额
生产性生物资产			负债合计		16 110 000
油气资产			所有者权益：		
无形资产		2 000 000	实收资本		20 000 000
开发支出		0	资本公积		600 000
商誉			减：库存股		
长期待摊费用		1 300 000	盈余公积		400 000
递延所得税资产			未分配利润		300 000
其他非流动资产			所有者权益合计		21 300 000
非流动资产合计		24 760 000			
资产总计		37 410 000	负债和所有者权益总计		37 410 000

主任注册会计师(签章)　　　　中国注册会计师(签章)

表 8-3　利润表　　　　　　　　　　　　　　　企会 02 表

编制单位：四季情床单有限公司(盖章)　　20××年 12 月　　　　　　　单位：元

项　目	本期金额	上期金额
一、营业收入		11 850 000
减：营业成本		7 836 000
营业税金及附加		364 800
销售费用		1 170 000
管理费用		400 000
财务费用		1 680 000
资产减值损失		
加：公允价值变动收益(损失以"-"号填列)		
投资收益(损失以"-"号填列)		300 000
其中：对联营企业和合营企业投资收益		150 000
二、营业利润(亏损以"-"号填列)		699 200
加：营业外收入		0
减：营业外支出		0
其中：非流动资产处置损失		0
三、利润总额(亏损总额以"-"号填列)		699 200
减：所得税费用		174 800
四、净利润(净亏损以"-"号填列)		524 400

主任注册会计师(签章)　　　　中国注册会计师(签章)

8.2.2 带强调事项无保留意见审计报告示例

1. 正文

审 计 报 告

ABC 股份有限公司全体股东：

我们审计了后附的 ABC 股份有限公司（以下简称 ABC 公司）财务报表，包括20××年12月31日的资产负债表，20××年度的利润表、股东权益变动表和现金流量表以及财务报表附注。

一、管理层对财务报表的责任

编制和公允列报财务报表是 ABC 公司管理层的责任。这种责任包括：①按照企业会计准则的规定编制财务报表，并使其实现公允反映；②设计、执行和维护必要的内部控制，以使财务报表不存在由于舞弊或错误导致的重大错报。

二、注册会计师的责任

我们的责任是在实施审计工作的基础上对财务报表发表审计意见。我们按照中国注册会计师审计准则的规定执行了审计工作。中国注册会计师审计准则要求我们遵守职业道德规范，计划和实施审计工作以对财务报表是否不存在重大错报获取合理保证。

审计工作涉及实施审计程序，以获取有关财务报表金额和披露的审计证据。选择的审计程序取决于注册会计师的判断，包括对由于舞弊或错误导致的财务报表重大错报风险的评估。在进行风险评估时，我们考虑与财务报表编制相关的内部控制，以设计恰当的审计程序，但目的并非对内部控制的有效性发表意见。审计工作还包括评价管理层选用会计政策的恰当性和做出会计估计的合理性，以及评价财务报表的总体列报。

我们相信，我们获取的审计证据是充分、适当的，为发表审计意见提供了基础。

三、审计意见

我们认为，ABC 公司财务报表在所有重大方面按照企业会计准则的规定编制，公允反映了 ABC 公司20××年12月31日的财务状况以及20××年度的经营成果和现金流量。

四、强调事项

我们提醒财务报表使用者关注，如财务报表附注×所述，ABC 公司在20××年发生亏损×万元，在20××年12月31日，流动负债高于资产总额×万元。ABC 公司已在财务报表附注充分披露了拟采取的改善措施，但其持续经营能力仍然存在重大不确定性。本段内容不影响已发表的审计意见。

××会计师事务所	中国注册会计师：×××
（盖章）	（签名并盖章）
	中国注册会计师：×××
	（签名并盖章）
中国××市	二〇××年×月×日

2. 后附会计报表及附注

后附已审会计报表,该报表表头被审计单位盖章确认,表后主任注册会计师或副主任注册会计师签名盖章(本例略)。

8.2.3 保留意见审计报告示例

1. 正文

审 计 报 告

ABC股份有限公司全体股东:

我们审计了后附的ABC股份有限公司(以下简称ABC公司)财务报表,包括20××年12月31日的资产负债表,20××年度的利润表、股东权益变动表和现金流量表以及财务报表附注。

一、管理层对财务报表的责任

编制和公允列报财务报表是ABC公司管理层的责任。这种责任包括:①按照企业会计准则的规定编制财务报表,并使其实现公允反映;②设计、执行和维护必要的内部控制,以使财务报表不存在由于舞弊或错误导致的重大错报。

二、注册会计师的责任

我们的责任是在实施审计工作的基础上对财务报表发表审计意见。除本报告"三、导致保留意见的事项"所述事项外,我们按照中国注册会计师审计准则的规定执行了审计工作。中国注册会计师审计准则要求我们遵守职业道德规范,计划和实施审计工作以对财务报表是否不存在重大错报获取合理保证。

审计工作涉及实施审计程序,以获取有关财务报表金额和披露的审计证据。选择的审计程序取决于注册会计师的判断,包括对由于舞弊或错误导致的财务报表重大错报风险的评估。在进行风险评估时,我们考虑与财务报表编制相关的内部控制,以设计恰当的审计程序,但目的并非对内部控制的有效性发表意见。审计工作还包括评价管理层选用会计政策的恰当性和做出会计估计的合理性,以及评价财务报表的总体列报。

我们相信,我们获取的审计证据是充分、适当的,为发表审计意见提供了基础。

三、导致保留意见的事项

ABC公司20××年12月31日的应收账款余额×万元,占资产总额的×%。由于ABC公司未能提供债务人地址,我们无法实施函证以及其他替代审计程序,以获取充分、适当的审计证据。

四、保留意见

我们认为,除"三、导致保留意见的事项"段所述事项产生的影响外,ABC公司财务报表在所有重大方面按照企业会计准则的规定编制,公允反映了ABC公司20××年12月31日的财务状况以及20××年度的经营成果和现金流量。

××会计师事务所   中国注册会计师：×××
　　（盖章）   （签名并盖章）
                                                     中国注册会计师：×××
                                                        （签名并盖章）
中国××市   二○××年×月×日

2. 后附会计报表及附注

后附已审会计报表，该报表表头被审计单位盖章确认，表后主任注册会计师或副主任注册会计师签名盖章(本例略)。

8.2.4 否定意见审计报告示例

1. 正文

审 计 报 告

ABC股份有限公司全体股东：

我们审计了后附的ABC股份有限公司(以下简称ABC公司)财务报表，包括20××年12月31日的资产负债表，20××年度的利润表、股东权益变动表和现金流量表以及财务报表附注。

一、管理层对财务报表的责任

编制和公允列报财务报表是ABC公司管理层的责任。这种责任包括：①按照企业会计准则的规定编制财务报表，并使其实现公允反映；②设计、执行和维护必要的内部控制，以使财务报表不存在由于舞弊或错误导致的重大错报。

二、注册会计师的责任

我们的责任是在实施审计工作的基础上对财务报表发表审计意见。我们按照中国注册会计师审计准则的规定执行了审计工作。中国注册会计师审计准则要求我们遵守职业道德规范，计划和实施审计工作以对财务报表是否不存在重大错报获取合理保证。

审计工作涉及实施审计程序，以获取有关财务报表金额和披露的审计证据。选择的审计程序取决于注册会计师的判断，包括对由于舞弊或错误导致的财务报表重大错报风险的评估。在进行风险评估时，我们考虑与财务报表编制相关的内部控制，以设计恰当的审计程序，但目的并非对内部控制的有效性发表意见。审计工作还包括评价管理层选用会计政策的恰当性和做出会计估计的合理性，以及评价财务报表的总体列报。

我们相信，我们获取的审计证据是充分、适当的，为发表审计意见提供了基础。

三、导致否定意见的事项

如财务报表附注×所述，ABC公司的长期股权投资未按企业会计准则的规定采用权益法核算。如果按权益法核算，ABC公司的长期投资账面价值将减少×万元，净利润将减少×万元，从而导致ABC公司由盈利×万元变为亏损×万元。

四、否定意见

我们认为，由于"三、导致否定意见的事项"段所述事项的重要性，ABC公司财务报表没有在所有重大方面按照企业会计准则的规定编制，未能公允反映 ABC 公司 20××年 12 月 31 日的财务状况以及 20××年度的经营成果和现金流量。

　　××会计师事务所　　　　　　　　　　　　中国注册会计师：×××
　　　　（盖章）　　　　　　　　　　　　　　　　（签名并盖章）
　　　　　　　　　　　　　　　　　　　　　　中国注册会计师：×××
　　　　　　　　　　　　　　　　　　　　　　　　（签名并盖章）
　　中国××市　　　　　　　　　　　　　　　　二〇××年×月×日

2. 后附会计报表及附注

后附已审会计报表，该报表表头被审计单位盖章确认，表后主任注册会计师或副主任注册会计师签名盖章(本例略)。

8.2.5 无法表示意见的审计报告示例

1. 正文

审 计 报 告

ABC 股份有限公司全体股东：

　　我们接受委托，审计后附的 ABC 股份有限公司（以下简称 ABC 公司）财务报表，包括 20××年 12 月 31 日的资产负债表，20××年度的利润表、股东权益变动表和现金流量表以及财务报表附注。

　　一、管理层对财务报表的责任

　　编制和公允列报财务报表是 ABC 公司管理层的责任。这种责任包括：①按照企业会计准则的规定编制财务报表，并使其实现公允反映；②设计、执行和维护必要的内部控制，以使财务报表不存在由于舞弊或错误导致的重大错报。

　　二、注册会计师的责任

　　我们的责任是在按照中国注册会计师审计准则的规定执行审计工作的基础上对财务报表发表审计意见。但由于"三、导致无法表示意见的事项"段中所述的事项，我们无法获取充分、适当的审计证据以为发表审计意见提供基础。

　　三、导致无法表示意见的事项

　　ABC 公司未对 20××年 12 月 31 日的存货进行盘点，金额为×万元，占期末资产总额的×％。我们无法实施存货监盘，也无法实施替代审计程序，以对期末存货的数量和状况获取充分、适当的审计证据。

　　四、无法表示意见

　　由于"三、导致无法表示意见的事项"段所述事项的重要性，我们无法获取充分、适当的审计证据以为发表审计意见提供基础，因此，我们不对 ABC 公司财务报表发表审计意见。

　　××会计师事务所　　　　　　　　　　　　中国注册会计师：×××
　　　　（盖章）　　　　　　　　　　　　　　　　（签名并盖章）

中国注册会计师：×××
（签名并盖章）
中国××市　　　　　　　　　　　　　　　　二〇××年×月×日

2. 后附会计报表及附注

后附已审会计报表，该报表表头被审计单位盖章确认，表后主任注册会计师或副主任注册会计师签名盖章(本例略)。

8.3　出具审计报告·操作任务

吴立至在完成对四季情床单有限责任公司出具审计报告的同时，还与项目组一起讨论了出现其他情况时出具审计报告的类型，具体如下：

（1）根据你对四季情床单有限责任公司的审计情况，确定出具报告的类型，出具审计报告，并说明你的理由。

（2）假定该公司某一新开发的床单品种的存货计价方法与其他品种的计价方法不同，其他品种一直使用后进先出法，而该品种使用加权平均法。由于这一影响，该公司少结转成本10万元。如果该公司不同意调整这一事项，你认为应出具哪一种审计意见的审计报告？如果该公司同意调整这一事项，你认为应出具哪一种审计意见的审计报告？请分别出具恰当意见的审计报告。

（3）假设由于近年经济萧条的影响，该公司产品一重要客户削减了对该公司的订单，预计将使本年销售额下降20％以上，该公司已针对该种情况提出了调整销售计划的策略，并在会计报表附注中加以披露。当获知此种情况时，你认为应出具哪一种审计意见的审计报告？请出具恰当意见的审计报告。

（4）假设该公司委托审计的会计期间的6月，财务室失火，部分会计资料灭失且无法恢复，对于该公司7月初的账户、账簿及会计报表余额进行了检查，但仍然无法完全确认其真实、完整和准确性，对方已提供了声明。在这种情况下，你认为应出具何种意见的审计报告？请说明理由，并完成出具审计报告的任务。

（5）假设该公司3年前向建设银行所借的一笔三年期150万元长期借款到期，但截至目前，该笔借款尚有50万元未归还。经查，已取得延期贷款的协议，期限3个月。在3个月之内归还不加罚息，按正常利息计算；3个月后未归还的款项，按日计收万分之五的罚息，该信息会计报表附注中未作披露。与管理层沟通，管理层认为，3个月后该公司完全有能力偿还该笔债务。在这种情况下，你认为该出具何种意见的审计报告？请编写该审计报告。

第二部分 验资业务

项目九

承接验资业务

CHENGJIE YANZI YEWU

内容环节	学习目标
相关知识	1. 认识验资及其风险 2. 了解验资业务的承接条件及编写验资计划 3. 掌握验资业务的主要审验事项 4. 掌握验资报告的构成要素及拒绝出具验资报告的条件
操作指南	1. 能够出具拟设立有限责任公司股东一次全部出资的验资报告 2. 能够出具拟设立有限责任公司股东分期出资首次验资的验资报告 3. 能够出具拟设立有限责任公司股东分期出资非首次验资的验资报告 4. 能够出具适用于有限责任公司增资验资的验资报告 5. 能够出具适用于外商投资企业股东一次全部出资的验资报告 6. 能够出具适用于股份有限公司减资的验资报告 7. 能够出具适用于股份有限公司以资本公积、盈余公积、未分配利润转增资本的验资报告
操作任务	1. 能(模拟)开展拟设立有限责任公司股东一次全部出资的验资业务 2. 能(模拟)开展拟设立有限责任公司股东分期出资首次验资的验资业务 3. 能(模拟)开展拟设立有限责任公司股东分期出资非首次验资的验资业务 4. 能(模拟)开展适用于有限责任公司增资验资的验资业务 5. 能(模拟)开展适用于外商投资企业股东一次全部出资的验资业务 6. 能(模拟)开展适用于股份有限公司减资的验资业务 7. 能(模拟)开展适用于股份有限公司以资本公积、盈余公积、未分配利润转增资本的验资业务

9.1 承接验资业务·相关知识

9.1.1 验资及其风险

1. 验资的定义

验资是指注册会计师依法接受委托,对被审验单位注册资本的实收情况或注册资本及实收资本的变更情况进行审验,并出具验资报告。

2. 验资的内容

(1) 被审验单位注册资本的实收情况。
(2) 被审验单位注册资本及实收资本的变更情况,即增减变化情况。

3. 验资的类型

(1) 设立验资。设立验资是指注册会计师对被审验单位申请设立登记时的注册资本实收情况进行的审验。当被审验单位向公司登记机关申请设立或由于新设合并、分立等方式新设立的公司向公司登记机关申请设立登记时,其注册资本及其实收情况,应经过注册会计师进行验证。

(2) 变更验资。变更验资是指注册会计师对被审验单位申请变更登记时的注册资本及实收资本的变更情况进行的审验。除设立验资之外的所有增减实收资本或注册资本的验资均包括在内,具体为下列几个方面:
① 新投入资本,包括增加注册资本及实收资本。
② 分次出资的非首次出资,增加实收资本,但注册资本不变。
③ 资本公积、盈余公积、未分配利润转增注册资本及实收资本。
④ 吸收合并变更注册资本及实收资本。
⑤ 减少注册资本及实收资本。
⑥ 净资产转增实收资本。

需要指出的是,公司因出资者、出资比例等发生变化,注册资本及实收资本金额不变,需要按照有关规定向公司登记机关申请办理变更登记,但不需要进行变更验资。

4. 审验范围

(1) 设立验资的审验范围。设立验资的审验范围包括出资者、出资币种、出资金额、出资时间、出资方式和出资比例等与被审验单位注册资本实收情况有关的事项。

(2) 变更验资的审验范围。变更验资的审验范围一般限于与被审验单位注册资本及实收资本增减变动情况有关的事项。增加注册资本及实收资本时,审验与增资相关的出资者、出资币种、出资金额、出资时间、出资方式、出资比例和相关会计处理,以及增资后的出资者、出资金额和出资比例等。减少注册资本及实收资本时,审验与减资相关的减资者、减资币种、减资金额、减资时间、减资方式、债务清偿或债务担保情况、相关会计处理，以及减资后的出资者、出资金额和出资比例等。

  5. 验资的责任

  （1）出资者及被审验单位的责任。按照法律、法规以及协议、合同、章程的要求出资，提供真实、合法、完整的验资资料，保护资产的安全、完整，是出资者和被审验单位的责任。

  （2）注册会计师的责任。按照《中国注册会计师审计准则第1602号——验资》的规定，对被审验单位注册资本的实收情况或注册资本及实收资本的变更情况进行审验，出具验资报告，是注册会计师的责任。注册会计师的责任不能减轻出资者和被审验单位的责任。

  6. 验资的风险

  验资风险主要源自两个方面：

  （1）出资者或被审验单位管理层的诚信度、所提供验资资料的真实性与完整性。

  （2）注册会计师的专业胜任能力和职业道德水平。注册会计师在验资时，也有过失、重大过失、欺诈的认定并承担相应的法律责任，因此，在实施验资业务过程中，防止重大错弊行为发生是一个时刻关注的问题。出现下列情况时，应该谨慎对待：

  ① 验资业务委托渠道复杂或不正常。
  ② 验资资料存在涂改、伪造痕迹或验资资料互相矛盾。
  ③ 被审验单位或随意更换或不及时提供验资资料，或只提供复印件不提供原件。
  ④ 自然人出资、家庭成员共同出资或关联方共同出资。
  ⑤ 出资人之间存在分歧。
  ⑥ 被审验单位拒绝或阻挠注册会计师实施重要审验程序，如被审验单位拒绝或阻挠注册会计师实施银行存款函证、实物资产监盘等程序；或不执行法律规定的程序，如非货币财产应当评估而未评估等。
  ⑦ 被审验单位处在高风险行业。
  ⑧ 非货币财产计价的主观程度高或其计价需要依赖大量的主观判断。
  ⑨ 验资付费远远超出规定标准或明显不合理。

9.1.2　验资业务承接与验资计划

  1. 承接业务

  承接业务前，首先应了解出资者或被审验单位情况，出资方式、出资比例，是否是特许行业，并在评价事务所胜任能力的前提下，与出资者或被审验单位签订业务约定书。验资业务约定书的具体内容可能因被审验单位的不同、验资类型的不同而存在差异，但至少应当包括：业务范围与委托目的、双方的责任与义务、验资收费、验资报告的用途及使用责任、业务约定书的有效期间、约定事项的变更及违约责任等条款。注意，业务约定书应当由会计师事务所与委托人签订。

  出资者或被审验单位情况表、业务约定书参考格式在操作指南中提供。

2. 验资计划

验资计划是指注册会计师对验资工作做出的合理安排。验资计划包括总体验资计划和具体验资计划，也包括对它们必要的更新和修改。

（1）总体验资计划通常包括验资类型、委托目的和审验范围、以往的验资和审计情况、重点审验领域、验资风险评估、对专家工作的利用；验资工作进度及时间、收费预算；验资小组组成及人员分工；质量控制安排等内容。

（2）具体验资计划通常包括与各审验项目有关的具体内容，如审验目标、审验程序、执行人及完成工作日期。

总体验资计划与具体验资计划参考格式将在操作指南中提供。

9.1.3 验资业务的审验事项

1. 对出资主体的审验

（1）自然人是否符合出资人的条件，是否为未成年人、是否是直系亲属、是否限制民事行为、是否符合特许行业的准入条件，检查是否与公司法中关于出资人的条件相符，并收集自然人的身份有效证明和特许行业准入条件证明。

（2）法人是否真实存在，法人的持续经营能力、财务状况、注册地等，并收集法人营业执照、公司章程协议等。

2. 对出资方式的审验

（1）以货币出资的，应当检查被审验单位开户银行出具的收款凭证、对账单及银行询证函回函等，验证出资者的实际出资金额。对于股份有限公司向社会公开募集的股本，还应当检查证券公司承销协议、募股清单和股票发行费用清单等，查验相关单据原件，取得其复印件。

（2）以实物出资的，应当观察、检查实物，审验其权属转移情况，并按照国家有关规定在资产评估的基础上审验其价值。如果被审验单位是外商投资企业，注册会计师应当按照国家有关外商投资企业的规定，审验实物出资的价值，取得相关资产的评估报告书复印件。对于存货，注册会计师应获取监盘的实物清单及其发票等能证明其权属的有效证明；对于房屋类固定资产，检查产权证书转移情况或获取出资人在60日内转移产权的声明；对于其他固定资产，应获取监盘的实物清单及其发票等能证明其权属的有效证明或出资人在60日内转移产权的声明。所出资资产的权属转移情况，有的可以拟设立公司的验收单作为权属转移证明，这时应获取该实物的验收单。总之，应验证出资实物，在出资前属于出资人，出资后属于拟设立公司。

（3）以知识产权、土地使用权等无形资产出资的：一应收集资产评估报告书，复检其价值；二应收集土地使用权证书或获取出资人在60日内转移产权的声明，以此审验其权属转移情况、土地过户情况。如果被审验单位是外商投资企业，注册会计师应当按照国家有关外商投资企业的规定，审验无形资产出资的价值。总之，应验证出资资产，在出资前属于出资人，出资后属于拟设立公司。

（4）以净资产折合实收资本的，或以资本公积、盈余公积、未分配利润转增注册资本及实收资本的，一般应收集出资日或出资日月初的经注册会计师审计的会计报表、出资日整体资产的评估报告书、公司股东大会或董事会做出的增资或减资决议。在审计的基础上按照国家有关规定审验其价值，检查是否符合转增资本的条件。检查被审验单位减少注册资本或合并、分立时，是否按国家有关规定进行公告、债务清偿或提供债务担保。

（5）以货币、实物、知识产权、土地使用权以外的其他财产出资的，注册会计师应当审验出资是否符合国家有关规定。

（6）外商投资企业的外方出资者以第(1)项至第(5)项所述方式出资的，注册会计师还应当关注其是否符合国家外汇管理有关规定，向企业注册地的外汇管理部门发出外方出资情况询证函，并根据外方出资者的出资方式附送银行询证函回函、资本项目外汇业务核准件及进口货物报关单等文件的复印件，以询证上述文件内容的真实性、合规性。

3. 出资比例及出资总额限制的审验

（1）关注有限责任公司全体股东的首次出资额是否不低于公司注册资本的20%，且不低于法定的注册资本最低限额。

（2）关注发起设立的股份有限公司全体发起人的首次出资额是否不低于公司注册资本的20%。

（3）关注资本公积、盈余公积转增资本后应保留的盈余公积不低于转增后注册资本的25%的有关规定。

（4）关注公司法中各类公司的最低注册资本限额。

4. 公司协议章程的审验

注册会计师应当收集拟设立公司的章程和协议，并检查其合法性，如出资人数、出资方式、出资比例、经营范围等是否符合公司法的有关规定。

5. 出资期限的关注

（1）关注出资人或被审验单位的出资是一次性到位还是分期出资。

（2）对于变更验资，注册会计师应当关注被审验单位以前的注册资本实收情况，并关注出资者是否按照规定的期限缴纳注册资本。

① 关注被审验单位以前的注册资本实收情况，注册会计师主要是通过查阅前期验资报告；关注前期出资的非货币财产是否办理财产权转移手续；关注被审验单位与其关联方的有关往来款项有无明显异常情况；查阅近期财务报表和审计报告，关注被审验单位是否存在由于严重亏损而导致增资前的净资产小于实收资本的情况。

② 关注出资者是否按照规定的期限缴纳注册资本，主要是关注出资者首次出资后，其余部分是否由出资者自公司成立之日起2年内缴足，其中投资公司在5年内缴足。

6. 关注独立性与胜任能力

对照审计准则，检查事务所的独立性是否对验资业务构成威胁。在胜任能力方面，对特殊出资物及领域，可以利用专业人士的工作，但应保持应有的谨慎，如可以利用评估师对实物资产、土地及其他无形资产的价值进行评估,但应当考虑专业人士的能力、评估时的条件、独立性,并复核相关资产的价值。

7. 获取验资事项声明

注册会计师应当向出资者和被审验单位获取与验资业务有关的重大事项的书面声明。该声明通常包括下列几种情况:
(1) 出资者及被审验单位的责任。
(2) 非货币财产的评估和价值确认情况。
(3) 出资者对出资财产在出资前拥有的权利,是否未设定担保及已办理财产权转移手续。
(4) 净资产折合实收资本情况及相关手续办理情况。
(5) 验资报告的使用。
(6) 其他对验资产生重大影响的事项。
验资事项声明书标明的日期通常与验资报告日一致。

9.1.4 验资报告的出具

1. 验资报告的内容

验资报告应当包括标题,收件人,范围段,意见段,说明段,附件,注册会计师的签名和盖章,会计师事务所的名称、地址及盖章,报告日期共9个要素,将在操作指南中举例说明。

2. 拒绝出具验资报告并解除业务约定情形

遇有下列情形之一时,应当拒绝出具验资报告并解除业务约定:
(1) 被审验单位或出资者不提供真实、合法、完整的验资资料的。
(2) 被审验单位或出资者对注册会计师应当实施的审验程序不予合作,甚至阻挠审验的。
(3) 被审验单位或其出资者坚持要求注册会计师作不实证明的。

9.2 承接验资业务·操作指南

9.2.1 验资报告示例一

拟设立有限责任公司股东一次全部出资。

1. 了解出资人拟设公司情况及签订业务约定书

(1) 了解出资人拟设公司情况。通过初步了解出资人或被审验单位本次委托验资情况,填制被审验单位基本情况表。两自然人拟设立一个"四季制衣有限责任公司",已取得名称预核准通知书,制定了公司章程,前来事务所洽谈验资事宜。经沟通后,注册会计师填制下列表格(表9-1)。

表9-1 被审验单位基本情况表　　　　　　　　　索引号：

编制人员：　　　日期：　　　复核人员：　　　日期：　　　页　次：

被审验单位名称	四季制衣有限责任公司（筹）					
住　所	（略）					
联系电话	（略）	传　真	（略）	邮政编码	（略）	
电子信箱	（略）					
公司类型	有限责任公司					
法定代表人	（略）	经营期限	10年			
经营范围	（略）					
审批机关及文号	名称预核准〔20　〕第　号					
董事长	（略）	总经理	（略）	委托代理人	（略）	
开户银行及账号	（略）					
出资者名称	认缴（认购）的注册资本			实收资本		
	出资方式	出资金额	出资比例	出资方式	出资金额	出资比例
甲	现金	300 000	60%	现金	300 000	60%
乙	现金	200 000	40%	现金	200 000	40%
合　计	现金	500 000	100%	现金	500 000	100%
备　注						

（2）了解被审验单位情况后，认为本事务所不存在独立性及专业胜任能力问题，决定承接该验资业务，与委托方签订业务约定书。验资业务约定书示例如下：

验资业务约定书

甲方：四季制衣有限责任公司（筹）

乙方：××会计师事务所

兹由甲方委托乙方对甲方截至20××年×月×日止注册资本的实收情况进行审验。经双方协商，达成以下约定：

一、业务范围与委托目的

1. 乙方接受甲方委托，对甲方截至20××年×月×日止的出资者、出资币种、出资金额、出资时间、出资方式和出资比例等进行审验，并出具验资报告。

2. 甲方委托乙方验资的目的是为申请设立登记及向出资者签发出资证明。

二、甲方的责任

1. 确保出资者按照法律、法规以及协议、章程的要求出资。

2. 提供真实、合法、完整的验资资料。

3. 保护资产的安全、完整。

4. 及时为乙方的验资工作提供其所要求的全部资料和其他有关资料（在20××年×月×日之前提供验资所需的全部资料），并保证所提供资料的真实性、合法性和完整性，并将所有对审验结论产生影响的事项如实告知乙方。

5. 确保乙方不受限制地接触任何与验资有关的记录、文件和所需的其他信息。

6. 甲方对其做出的与验资有关的声明予以书面确认。

7. 为乙方派出的有关工作人员提供必要的工作条件和协助，主要事项将由乙方于验资工作开始前提供清单。

8. 按本约定书的约定及时足额支付验资费用以及乙方人员在验资期间的交通、食宿和其他相关费用。

三、乙方的责任

1. 乙方的责任是在实施审验程序的基础上出具验资报告。乙方按照《中国注册会计师审计准则第1602号——验资》（以下简称验资准则）的规定进行验资。验资准则要求注册会计师遵守职业道德规范，计划和实施验资工作，以对甲方注册资本的实收情况进行审验，并出具验资报告。

2. 乙方的验资不能减轻甲方的责任。

3. 按照约定时间完成验资工作，出具验资报告。乙方应于20××年×月×日前出具验资报告。

4. 除下列情况外，乙方应当对执行业务过程中知悉的甲方信息予以保密：①取得甲方的授权；②根据法律、法规的规定，为法律诉讼准备文件或提供证据，以及向监管机构报告发现的违反法规行为；③接受行业协会和监管机构依法进行的质量检查；④监管机构对乙方进行行政处罚（包括监管机构处罚前的调查、听证）以及乙方对此提起行政复议。

四、验资收费

1. 本次验资服务的收费是以乙方各级别工作人员在本次工作中所耗费的时间为基础计算的，预计本次验资服务的费用总额为人民币2 000元。

2. 甲方应于本约定书签署之日起2日内支付50%的验资费用，其余款项于"验资报告草稿完成日"结清。

3. 如果由于无法预见的原因，致使乙方从事本约定书所涉及的验资服务实际时间较本约定书签订时预计的时间有明显的增加或减少时，甲乙双方应通过协商，相应调整本约定书第四条第1项下所述的验资费用。

4. 如果由于无法预见的原因，致使乙方人员抵达甲方的工作现场后，本约定书所涉及的验资服务不再进行，甲方不得要求退还预付的验资费用；如上述情况发生于乙方人员完成现场验资工作，并离开甲方的工作现场之后，甲方应另行向乙方支付人民币200元的补偿费，该补偿费应于甲方收到乙方的收款通知之日起15日内支付。

5. 与本次验资有关的其他费用（包括交通费、食宿费）由甲方承担。

五、验资报告和验资报告的使用

1. 乙方按照《〈中国注册会计师审计准则第1602号——验资〉指南》规定的格式出具验资报告。

2. 乙方向甲方致送验资报告一式两份，供甲方向公司登记机关申请设立登记及向出资者签发出资证明时使用。

3. 甲方在提交或对外公布验资报告时，不得修改乙方出具的验资报告正文及附件。

4. 验资报告不应被视为对甲方验资报告日后资本保全、偿债能力和持续经营能力等的保证。甲方及其他第三方因使用验资报告不当造成的后果，乙方不承担任何责任。

六、本约定书的有效期间

本约定书自签署之日起生效，并在双方履行完毕本约定书的所有义务后终止。但其中第三条第2项和四、五、八、九、十条并不因本约定书终止而失效。

七、约定事项的变更

如果出现不可预见的情况影响验资工作如期完成，或需要提前出具验资报告时，甲乙双方均可要求变更约定事项，但应及时通知对方，并由双方协商解决。

八、终止条款

1. 如果根据乙方的职业道德及其他有关专业职责、适用的法律法规或其他任何法定的要求，乙方认为已不适宜继续为甲方提供本约定书约定的验资服务时，乙方可以采取向甲方提出合理通知的方式终止履行本约定书。

2. 在终止业务约定的情况下，乙方有权就其于本约定书终止之日前对约定的验资服务项目所做的工作收取合理的验资费用。

九、违约责任

甲、乙双方按照《中华人民共和国合同法》的规定承担违约责任。

十、适用法律和争议解决

本约定书的所有方面均适用中华人民共和国法律进行解释并受其约束。本约定书履行地为乙方出具验资报告所在地，因本约定书所引起的或与本约定书有关的任何纠纷或争议(包括关于本约定书条款的存在、效力或终止，或无效之后果)，双方选择第1种解决方式：

1. 向有管辖权的人民法院提起诉讼。

2. 提交××仲裁委员会仲裁。

十一、双方对其他有关事项的约定

本约定书一式两份，甲、乙各执一份，具有同等法律效力。

甲方：四季制衣有限责任公司(筹)　　　乙方：××会计师事务所(盖章)

授权代表：(签名并盖章)　　　　　　　授权代表：(签名并盖章)

年　月　日

2. 制订验资计划

本例为现金一次性出资业务，比较简单，分配任务给一名合格的注册会计师，按要求两天内完成验资任务。填写总体计划和具体计划表由项目负责人完成(本例略)。

3. 实施审验程序

审验程序包括收集和审验出资人身份证、公司章程，向验资临时户发询证函，验交款收据,取得银行余额对账单等。其中,银行询证函示例如下。

银行询证函

编号:77

××(银行):

本公司(筹)聘请的××会计师事务所正在对本公司(筹)的注册资本实收情况进行审验。按照国家有关法规的规定和中国注册会计师审计准则的要求,应当询证本公司(筹)出资者(股东)向贵行缴存的出资额。下列数据及事项如与贵行记录相符,请在本函下端"数据及事项证明无误"处签章证明;如有不符,请在"列明不符事项"处列明不符事项。有关询证费用可直接从本公司(筹)××存款账户中收取。回函请直接寄至××会计师事务所。

通讯地址:(略)

邮编: 电话: 传真: 联系人:

截至××年×月×日止,本公司(筹)出资者(股东)缴入的出资额列示如下:

缴款人	缴入日期	银行账号	币种	金额	款项用途	备注
甲	(略)	(略)	人民币	300 000	出资	
乙	(略)	(略)	人民币	200 000	出资	
合计金额(大写)		伍拾万元整				

四季制衣有限责任公司(筹)

法定代表或委托代理人:(签名并盖章)   年 月 日

结论

1. 数据及事项证明无误

    年 月 日   经办人: 银行盖章:

2. 如果不符,请列明不符事项

    年 月 日   经办人: 银行盖章:

4. 出具验资报告

出具验资报告示例如下:

验资报告

四季制衣有限责任公司(筹):

我们接受委托,审验了贵公司(筹)截至××年×月×日止申请设立登记的注册资本实收情况。按照法律法规以及协议、章程的要求出资,提供真实、合法、完整的验资资料,保护资产的安全、完整是全体股东及贵公司(筹)的责任。我们的责任是对贵公司(筹)注册资本的实收情况发表审验意见。我们的审验是依据《中国注册会计师审计准则第1602号——验资》进行的。在审验过程中,我们结合贵公司(筹)的实际情况,实施了检查等必要的审验程序。

根据协议、章程的规定，贵公司(筹)申请登记的注册资本为人民币伍拾万元，由全体股东于××年×月×日之前一次缴足。经我们审验，截至××年×月×日止，贵公司(筹)已收到全体股东缴纳的注册资本(实收资本)，合计人民币(大写)伍拾万元。各股东以货币出资伍拾万元。

本验资报告供贵公司(筹)申请办理设立登记及据以向全体股东签发出资证明时使用，不应被视为是对贵公司(筹)验资报告日后资本保全、偿债能力和持续经营能力等的保证。因使用不当造成的后果，与执行本验资业务的注册会计师及本会计师事务所无关。

附件：1. 注册资本实收情况明细表(表9-2)
   2. 验资事项说明

××会计师事务所
 (盖章)   主任会计师/副主任会计师：(签名并盖章)
             中国注册会计师：(签名并盖章)

中国××市   年 月 日

附件1

表9-2 注册资本实收情况明细表
截至 年 月 日止

被审验单位名称：   货币单位：

股东名称	认缴注册资本		实际出资情况						其中：实收资本			
	金额	出资比例	货币	实物	知识产权	土地使用权	其他	合计	金额	占注册资本总额比例	其中：货币资金	
											金额	占注册资本总额比例
甲	300 000	60%	300 000					300 000	300 000	60%	300 000	60%
乙	200 000	40%	200 000					200 000	200 000	40%	200 000	40%
合计	500 000	100%						500 000	500 000	100%	500 000	100%

××会计师事务所(盖章) 主任会计师/副主任注册会计师：(签名并盖章) 中国注册会计师：(签名并盖章)

附件2

验资事项说明

一、基本情况

四季制衣有限责任公司(筹)(以下简称贵公司)系由××(以下简称甲方)和××(以下简称乙方)共同出资组建的有限责任公司，于××年×月×日取得××(公司登记机关)核发的××号《企业名称预先核准通知书》，正在申请办理设立登记。

二、申请的注册资本及出资规定

根据协议、章程的规定,贵公司申请登记的注册资本为人民币伍拾万元,由全体股东于××年××月××日之前一次缴足。其中:甲方认缴人民币 300 000 元,占注册资本的 60%,出资方式为货币;乙方认缴人民币 200 000 元,占注册资本的 40%,出资方式为货币。

三、审验结果

截至××年×月×日止,贵公司已收到甲方、乙方缴纳的注册资本(实收资本)合计人民币伍拾万元,实收资本占注册资本的 100%。

1. 甲方实际缴纳出资额人民币叁拾万元。其中:货币出资 300 000 元,于××年×月×日缴存四季制衣有限责任公司(筹)在××银行开立的人民币临时存款账户××账号内。

2. 乙方实际缴纳出资额人民币贰拾万元。其中:货币出资 200 000 元,于××年×月×日缴存四季制衣有限责任公司(筹)在××银行开立的人民币临时存款账户××账号。

(如果股东的实际出资金额超过其认缴的注册资本金额,应当说明超过部分的处理情况。)

3. 全体股东的货币出资金额 500 000 元,占注册资本的 100%,符合公司法有关全体股东的货币出资金额不得低于有限责任公司注册资本的 30%的规定。

四、其他事项

略。

5. 向审验单位取得验资事项声明书

其中验资事项声明书示例如下:

验资事项声明书

××会计师事务所并××注册会计师:

本公司(筹)已经××(审批部门)××字××号(批文名称)批准,由××(以下简称甲方)、××(以下简称乙方)共同出资组建,于××年×月×日取得××(公司登记机关)核发的《企业名称预先核准通知书》,正在申请办理设立登记。现已委托贵所对本公司(筹)申请设立登记的截至××年×月×日止的注册资本实收情况进行审验,并出具验资报告。为配合贵所的验资工作,现就有关事项声明如下:

1. 本公司(筹)全体股东已按照法律法规以及协议、章程的要求出资,并保证不抽逃出资,本公司(筹)对全体股东出资资产的安全、完整负全部责任。

2. 本公司(筹)已提供全部验资资料,并已将截至验资报告日止的所有对审验结论产生重要影响的事项如实告知注册会计师,无违法、舞弊行为。本公司(筹)及全体股东对所提供验资资料的真实性、合法性、完整性负责。

3. 用以出资的非货币财产已按照国家规定进行评估,其价值是合理的,且已经全体股东确认。

4. 本公司(筹)股东在出资前对其出资的非货币财产拥有所有权,不存在产权纠纷,未设定担保,已经办理财产权转移手续,且已移交本公司(筹)。

5. 本公司(筹)承诺将在公司成立后依法建立会计账簿,并按照注册会计师的审验结论对有关事项做出适当会计处理。

6. 本公司(筹)保证按验资业务约定书规定的用途使用验资报告。

(其他需要声明的重大事项)……

××公司(筹)股东:	四季制衣有限责任公司(筹)
甲(签名并盖章)	法定代表或委托代理人:(签名并盖章)
乙(签名并盖章)	年　月　日

6. 复核

完成部门经理与事务所负责人复核。

7. 交付验资报告,让对方签收

将完整的验资报告(包括审验证明材料、本单位营业执照、主任注册会计师或副主任注册会计执业证的复印件等)装订一式两份,贴印花,交付委托人,让委托人签收,在签收单上签字。

8. 整理归档

按工作底稿清单整理归档,详见表9-3。

表9-3　××会计师事务所验资报告归档目录

被审单位:四季制衣有限责任公司(筹)

编号	档案内容	具备	总页次
1	业务报告呈报书	√	
2	验资报告及附件	√	
3	业务约定书	√	
4	验资声明书	√	
5	验资总体及计划	√	
6	验资工作底稿		
	(1)银行函证、进账单复印件、对账单等	√	
	(2)实物清单、发票、验收单、评估报告等		
	(3)房屋、土地权属证明、评估报告等		
	…		
	委托方提供的资料		
	(1)拟设立公司的协议或章程	√	

编号	档案内容	具备	总页次
	(2)名称预核通知书	√	
	(3)身份证或营业执照复印件	√	
	…		

注：本章未编索引号，可以按归档目录清单进行编号。编号以"CZ"开头，如CZ01等。

9.2.2 验资报告示例二

拟设立有限责任公司股东分期出资的首次验资(模板)。

验 资 报 告

××有限责任公司(筹)：

  我们接受委托，审验了贵公司(筹)截至××年×月×日止申请设立登记的注册资本首次实收情况。按照法律、法规以及协议、章程的要求出资，提供真实、合法、完整的验资资料，保护资产的安全、完整是全体股东及贵公司(筹)的责任。我们的责任是对贵公司(筹)注册资本的首次实收情况发表审验意见。我们的审验是依据《中国注册会计师审计准则第1602号——验资》进行的。在审验过程中，我们结合贵公司(筹)的实际情况，实施了检查等必要的审验程序。

  根据协议、章程的规定，贵公司(筹)申请登记的注册资本为人民币××元，由全体股东分××期于××年×月×日之前缴足。本次出资为首次出资，出资额为人民币××元，应由××和××于××年×月×日之前缴纳。经我们审验，截至××年×月×日止，贵公司(筹)已收到××和××首次缴纳的注册资本(实收资本)合计人民币××元(大写)。各股东以货币出资××元，实物出资××元。

  (如果存在需要说明的重大事项，请增加说明段。)

  ……

  本验资报告供贵公司(筹)申请设立登记及据以向全体股东签发出资证明时使用，不应被视为是对贵公司(筹)验资报告日后资本保全、偿债能力和持续经营能力等的保证。因使用不当造成的后果，与执行本验资业务的注册会计师及本会计师事务所无关。

  附件：1. 本期注册资本实收情况明细表(表9-4)

     2. 验资事项说明

××会计师事务所(盖章)

主任会计师/副主任会计师：(签名并盖章)
中国注册会计师：(签名并盖章)

中国××市   年　月　日

附件1

表9-4　本期注册资本实收情况明细表

截至　　年　月　日止

被审验单位名称：　　　　　　　　　　　　　　　　　　　　　　　　　　　　　　　货币单位：

股东名称	认缴注册资本		本期认缴注册资本		本期实际出资情况						其中：货币资金	
	金额	出资比例	金额	占注册资本总额比例	货币	实物	知识产权	土地使用权	其他	合计	金额	占注册资本总额比例
合计												

附件2

验资事项说明

一、基本情况

××公司（筹）（以下简称贵公司）系由××（以下简称甲方）、××（以下简称乙方）共同出资组建的有限责任公司，于××年×月×日取得××（公司登记机关）核发的××号《企业名称预先核准通知书》，正在申请办理设立登记。（如果该公司在设立登记前须经审批，还需说明审批情况。）

二、申请的注册资本及出资规定

根据协议、章程的规定，贵公司申请登记的注册资本为人民币××元，由全体股东分××期于××年×月×日之前缴足。本期出资为首次出资，出资额为人民币××元，应由甲方、乙方于××年×月×日之前缴纳。其中：甲方认缴人民币××元，占注册资本的×%，出资方式为货币××元，实物（机器设备）××元；乙方认缴人民币××元，占注册资本的×%，出资方式为货币。

三、审验结果

截至××年×月×日止，贵公司已收到甲方、乙方首次缴纳的注册资本（实收资本）合计人民币××元，实收资本占注册资本的×%。

1. 甲方首次实际缴纳出资额人民币××元。其中：货币出资××元，于××年×月×日缴存××公司（筹）在××银行开立的人民币临时存款账户××账号内；于××年×月×日投入机器设备××（名称、数量等），评估价值为××元，全体股东确认的价值为××元。

××资产评估有限公司已对甲方出资的机器设备进行了评估,并出具了(文号)资产评估报告。

甲方已与贵公司于××年×月×日就出资的机器设备办理了财产交接手续。

2. 乙方首次实际缴纳出资额人民币××元。其中:货币出资××元,于××年×月×日缴存××公司(筹)在××银行开立的人民币临时存款账户××账号内。

3. 以上股东的货币出资金额合计××元,占注册资本总额的×%。

4. 全体股东的首次出资金额占贵公司注册资本的×%。

四、其他事项

略。

9.2.3 验资报告示例三

拟设立有限责任公司股东分期出资的非首次验资(模板)。

验 资 报 告

××有限责任公司:

我们接受委托,审验了贵公司截至××年×月×日止已登记的注册资本第2期实收情况。按照法律、法规以及协议、章程的要求出资,提供真实、合法、完整的验资资料,保护资产的安全、完整是全体股东及贵公司的责任。我们的责任是对贵公司注册资本的第2期实收情况发表审验意见。我们的审验是依据《中国注册会计师审计准则第1602号——验资》进行的。在审验过程中,我们结合贵公司的实际情况,实施了检查等必要的审验程序。

根据协议、章程的规定,贵公司登记的注册资本为人民币××元,应由全体股东分××期于××年×月×日之前缴足。本次出资为第2期,出资额为人民币××元,由××(以下简称甲方)、××(以下简称乙方)于××年×月×日之前缴足。经我们审验,截至××年×月×日止,贵公司已收到甲方、乙方缴纳的第2期出资,即本期实收注册资本人民币××元(大写),贵公司新增实收资本人民币××元(大写)。各股东以货币出资××元,实物出资××元,知识产权出资××元。

(如果存在需要说明的重大事项,请增加说明段。)

……

同时我们注意到,贵公司本次股东出资前(变更前)的累计实收注册资本(实收资本)为人民币××元,已经××会计师事务所审验,并于××年×月×日出具××(文号)验资报告。截至××年×月×日止,贵公司股东本次出资连同第1期出资,累计实缴注册资本为人民币××元,贵公司的实收资本为人民币××元,占已登记注册资本总额的×%。

本验资报告供贵公司申请办理实收资本变更登记及据以向全体股东签发出资证明时使用,不应被视为是对贵公司验资报告日后资本保全、偿债能力和持续经营能力等的保证。因使用不当造成的后果,与执行本验资业务的注册会计师及本会计师事务所无关。

附件：1. 本期注册资本实收情况明细表（表9-5）
　　　2. 累计注册资本实收情况明细表（表9-6）
　　　3. 验资事项说明

×culous×会计师事务所　　　　　　　　　　主任会计师/副主任会计师：（签名并盖章）
　　（盖章）
　　　　　　　　　　　　　　　　　　　　　中国注册会计师：（签名并盖章）
中国××市　　　　　　　　　　　　　　　　　　　　　年　月　日

附件1

表9-5 本期注册资本实收情况明细表
截至　年　月　日止

被审验单位名称：　　　　　　　　　　　　　　　　　　　　　货币单位：

股东名称	认缴注册资本		本期认缴注册资本		本期实际出资情况						其中：实收资本	
	金额	出资比例	金额	占注册资本总额比例	货币	实物	知识产权	土地使用权	其他	合计	金额	占注册资本总额比例
合计												

附件2

表9-6 累计注册资本实收情况明细表
截至　年　月　日止

被审验单位名称：　　　　　　　　　　　　　　　　　　　　　货币单位：

股东名称	认缴注册资本		前期累计实收资本		本期新增实收资本		累计实收资本		其中：货币出资	
	金额	占注册资本总额比例	金额	占注册资本总额比例	金额	占注册资本总额比例	金额	占注册资本总额比例	金额	占注册资本总额比例

续表

股东名称	认缴注册资本		前期累计实收资本		本期新增实收资本		累计实收资本		其中：货币出资	
	金额	占注册资本总额比例	金额	占注册资本总额比例	金额	占注册资本总额比例	金额	占注册资本总额比例	金额	占注册资本总额比例
合　计										

附件3

验资事项说明

一、基本情况

××公司（以下简称贵公司）系由××（以下简称甲方）和××（以下简称乙方）共同出资组建的有限责任公司，于××年×月×日取得××（公司登记机关）核发的××号《企业法人营业执照》。根据协议、章程的规定，贵公司登记的注册资本为人民币××元，由全体股东分××期于××年×月×日之前缴足。本次变更前贵公司的实收资本为人民币××元，系甲方和乙方的第1期出资，其中甲方以货币出资××元，乙方以实物出资××元，已经××会计师事务所审验。本次出资为第2期，出资额为人民币××元，本次变更后实收资本增加至××元，注册资本不变。

二、本次新增实收资本的出资规定

根据协议、章程的规定，本次出资由甲方和乙方于××年×月×日之前缴足。其中：甲方认缴人民币××元，占注册资本的×%，出资方式为货币××元，实物（房屋）××元，知识产权（专利权）××元；乙方认缴人民币××元，占注册资本的×%，出资方式为货币。

三、本次出资的审验结果

截至××年×月×日止，贵公司已收到甲方、乙方第2期缴纳的注册资本（实收资本）人民币××元。

1. 甲方第2期缴纳的出资额人民币××元。其中：货币出资××元，于××年×月×日缴存××公司在××银行开立的人民币临时存款账户××账号内；于××年×月×日投入房屋××（名称、数量等），评估价值为××元，全体股东确认的价值为××元；于××年×月×日投入专利权××（名称、有效状况等），评估价值为××元，全体股东确认的价值为××元。

××资产评估有限公司已对甲方出资的房屋、专利权进行了评估，并出具了（文号）资产评估报告。

甲方已与××公司于××年×月×日就出资的房屋办妥所有权过户手续,并于××年×月×日就出资的专利权办妥转让登记手续。

2. 乙方第2期缴纳的出资额人民币××元。其中:货币出资××元,于××年×月×日缴存××公司在××银行开立的人民币临时存款账户××账号内。

3. 本次变更后甲方出资为人民币××元,占注册资本的×%,占累计实收资本的×%;乙方出资为人民币××元,占注册资本的×%,占累计实收资本的×%。变更后贵公司的实收资本为人民币××元,占注册资本的×%。

4. 全体股东的累计货币出资金额××元,占注册资本的×%。

四、其他事项

略。

9.2.4 验资报告示例四

适用于有限责任公司增资验资(模板)。

验 资 报 告

××有限责任公司:

我们接受委托,审验了贵公司截至××年×月×日止新增注册资本的实收情况。按照法律、法规以及协议、章程的要求出资,提供真实、合法、完整的验资资料,保护资产的安全、完整是全体股东及贵公司的责任。我们的责任是对贵公司新增注册资本及实收资本情况发表审验意见。我们的审验是依据《中国注册会计师审计准则第1602号——验资》进行的。在审验过程中,我们结合贵公司的实际情况,实施了检查等必要的审验程序。

贵公司原注册资本为人民币××元,实收资本为人民币××元。根据贵公司××股东会决议和修改后的章程规定,贵公司申请增加注册资本人民币××元,由××(以下简称甲方)、××(以下简称乙方)于××年×月×日之前一次缴足,变更后的注册资本为人民币××元。经我们审验,截至××年×月×日止,贵公司已收到甲方、乙方缴纳的新增注册资本(实收资本)合计人民币××元(大写)。各股东以货币出资××元,实物出资××元,知识产权出资××元。

(如果存在需要说明的重大事项,请增加说明段。)

……

同时我们注意到,贵公司本次增资前的注册资本人民币××元,实收资本人民币××元,已经××会计师事务所审验,并于××年×月×日出具××(文号)验资报告。截至××年×月×日止,变更后的累计注册资本人民币××元,实收资本××元。

本验资报告供贵公司申请办理注册资本及实收资本变更登记及据以向全体股东签发出资证明时使用,不应被视为是对贵公司验资报告日后资本保全、偿债能力和持续经营能力等的保证。因使用不当造成的后果,与执行本验资业务的注册会计师及本会计师事务所无关。

附件:1. 新增注册资本实收情况明细表(表9-7)

　　　2. 注册资本及实收资本变更前后对照表(表9-8)

　　　3. 验资事项说明

××会计师事务所(盖章)

主任会计师/副主任会计师:(签名并盖章)

中国注册会计师:(签名并盖章)

中国××市　　　　　　　　　　　　　　　　　　　　　　　年　月　日

附件1

表9-7　新增注册资本实收情况明细表

截至　　年　月　日止

被审验单位名称:　　　　　　　　　　　　　　　　　　　　　　　货币单位:

股东名称	认缴新增注册资本	新增注册资本的实际出资情况						其中:实收资本			
		货币	实物	知识产权	土地使用权	其他	合计	金额	占新增注册资本比例	其中:货币出资	
										金额	占新增注册资本比例
合计											

附件2

表9-8　注册资本及实收资本变更前后对照表

截至　　年　月　日止

被审验单位名称:　　　　　　　　　　　　　　　　　　　　　　　货币单位:

股东名称	认缴注册资本				实收资本						
	变更前		变更后		变更前		本次增加额	变更后			
	金额	出资比例	金额	出资比例	金额	占注册资本总额比例		金额	占注册资本总额比例	其中:货币出资	
										金额	占注册资本总额比例

续表

股东名称	认缴注册资本				实收资本						
	变更前		变更后		变更前		本次增加额	变更后			
										其中：货币出资	
	金额	出资比例	金额	出资比例	金额	占注册资本总额比例		金额	占注册资本总额比例	金额	占注册资本总额比例
合　计											

说明：对于2006年1月1日以前成立的被审验单位，本表"其中：货币出资"栏中的"金额"和"占注册资本总额比例"为自2006年1月1日起至本次验资截止日止全体股东的货币出资金额及其占该期间新增注册资本的比例。

附件3

验资事项说明

一、基本情况

××公司（以下简称贵公司）系由××和××共同出资组建的有限责任公司，于××年×月×日取得××（公司登记机关）核发的××号《企业法人营业执照》，原注册资本为人民币××元，实收资本为人民币××元。根据贵公司××股东会决议和修改后的章程规定，贵公司申请增加注册资本人民币××元，变更后的注册资本为人民币××元。新增注册资本由原股东认缴，变更注册资本后，股东仍然是××（以下简称甲方）和××（以下简称乙方）。

二、新增资本的出资规定

根据修改后章程的规定，贵公司申请新增的注册资本为人民币××元，由原股东于××年×月×日之前缴足。其中：甲方认缴人民币××元，占注册资本的×%，出资方式为货币××元，实物（房屋）××元，知识产权（专利权）××元；乙方认缴人民币××元，占注册资本的×%，出资方式为货币。

三、审验结果

截至××年×月×日止，贵公司已收到甲方、乙方缴纳的新增注册资本（实收资本）合计人民币××元，新增实收资本占新增注册资本的×%。

1. 甲方实际缴纳新增出资额人民币××元。其中：货币出资××元，于××年×月×日缴存××公司在××银行开立的人民币××账户××账号内；于××年×月×日投入房屋××（名称、数量等），评估价值为××元，全体股东确认的价值为××元；于××年×月×日投入专利权××（具体名称、有效状况），评估价值为××元，全体股东确认的价值为××元。

××资产评估有限公司已对甲方出资的房屋、专利权进行了评估，并出具了（文号）资产评估报告。

甲方已与××公司于××年×月×日就出资的房屋办妥所有权过户手续，并于××年×月×日就出资的专利权办妥转让登记手续。

2. 乙方实际缴纳新增出资额人民币××元。其中：货币出资××元，于××年×月×日缴存××公司在××银行开立的人民币××账户××账号内。

3. 变更后累计实收资本为××元，占变更后注册资本×%，其中：甲方出资为人民币××元，占变更后注册资本的×%；乙方出资为人民币××元，与变更后注册资本的×%。

4. 全体股东的累计货币出资金额××元，占注册资本总额的×%。

四、其他事项

略。

9.2.5 验资报告示例五

适用于外商投资企业股东一次全部出资(模板)。

验 资 报 告

××有限责任公司：

我们接受委托，审验了贵公司截至××年×月×日止设立登记的注册资本实收情况。按照法律、法规以及协议、合同、章程的要求出资，提供真实、合法、完整的验资资料，保护资产的安全、完整是全体股东及贵公司的责任。我们的责任是对贵公司注册资本的实收情况发表审验意见。我们的审验是依据《中国注册会计师审计准则第1602号——验资》进行的。在审验过程中，我们结合贵公司的实际情况，实施了检查等必要的审验程序。

根据协议、合同、章程的规定，贵公司申请登记的注册资本为(币种)××元，由全体股东于××年×月×日之前一次缴足。经我们审验，截至××年×月×日止，贵公司已收到全体股东缴纳的注册资本合计(币种)××元(大写)，贵公司的实收资本为××元(大写)。各股东以货币出资(币种)××元、实物出资(币种)××元、知识产权出资(币种)××元，土地使用权出资(币种)××元。

(如果存在需要说明的重大事项，请增加说明段。)

……

本验资报告供贵公司申请办理注册资本和实收资本登记以及据以向全体股东签发出资证明时使用，不应被视为是对贵公司验资报告日后资本保全、偿债能力和持续经营能力等的保证。因使用不当造成的后果，与执行本验资业务的注册会计师及本会计师事务所无关。

附件：1. 注册资本实收情况明细表(表9-9)
      2. 验资事项说明

××会计师事务所　　　　　　　　　　主任会计师/副主任会计师：(签名并盖章)
　　(盖章)　　　　　　　　　　　　　中国注册会计师：(签名并盖章)

中国××市　　　　　　　　　　　　　　　　　　　　　年　月　日

附件1

表9-9 注册资本实收情况明细表
截至 年 月 日止

被审验单位名称：　　　　　　　　注册资本币种：　　　　　　　　货币单位：

股东名称	认缴注册资本		实际出资情况									其中：实缴注册资本			
			货币		实物		知识产权		土地使用权		其他		合计(注册资本币种)			其中：货币出资
	金额	出资比例	原币金额	按注册资本币种折算的金额	原币金额	按注册资本币种折算的金额	原币金额	按注册资本币种折算的金额	原币金额	按注册资本币种折算的金额	原币金额	按注册资本币种折算的金额		按注册资本币种折算的金额	占注册资本总额比例	金额	占注册资本总额比例
合计																	

附件2

验资事项说明

一、基本情况

××公司（以下简称贵公司）经××（审批部门）以××字××号文件批准设立，由××（发证部门）于××年×月×日颁发××（批准证书号、名称），系由中方××（以下简称甲方），外方××（以下简称乙方）共同出资组建的中外合资经营企业（有限责任公司），于××年×月×日取得××（公司登记机关）核发的××号《中华人民共和国企业法人营业执照》。

二、出资规定

根据经批准的协议、合同、章程的规定，贵公司申请登记的注册资本为（币种）××元，由全体股东于××年×月×日之前一次缴足。甲方应出资（币种）××元，占注册资本的×%，出资方式为货币（币种）××元，知识产权（非专利技术）（币种）××元，土地使用权（币种）××元；乙方应出资（币种）××元，占注册资本的×%，出资方式为货币（币种）××元，实物（机器设备）（币种）××元。

三、审验结果

截至××年×月×日止，贵公司已收到甲方和乙方缴纳的注册资本合计（币种）××元，贵公司的实收资本合计（币种）××元。

1. 甲方缴纳(币种)××元。其中：货币出资(币种)××元，于××年×月×日缴存××公司在××银行开立的人民币××账户××账号内；于××年×月×日投入非专利技术××(名称、有效状况)，评估价值为××元，全体股东确认的价值为××元；于××年×月×日投入土地使用权(地点、面积等)，评估价值为××元，全体股东确认的价值为××元。

　　××资产评估有限公司已对甲方出资的非专利技术和土地使用权进行了评估，并出具了(文号)资产评估报告。

　　甲方已与××公司于××年×月×日就出资的非专利技术签订了技术转让合同，办妥了有关财产权转移手续，并于××年×月×日就出资的土地使用权办妥了变更土地登记手续。

　　2. 乙方缴纳(币种)××元，其中：货币出资(币种)××元，于××年×月×日缴存××公司在××银行开立的××(币种)资本金账户××账号内；××年×月×日投入机器设备××(名称、数量等)，作价(币种)××元。

　　乙方出资的机器设备作价(币种)××元，已经××省出入境检验检疫局于××年×月×日出具了编号为××的财产价值鉴定书。

　　乙方已与××公司于××年×月×日就出资的机器设备办理了财产交接手续。

　　(上述所称币种均指注册资本币种，如实际缴纳出资的币种与注册资本的币种不同，应说明原币币种和金额、折算汇率、折算成注册资本币种的金额。)

　　3. 全体股东的货币出资金额合计(币种)××元，占注册资本总额的×%。

　　四、其他事项

　　我们已就乙方本次出资情况向国家外汇管理局××分(支)局发函询证，并收到该局××年×月×日的确认函。贵公司的外资外汇登记编号为××。

9.2.6　验资报告示例六

　　适用于股份有限公司减资(模板)。

验 资 报 告

××股份有限公司：

　　我们接受委托，审验了贵公司截至××年×月×日止减少注册资本及实收资本(股本)的情况。按照法律法规以及协议、章程的要求出资，提供真实、合法、完整的验资资料，保护资产的安全、完整是全体股东及贵公司的责任。我们的责任是对贵公司减少注册资本及实收资本(股本)情况发表审验意见。我们的审验是依据《中国注册会计师审计准则第1602号——验资》进行的。在审验过程中，我们结合贵公司的实际情况，实施了检查等必要的审验程序。

　　贵公司原注册资本为人民币××元，实收资本(股本)为人民币××元。其中，××(以下简称甲方)出资人民币××元，占原注册资本的×%；××(以下简称乙方)出资人民币××元，占原注册资本的×%；××(以下简称丙方)出资人民币××元，占原注册资本的×%。根据××协议、××股东大会决议和修改后的章程规定，贵公司申请减少注册资本人民币××元,其中减少甲方出资人民币××元、减少乙方出资人民币××元,减少丙方出资人民币××元,变更后的注册资本为人民币××元。经我们审验,截至××年×月×日止,贵公司已减少股本人民币××元,其中减少甲方出资人民币××元,减少乙方出资人民币××元,减少丙方出资人民币××元。

(如果存在需要说明的重大事项,请增加说明段。)

……

同时我们注意到,贵公司本次减资前的注册资本人民币××元,实收资本(股本)人民币××元,已经××会计师事务所审验,并于××年×月×日出具××(文号)验资报告。截至××年×月×日止,变更后的注册资本人民币××元、实收资本(股本)人民币××元。

本验资报告供贵公司申请办理注册资本及实收资本变更登记及据以向全体股东签发出资证明时使用,不应被视为是对贵公司验资报告日后资本保全、偿债能力和持续经营能力等的保证。因使用不当造成的后果,与执行本验资业务的注册会计师及本会计师事务所无关。

附件:1. 注册资本及实收资本(股本)减少情况明细表(表9-10)
   2. 注册资本及实收资本(股本)变更前后对照表(表9-11)
   3. 验资事项说明

××会计师事务所
 (盖章)   主任会计师/副主会计师:(签名并盖章)
              中国注册会计师:(签名并盖章)

中国××市   年 月 日

附件1

表9-10 注册资本及实收资本(股本)减少情况明细表

截至 年 月 日止

被审验单位名称: 货币单位:

股东名称	申请减少注册资本金额	实际减资情况						其中:实收资本(股本)减少额
		货币	实物	知识产权	土地使用权	其他	合计	
合计								

附件2

表9-11 注册资本及实收资本(股本)变更前后对照表

截至　　年　月　日止

被审验单位名称：　　　　　　　　　　　　　　　　　　　　　　　　　货币单位：

股东名称	认缴注册资本				实收资本(股本)			本次减少额		
	变更前		变更后		变更前			变更后		
	金额	比例	金额	比例	金额	比例		金额	比例	
合　计										

附件3

验资事项说明

一、基本情况

××公司(以下简称贵公司)系由××(以下简称甲方)、××(以下简称乙方)和××(以下简称丙方)共同出资组建的股份有限公司，于××年×月×日取得××(公司登记机关)核发的××号《企业法人营业执照》，原注册资本为人民币××元，实收资本(股本)为人民币××元。根据贵公司××股东大会决议和修改后章程的规定，贵公司申请减少注册资本人民币××元，实收资本(股本)人民币××元，变更后的注册资本人民币××元，实收资本(股本)人民币××元。变更注册资本及实收资本(股本)后，股东仍然是××、××、××。

二、减资规定

根据××协议、××股东大会决议和修改后的章程规定，贵公司申请减少注册资本人民币××元，其中甲方减资人民币××元、乙方减资人民币××元……公司按每股人民币××元，以货币方式分别归还甲方人民币××元、乙方人民币××元……共计人民币××元，同时分别减少股本人民币××元，资本公积人民币××元。变更后贵公司的股本为人民币××元。

三、审验结果

截至××年×月×日止，贵公司已减少甲方、乙方和丙方的出资合计人民币××元，实际归还甲方、乙方和丙方货币资金情况如下。

1. 贵公司于××年×月×日以货币资金归还甲方出资人民币××元。
2. 贵公司于××年×月×日以货币资金归还乙方出资人民币××元。

(依次列示，并另起一段具体说明贵公司有关减资的会计处理情况)

3. 贵公司变更后的股本为人民币××元，比申请变更前减少人民币××元。变更后的注册资本达到法定注册资本的最低限额。变更后甲方出资为人民币××元，占变更后注册资本的×％；乙方出资为人民币××元，占变更后注册资本的×％；丙方出资为人民币××元，占变更后注册资本的×％。

　　以××年×月×日已审计会计报表为基准，贵公司减资后的净资产为人民币××元，其中股本××元，资本公积××元、盈余公积××元、未分配利润××元。

　　四、债务清偿或债务担保情况

　　（说明公司对变更前业已存在的债务清偿或者债务担保情况以及履行《中华人民共和国公司法》第178条的规定通知债权人和公告程序的有关情况。）

　　五、其他事项

　　略。

9.2.7　验资报告示例七

　　适用于股份有限公司以资本公积、盈余公积、未分配利润转增资本（模板）。

验 资 报 告

××股份有限公司：

　　我们接受委托，审验了贵公司截至××年×月×日止新增注册资本及实收资本（股本）情况。按照法律、法规以及协议、章程的要求出资，提供真实、合法、完整的验资资料，保护资产的安全、完整是全体股东及贵公司的责任。我们的责任是对贵公司新增注册资本及实收资本情况发表审验意见。我们的审验是依据《中国注册会计师审计准则第1602号——验资》进行的。在审验过程中，我们结合贵公司的实际情况，实施了检查等必要的审验程序。

　　贵公司原注册资本为人民币××元，实收资本（股本）为××元。根据贵公司××股东会决议和修改后的章程规定，贵公司申请增加注册资本人民币××元，由资本公积、盈余公积和未分配利润转增股本，转增基准日期为××年×月×日，变更后注册资本为人民币××元。经我们审验，截至××年×月×日止，贵公司已将资本公积××元、盈余公积××元（其中法定盈余公积××元）、未分配利润××元，合计××元转增股本。

　　（如果存在需要说明的重大事项，请增加说明段。）

　　……

　　同时我们注意到，贵公司本次增资前的注册资本人民币××元，实收资本（股本）人民币××元，已经××会计师事务所审验，并于××年×月×日出具（文号）验资报告。截至××年×月×日止，变更后的注册资本人民币××元、累计实收资本（股本）人民币××元。

　　本验资报告供贵公司申请办理注册资本及实收资本（股本）变更登记及据以向全体股东签发出资证明时使用，不应被视为是对贵公司验资报告日后资本保全、偿债能力和持续经营能力等的保证。因使用不当造成的后果，与执行本验资业务的注册会计师及本会计师事务所无关。

附件：1. 注册资本及实收资本(股本)变更前后对照表(表9-12)
    2. 验资事项说明

××会计师事务所
    （盖章）   主任会计师/副主任会计师：（签名并盖章）
                                      中国注册会计师：（签名并盖章）
中国××市   年 月 日

附件1

表9-12 注册资本及实收资本(股本)变更前后对照表
截至   年 月 日止

被审验单位名称：   货币单位：

股东名称	认缴注册资本				实收资本				
	变更前		变更后		变更前		本次增加额	变更后	
	金额	出资比例	金额	出资比例	金额	占注册资本总额比例		金额	占注册资本总额比例
合 计									

附件2

验资事项说明

一、基本情况

××公司(以下简称贵公司)系由××(以下简称甲方)、××(以下简称乙方)共同出资组建的股份有限公司，于××年×月×日取得××(公司登记机关)核发的××号《企业法人营业执照》，原注册资本为人民币××元，实收资本(股本)为人民币××元。根据贵公司××股东会决议和修改后章程的规定，贵公司申请增加注册资本人民币××元，变更后的注册资本为人民币××元。贵公司股东仍然是××、××。

二、新增资本的出资规定

根据修改后章程的规定，贵公司申请新增的注册资本为人民币××元，公司按每10股转增×股的比例，以资本公积、盈余公积、未分配利润向全体股东转增股份总额××股，每股面值1元，合计增加股本××元。其中：由资本公积转增××元，由盈余公积转增××元(其中法定盈余公积××元)，由未分配利润转增××元。

三、审验结果

截至××年×月×日止,贵公司已将资本公积××元、盈余公积××元(其中法定盈余公积××元)、未分配利润××元,合计××元转增股本,转增时已调整财务报表并进行相应的会计处理,转增股本后,贵公司留存的法定盈余公积为××元,占转增前贵公司注册资本的×%,符合公司法留存的法定公积金不得少于转增前公司注册资本的25%的规定。转增后各股东的出资额(股本)如下:

1. 甲方股本总额××元,其中本次增加股本××元。以资本公积转增××元,以盈余公积转增××元(其中以法定盈余公积转增××元),以未分配利润转增××元。
2. 乙方股本总额××元,其中本次增加股本××元。以资本公积转增××元,以盈余公积转增××元(其中以法定盈余公积转增××元),以未分配利润转增××元。

贵公司已进行了与增资相关的会计处理,转增前后财务报表相关项目的情况见表9-13。

表9-13 转增前后财务报表相关项目情况

金额单位:

财务报表项目	转增前	增加	减少	转增后
股本				
资本公积				
盈余公积				
其中:法定盈余公积				
未分配利润				

四、其他事项

略。

9.3 承接验资业务·操作任务

××会计师事务所承接了如下验资业务,均由注册会计师张志及助理人员小王完成,现请你代表张志对下列验资业务设计验资程序,出具报告,列出应收集工作底稿清单。

(1) 自然人孙某和张某拟设立"长顺美容美发有限责任公司",已取得名称预核和特殊行业准入批文,孙某出资8万元,张某出资2万元,一次性现金出资。

(2) 外商自然人齐某与自然人陈某拟设立一制衣厂,名称预核准为"亿利制衣有限公司",齐某以40万港币出资,陈某以人民币15万元出资,双方协议章程中注明,齐某股份为70%,陈某股份为30%,验资当日港币对人民币汇率中间价为1∶0.95。外币折算本位币的差额协议中已明确作资本公积处理。

(3) 中岳公司、东岳公司、北岳公司、西岳公司及南岳公司拟联合设立一股份有限公司,名称预核准为"天地人间化工股份有限公司",从事化工产品的生产、销售、研究等业务,注册资本为4 000万元,注册地在事务所当地,5个法人股东股份各占20%,其中每一公司的现金出资为其出资额的50%。此外，中岳公司以其一处厂房作价400万元出资，评估价为420万元，有评估报告；东岳公司以其机器设备作价400万元出资，评估价为410万元，有评估报告；北岳公司以其专利技术作价出资400万元，有评估报告，评估价为460万元；西岳公司以其在北京和上海两地的专卖店房地产出资400万元，两房地产评估价值为600万元，协议中明确，公司成立后，返还其200万元；南岳公司以其拥有的化工原料作价400万元出资，评估报告显示其评估价为430万元。中岳公司以一栋办公楼作价400万元出资，评估价为410万元。除应返还西岳公司的200万元外，其余各公司实物及无形资产的评估价高出出资额的部分，协议中规定均作资本公积处理。该公司已取得特许行业准入资格。所有现金出资均一次性全部到位，实物及无形资产均取得验收证明，所有未办理完毕的产权转移证书，出资人及被审验单位承诺在60日内办理完产权过户手续。

(4)"星星商贸有限责任公司"是一家从事五金商品批发的公司，原注册资本为100万元，现两股东谢某和艾某拟减资50万元，原出资比例为谢某占80%，艾某占20%，减资部分均以现金支付。减资协议已公告，对债务的担保及偿还方案也已公告，公告时间符合法定期限。

(5)"忠红家具制造厂"拟增资100万元，原股东两自然人涂某和尚某分别现金出资60万和40万，股东出资比例为60%和40%，保持与原出资比例不变。前一次出资均已到位。

参 考 文 献

[1] 中国注册会计师协会. 审计[M]. 北京：经济科学出版社，2014.
[2] 中国注册会计师协会. 会计[M]. 北京：经济科学出版社，2014.
[3] 中国注册会计师协会. 公司战略与风险管理[M]. 北京：经济科学出版社，2014.
[4] 中国注册会计师协会. 中国注册会计师继续教育审计案例（第三辑）[M]. 北京：中国财政经济出版社，2013.
[5] 中国注册会计师协会. 中国注册会计师执业准则应用指南（上、下册）[M]. 北京：中国财政经济出版社，2010.
[6] 中国注册会计师协会. 小型企业财务报表审计工作底稿编制指南（适用于执行企业会计准则的小型企业）[M]. 北京：中国财政经济出版社，2013.
[7] 中国注册会计师协会. 小型企业财务报表审计工作底稿编制指南（适用于执行小企业会计准则的小型企业）[M]. 北京：中国财政经济出版社，2013.
[8] 财政部会计司. 企业内部控制规范讲解[M]. 北京：经济科学出版社，2010.
[9] 中国注册会计师协会. 企业内部控制审计工作底稿编制指南[M]. 北京：中国财政经济出版社，2011.
[10] 企业内部控制编审委员会. 企业内部控制主要风险点、关键控制点与案例解析[M]. 上海：立信会计出版社，2012.
[11] 史新浩，张建峰. 初级会计实务[M]. 北京：北京大学出版社，2014.
[12] 刘秀玲，张志萍. 审计原理与实务[M]. 西安：西北工业大学出版社，2013.
[13] 毛华扬，张志恒. 审计信息化原理与方法[M]. 北京：清华大学出版社，2013.
[14] 高丽华，孙颖. 审计原理与实务[M]. 北京：中国铁道出版社，2013.
[15] 刘凤文. 审计实务[M]. 北京：中国铁道出版社，2013.
[16] 李晓慧. 审计学：实务与案例[M]. 2版. 北京：中国人民大学出版社，2012.
[17] 李晓慧. 审计学：实务与案例学习指导书[M]. 2版. 北京：中国人民大学出版社，2011.
[18] 李晓慧. 审计实验室3——风险审计的技术和方法[M]. 北京：经济科学出版社，2003.
[19] 刘圣妮. 2010注册会计师考试应试指导及全真模拟测试[M]. 北京：北京大学出版社，2010.
[20] 殷文玲. 审计案例教程[M]. 北京：清华大学出版社，2008.
[21] 刘静. 审计案例与模拟实验[M]. 北京：经济科学出版社，2007.
[22] 秦荣生，卢春泉. 审计学复习提要与练习[M]. 北京：中国人民大学出版社，2006.
[23] 葛家澍，杜兴强. 会计理论[M]. 上海：复旦大学出版社，2005.
[24] 赵远新. 新会计准则与税法差异的解读[M]. 北京：中国税务出版社，2008.

北京大学出版社第六事业部高职高专经管教材书目

本系列教材的特色：

1. 能力本位。以学生为主体，让学生看了就能会，学了就能用；以教师为主导，授人以渔；以项目为载体，将技能与知识充分结合。

2. 内容创新。内容选取机动、灵活，适当融入新技术、新规范、新理念；既体现自我教改成果，又吸收他人先进经验；保持一定前瞻性，又避免盲目超前。

3. 精编案例。案例短小精悍，能佐证知识内容；案例内容新颖，表达当前信息；案例以国内中小企业典型事实为主，适合高职学生阅读。

4. 巧设实训。实训环节真实可行，实训任务明确，实训目标清晰，实训内容详细，实训考核全面，切实提高能力。

5. 注重立体化。既强调教材内在的立体化，从方便学生学习的角度考虑，搭建易学易教的优质的纸质平台，又强调教材外在的立体化，以立体化精品教材为构建目标，网上提供完备的教学资源。

专业基础课系列

序号	书　名	书　号	版次	定价	出版时间	主　编
1	财经法规	978-7-81117-885-2	1-2	35	2012年2月	李萍，亓文会
2	财经英语阅读	978-7-81117-952-1	1-3	29	2013年1月	朱琳
3	经济学基础	978-7-301-21034-5	1-1	34	2012年11月	陈守强
4	经济学基础	978-7-301-22536-3	1-1	32	2013年5月	王平
5	管理学基础	978-7-81117-974-3	1-3	34	2012年5月	李蔚田
6	管理学原理	978-7-5038-4841-4	1-3	26	2010年7月	季辉，冯开红
7	管理学实务教程	978-7-301-21324-7	1-1	33	2012年12月	杨清华
8	管理学原理与应用	978-7-5655-0065-7	1-2	27	2012年8月	秦虹
9	管理心理学	978-7-301-23314-6	1-1	31	2013年10月	蒋爱先，杨元利
10	人力资源管理实务	978-7-301-19096-8	1-2	30	2013年7月	赵国忻，钱程
11	公共关系实务	978-7-301-20096-4	1-1	32	2012年3月	李东，王伟东
12	现代公共关系原理与实务	978-7-5038-4835-3	1-2	25	2010年3月	张美清
13	经济法实用教程	978-7-81117-675-9	1-3	39	2011年11月	胡卫东，吕玮
14	经济法原理与实务	978-7-5038-4846-9	1-3	38	2009年7月	孙晓平，邓敬才

财务会计系列

序号	书　名	书　号	版次	定价	出版时间	主　编
1	财务活动管理	978-7-5655-0162-3	1-2	26	2013年1月	石兰东
2	财务管理	978-7-301-17843-0	1-2	35	2013年1月	林琳，蔡伟新
3	财务管理（第2版）	978-7-301-25725-8	2-1	35	2015年5月	翟其红
4	财务管理教程与实训	978-7-5038-4837-7	1-3	37	2009年11月	张红，景云霞
5	财务管理实务教程	978-7-301-21945-4	1-1	30	2013年2月	包忠明，何彦
6	中小企业财务管理教程	978-7-301-19936-7	1-1	28	2012年1月	周兵
7	财务会计（第2版）	978-7-81117-975-6	2-1	32	2010年3月	李哲
8	财务会计	978-7-5655-0117-3	1-1	40	2011年1月	张双兰，李桂梅
9	财务会计	978-7-301-20951-6	1-1	32	2012年7月	张严心，金敬辉
10	财务会计实务	978-7-301-22005-4	1-1	36	2013年1月	管玲芳
11	Excel财务管理应用	978-7-5655-0358-0	1-2	33	2013年5月	陈立稳
12	Excel在财务和管理中的应用	978-7-301-22264-5	1-1	33	2013年3月	陈跃安，张建成，袁淑清，刘啸尘
13	会计基本技能	978-7-5655-0067-1	1-3	26	2012年9月	高东升，王立新
14	会计基础实务	978-7-301-21145-8	1-1	27	2012年8月	刘素菊，潘素琼

序号	书　名	书　号	版次	定价	出版时间	主　编
15	会计基础实训	978-7-301-19964-0	1-1	29	2012年1月	刘春才
16	会计英语	978-7-5038-5012-7	1-2	28	2009年8月	杨洪
17	企业会计基础	978-7-301-20460-3	1-1	33	2012年4月	徐炳炎
18	初级会计实务	978-7-301-23586-7	1-1	40	2014年1月	史新浩,张建峰
19	初级会计实务学习指南	978-7-301-23511-9	1-1	30	2014年1月	史新浩,朱云萍
20	基础会计实务	978-7-301-23843-1	1-1	30	2014年2月	郭武燕
21	基础会计	978-7-5655-0062-6	1-1	28	2010年8月	常美
22	基础会计教程	978-7-81117-753-4	1-1	30	2009年7月	侯颖
23	基础会计教程与实训(第2版)	978-7-301-16075-6	2-2	30	2013年1月	李洁,付强
24	基础会计教程与实训	978-7-5038-4845-2	1-5	28	2010年8月	李洁,王美玲
25	基础会计实训教程	978-7-5038-5017-2	1-3	20	2011年6月	王桂梅
26	基础会计原理与实务	978-7-5038-4849-0	1-3	28	2009年8月	侯旭华
27	成本费用核算	978-7-5655-0165-4	1-2	27	2012年9月	王磊
28	成本会计	978-7-5655-0130-2	1-1	25	2010年12月	陈东领
29	成本会计	978-7-301-21561-6	1-1	27	2012年11月	潘素琼
30	成本会计	978-7-301-19409-6	1-2	24	2012年11月	徐亚明,吴雯雯
31	成本会计	978-7-81117-592-9	1-3	28	2012年7月	李桂梅
32	成本会计实务	978-7-301-19308-2	1-1	36	2011年8月	王书果,李凤英
33	成本会计实训教程	978-7-81117-542-4	1-4	23	2013年1月	贺英莲
34	会计电算化实用教程	978-7-5038-4853-7	1-1	28	2008年2月	张耀武,卢云峰
35	会计电算化实用教程(第2版)	978-7-301-09400-6	2-1	20	2008年6月	刘东辉
36	会计电算化项目教程	978-7-301-22104-4	1-1	34	2013年2月	亓文会,亓凤华
37	会计电算化技能实训	978-7-301-23966-7	1-1	40	2014年2月	李焱
38	电算会计综合实习	978-7-301-21096-3	1-1	38	2012年8月	陈立稳,陈健
39	审计学原理与实务	978-7-5038-4843-8	1-2	32	2010年7月	马西牛,杨印山
40	审计业务操作	978-7-5655-0171-5	1-2	30	2013年1月	涂申清
41	审计业务操作全程实训教程	978-7-5655-0259-0	1-2	26	2012年4月	涂申清
42	审计实务	978-7-301-25971-9	1-1	37	2015年6月	涂申清
43	实用统计基础与案例	978-7-301-20409-2	1-2	35	2013年7月	黄彬红
44	统计基础理论与实务	978-7-301-22862-3	1-1	34	2013年7月	康燕燕,刘红英
45	统计学基础	978-7-81117-756-5	1-2	30	2011年1月	阮红伟
46	统计学原理	978-7-301-21924-9	1-1	36	2013年1月	吴思莹,刑小博
47	统计学原理	978-7-81117-825-8	1-3	25	2011年11月	廖江平,刘登辉
48	统计学原理与实务	978-7-5038-4836-0	1-5	26	2010年7月	姜长文
49	管理会计	978-7-301-22822-7	1-1	34	2013年7月	王红珠,邵敬浩
50	预算会计	978-7-301-20440-5	1-1	39	2012年5月	冯萍
51	行业特殊业务核算	978-7-301-18204-8	1-1	30	2010年12月	余浩,肖秋莲

如您需要更多教学资源如电子课件、电子样章、习题答案等，请登录北京大学出版社第六事业部官网www.pup6.cn搜索下载。

如您需要浏览更多专业教材，请扫下面的二维码，关注北京大学出版社第六事业部官方微信（微信号：pup6book），随时查询专业教材、浏览教材目录、内容简介等信息，并可在线申请纸质样书用于教学。

感谢您使用我们的教材，欢迎您随时与我们联系，我们将及时做好全方位的服务。联系方式：010-62750667，sywat716@126.com，pup_6@163.com，lihu80@163.com，欢迎来电来信。客户服务QQ号：1292552107，欢迎随时咨询。